Mahlmann · Selbsttraining für Führungskräfte

Konzept und Beratung der Reihe Beltz Weiterbildung:

Prof. Dr. *Karlheinz A. Geißler*, Schlechinger Weg 13, D-81669 München.
Prof. Dr. *Bernd Weidenmann*, Weidmoosweg 5, D-83626 Valley.

Regina Mahlmann

Selbsttraining für Führungskräfte

Ein Leitfaden zur Analyse der eigenen
Führungspersönlichkeit und eine Anleitung
zum »persönlichen Change Management«

Beltz Verlag
Weinheim und Basel

Über die Autorin:

Regina Mahlmann, Dr., M.A. phil., Dipl.-Soz., Jg. 1959,
arbeitet als Unternehmensberaterin und Trainerin.

Anschrift:
Würmtalstraße 43a, 81375 München

Widmung

❖ für Uwe, der bereits als elanvoller und mitreißender Leader agiert,
❖ für Marion, die liebevoll coacht und eine phantasievolle Leaderin ist,
❖ für Steffanie, die noch am Beginn ihrer Suche steht,
❖ für Bernd, dessen Neigung im Coachen liegt,
❖ für Volker, der sich entschieden hat, nicht zu führen,
❖ für Klaus, der seinen Schwerpunkt noch sucht,
❖ für Urs, der innerlich mehr coacht, als es äußerlich sichtbar wird, und
❖ für Armin, der selbst als Freiberufler als ein elanvoller Leader wirkt.

Und schließlich für meine Mutter, die ihre drei Kinder nach ihren Kräften gecoacht hat.

Gesetzt nach den neuen Rechtschreibregeln

Lektorat: Ingeborg Strobel

© 1998 Beltz Verlag · Weinheim und Basel
Herstellung: Ute Jöst, Publikations-Service, Birkenau
Satz: Satz- und Reprotechnik GmbH, Hemsbach
Druck: Druckhaus Beltz, Hemsbach
Umschlaggestaltung: Bernhard Zerwann, Bad Dürkheim
Printed in Germany

ISBN 3-407-36338-9

Inhaltsverzeichnis

Ich möchte mich bedanken

Dieses Buch verdankt seine Entstehung den Teilnehmerinnen und Teilnehmern der Seminare und Workshops, die ich leiten durfte: Ihre kritischen Einwände und Zweifel lehrten mich, »die Theorie« daraufhin abzuklopfen, wo sie im Führungsalltag »effektiv hilfreich« sein kann. Ihre konstruktiven Fragen motivierten mich dazu, »Theoriedefizite« in der Führungspraxis zu erkennen und, wo immer es mir möglich war, auszugleichen. Die offenen Diskussionen und persönlichen Gespräche gaben mir die Möglichkeit herauszufinden, »wo der Schuh wirklich drückt«. Und die positiven Feedbacks ermutigten mich, die vielen »kleinen Synergieeffekte« in diesem Buch zusammenfließen zu lassen.

Die Ideen und einen Entwurf für ein Buch zu haben ist das eine. So zu schreiben, dass die Lektüre und das Mitarbeiten Freude machen, ist das andere! Und dafür möchte ich meiner Lektorin, Frau Ingeborg Strobel, herzlich danken. Ihre geduldige und sensible Betreuung und ihre kritische Sicht des Textes halfen mir, auch komplizierte Gedanken leicht nachvollziehbar zu formulieren.

Einführung

Vorwort

Erkennen und Einsehen sind das eine. Lernen und Handeln sind das andere. Neuerdings wird von diesem Zusammenhang öffentlich gesprochen. Veränderungen in der Organisation von Unternehmen, in der Arbeitsweise und in der Kommunikation müssen einhergehen mit der Arbeit an der eigenen Person und dem Umgang der Mitarbeiter untereinander.

Veränderungen der »harten Faktoren« (Strategien, Systeme, Strukturen) gestalten das Umfeld, in dem Führungskräfte und Mitarbeiter agieren, neu. Diese werden in der Regel ins kalte Wasser geworfen, mit der Aufforderung: »Nun schwimmen Sie mal einen neuen Rekord!«

Verändern Sie sich. Bitte schnell.

Dabei wurde bisher vernachlässigt, dass Verhalten geleitet wird von grundlegenden Überzeugungen und Erfahrungen. Mit anderen Worten ausgedrückt, heißt das: Das Verhalten von Mitgliedern eines Unternehmens ist eingebettet in kulturelle Gegebenheiten der Firma; in Rituale und Gewohnheiten, in Normen und Annahmen. Folglich geht es bei Unternehmensveränderungen auch um Veränderungen im Denken, Fühlen und Handeln aller Mitarbeiterinnen und Mitarbeiter.

Wandlungen im Denken, Fühlen und Handeln können nicht per Knopfdruck herbeigeführt werden. Vielmehr muss ein Erfahrungsfeld geschaffen werden, auf dem die Mitglieder eines Unternehmens lernen können. Dabei steht – in der Tat – die einzelne Person am Anfang und im Mittelpunkt. Bei ihr beginnt die Veränderungsarbeit.

Die Erkenntnis dieses inneren Zusammenhangs von Change Management auf der Ebene des Unternehmens und der Person ruft zunehmend Anstrengungen hervor, Ideen zu entwickeln, wie alte Glaubenssätze, gewohnte Kommunikationsverläufe und tradierte Verhaltensmuster aufgebrochen und in neue überführt werden können. Kurz: wie eine Art »persönliches Change Management« im Unternehmen initiiert und begleitet werden kann.

Erkennen Sie, wohin Sie sich verändern möchten!

Das vorliegende Buch ist ein Teil dieser Anstrengungen. Es beschäftigt sich mit Ihnen als einer Führungskraft, die sich in einer neuen Führungsrealität zurechtfinden sollte und muss. Es möchte Ihnen helfen, sich mit Ihrer eigenen Persönlichkeit systematisch auseinander zu setzen und herauszufinden, wie Sie sich selbst einschätzen und wohin Sie gehen möchten. Es dient Ihnen als Diagnosekompass, wenn Sie entdecken möchten, wo Sie Ihre Neigungen und Stärken sowie Ihre Abneigungen und Defizite haben. Es unterstützt Sie, Ihre ganz persönliche Vision einer »guten Führungskraft« zu entfalten. Und es gibt Ihnen Anregungen, wie Sie an »Schwachstellen« arbeiten können, um Ihrer Wunschvorstellung nahe zu kommen.

Auf diese Weise können Sie »Sie selbst« bleiben, sich trotzdem verändern und dabei glaubwürdig bleiben!

Regina Mahlmann

Anregungen zur Lektüre

Die Anregungen, wie Sie mit diesem Buch arbeiten können, gehorchen zwei Maximen. Die erste Maxime betrifft den Nutzen des Buches: »*Erhöhen Sie die Wahrscheinlichkeit, dass Sie wissen, worauf Sie sich einlassen wollen!*« Die zweite Maxime gibt meinen »Glaubenssatz« wieder, mit dem ich dieses Buch geschrieben habe. Galilei hat ihn schön formuliert: »*Man kann einen Menschen nichts lehren. Man kann ihm nur helfen, es in sich selbst zu entdecken.*«

Wie Sie dieses Buch nutzen können.

Im Sinne dieser beiden Leitsätze finden Sie zahlreiche Aufgaben und Übungen vor: Fragebogen, Tests, Fallstudien und Fragen, die ich Sie zu beantworten bitte. Die Bearbeitung dieser Aufgaben ermöglicht es Ihnen, sich selbst besser kennen zu lernen. Sie sind eingebettet in erklärende und illustrierende Ausführungen, die Ihnen ein vertieftes Verständnis dafür geben sollen, was warum der Fall ist.

Alle Aufgaben und Erläuterungen stehen in einem Zusammenhang und verweisen aufeinander. Aus diesem Grund können Sie beginnen, wo Sie möchten. Steigen Sie beispielsweise mit einem Fragebogen ein oder verführt Sie Ihre Neugier dazu, zuerst sämtliche »Tests« zu machen, werden Sie durch die Auswertung(en) »ganz automatisch« zu den Erläuterungen vordringen. Umgekehrt gilt das Gleiche.

Freude bei der Arbeit motiviert! Beginnen Sie folglich mit dem, was Sie am meisten interessiert!

Als Auswahlhilfe dienen Ihnen das Inhaltsverzeichnis sowie der thematische Leitfaden. Diesen finden Sie in der Randspalte auf vielen Seiten. Wenn Sie ihn überfliegen, erhalten Sie einen Rundblick auf die Themen, Fragen und Aspekte, mit denen wir uns beschäftigen.

Ich wünsche Ihnen eine interessante Entdeckungsreise!

Einladung zu einer Unternehmensbesichtigung

In welcher Unternehmenskultur fühlen Sie sich wohl?

Als Einstieg in dieses Trainingsbuch möchte ich Sie zu einer Besichtigung einladen.

Wahrscheinlich haben Sie sich schon einmal kräftig über die Art und Weise geärgert, wie in Ihrem Unternehmen miteinander umgegangen wird. Im Zuge dieser Verärgerung haben Sie vermutlich über die »richtige« Unternehmenskultur der Firma oder Ihrer Abteilung philosophiert und sich überlegt, welche Umgangskultur Sie sich wünschen und welche Ihnen am ehesten entspräche. Anlässlich dieser Reflexionen haben Sie sich vielleicht gefragt, wie es damit in anderen Firmen bestellt ist und wie kulturelle Veränderungen, die ja insbesondere Wandlungen im Verhalten sind, eingeläutet werden könnten.

Da Sie wissen, dass die berühmten Hochglanzbroschüren bestenfalls die gewünschte Unternehmenskultur beschreiben (und eben nicht die tatsächliche), liegt die Idee nahe, einmal ein Unternehmen zu besichtigen. So weit – so gut. Zusätzlich fällt Ihnen gewiss ein, dass jedes Unternehmen unterschiedliche Abteilungs-, Bereichs- und sonstigen Kulturen, kurz: Inselkulturen beherbergt. Folglich konkretisierte sich Ihre Vorstellung, dass es wahrscheinlich sinnvoll wäre, einzelne Abteilungen zu besuchen, um in unterschiedliche Gepflogenheiten im Umgang miteinander hineinzuschnuppern.

Und ebendiese Möglichkeit möchte ich Ihnen bieten. Sie werden vier Abteilungen einer Firma besichtigen. Nach jeder Visite bitte ich Sie um zweierlei: Zum einen sollten Sie das Gelesene lebendig auf sich wirken lassen. Am besten wäre es, wenn Sie sich in die Situation hineinversetzten. Zum zweiten bitte ich Sie, nach jeder Besichtigung die folgenden Fragen zu beantworten:

1 Was ist mir sympathisch?
2 Was mache ich ähnlich?
3 Was würde ich übernehmen?

Nach jeder Abteilungsbesichtigung finden Sie eine Tabelle, in die Sie Ihre Antworten eintragen können. (Wir kommen später darauf zurück.)

Abteilung von Herrn Wohlan

Die Abteilung von Herrn Wohlan besteht neben ihm aus 14 Mitarbeiterinnen und Mitarbeitern, verteilt auf sieben Büros plus Chefbüro auf einem Gang.

Ordnung, Planung und eine starke Hand führen zum Erfolg.

Ihre Ankunft wird Herrn Wohlan durch das Sekretariat mitgeteilt. Sie sind etwa zehn Minuten zu früh, und Herr Wohlan lässt Ihnen mitteilen, noch einen Moment zu warten; er sei in wenigen Minuten da. Nach etwa zehn Minuten lässt er Sie in sein Büro bitten.

»Ah, Guten Tag, Frau Timm! Bitte, nehmen Sie doch Platz. Nun, Sie möchten meine Abteilung besichtigen. Ich werde Sie natürlich herumführen. Allerdings muss ich Ihnen gleich sagen, dass ich nur maximal eineinhalb Stunden Zeit dafür habe. Sie wissen, die Pflicht ruft – und auch meine Mitarbeiterinnen und Mitarbeiter sind sehr beschäftigt. Deshalb wird es Ihnen kaum möglich sein, ausführliche Gespräche mit ihnen zu führen. Gewiss haben Sie dafür Verständnis. Heutzutage muss man ja sehr darauf achten, dass alles rund läuft und Termine eingehalten werden. In meiner Abteilung herrscht zur Zeit Hochdruck!«

Während Herr Wohlan Ihnen das alles erzählt, schauen Sie sich ein wenig in seinem Büro um: Time-Planer an der Wand, aufgeräumter Schreibtisch mit sortierten Stapeln statistischer Ausdrucke, imponierendes Ablagesystem.

Der Schreibtisch ist sehr groß, ebenso der »Chefsessel«, mit Lehnen und aus Leder. Sie sitzen mit Herrn Wohlan am runden Tisch, an dem vier Stühle stehen. Sie sehen keinerlei Pflanzen, Fotos, Bilder – keine Indizien für persönliche Vorlieben, Familienstand oder gar Freizeitgestaltung. Herr Wohlan ist sehr korrekt gekleidet; der dunkle Anzug sitzt akkurat. Er lächelt kaum, während er mit Ihnen spricht.

Sie hören, wie Herr Wohlan fortfährt:

»Wissen Sie, bei den Pflichten, die heutzutage ein Vorgesetzter hat, ist es besonders wichtig, mit starker Hand zu führen. Und dazu gehört natürlich auch Ordnung. Ordnung ist nicht nur das halbe, Ordnung ist das ganze Leben. Das ist meine Devise. Und entsprechend organisiere ich auch meine Abteilung und weise meine Mitarbeiter an. Wir arbeiten systematisch und legen Wert auf Disziplin und Klarheit. Jeder macht seine Sache, für die er da ist. Jeder kennt seine Aufgaben und konzentriert sich auf diese. Es geht ja schließlich darum, die vorgegebenen Ziele fristgerecht zu erreichen. Dafür ist Planung natürlich das A und O. Genauigkeit, saubere Organisation und Koordination stehen bei mir hoch im Kurs. Und dafür sorge ich, damit meine Leute ungestört ihre Aufträge bearbeiten können. In meiner Abteilung gibt es demzufolge klare Zuständigkeiten und Regeln, um die Abläufe am Funktionieren zu halten und keine Rangeleien aufkommen zu lassen. Das schützt uns vor unliebsamen Überraschungen am ehesten. – Tja«, sagt Herr Wohlan und lacht kurz auf, um mit einem gewissen Stolz fortzufahren, »wenn ich meine Abteilung mit anderen in der Firma vergleiche, dann gehört sie zu den effizientesten! Wir geraten hier nicht in Hektik, eben weil ich den Überblick habe und korrekt plane und organisiere. Berechenbarkeit ist das Gebot der Stunde, sonst gerät alles durcheinander! Es kommt eben darauf an, detailliert festzulegen, wer was wann und wie macht. Und das weiß in meiner Abteilung jeder! Und …« Das Telefon klingelt.

Abrupt steht Herr Wohlan auf: »Entschuldigen Sie bitte. Aber ich sagte ja bereits, wir arbeiten momentan unter Hochdruck« – und so hören Sie, wie Herr Wohlan offenkundig mit einem Vorgesetzten spricht: »Sicher, Herr Vogt, das Projekt läuft. Erst gestern habe ich eine Zwischenkontrolle gemacht. Selbstverständlich gebe ich ihnen den genauen Stand bis morgen durch. Die Zahlen sind bereits aufbereitet, und alle Daten sprechen dafür, dass wir fristgerecht liefern können. Sie können sich wie immer auf mich verlassen.«

Nach dem Telefonat wendet sich Herr Wohlan wieder an Sie: »Nun, jetzt wollen Sie sicher noch die Büros einsehen. Ich habe für die Bürobesichtigung etwa fünf Minuten vorgesehen. Danach habe ich eine Sitzung einberaumt. Wenn Sie mögen, können Sie daran noch teilnehmen. Sie wird dreißig Minuten dauern.«

Nach dem Dauerlauf durch die Büros der Mitarbeiterinnen (zwei) und Mitarbeiter – in der Kargheit und Funktionalität, so stellen Sie fest, ganz ähnlich wie das Büro von Herrn Wohlan, fast Kopien – marschieren Sie mit Herrn Wohlan zum Sitzungsraum. In der Mitte des Raums steht ein ovaler Tisch mit zwölf Stühlen; an einem der Köpfe des Tisches stehen eine Wandtafel und ein Projektor. Ansonsten ist auch dieser Raum recht kahl.

Die Sitzung beginnt pünktlich. Alle Teilnehmer sind da, und jeder hat ein Bündel Zahlenmaterial vor sich liegen. Die Sitzungsliste zählt sechs Tagesordnungspunkte (TOP 1–6), die zur Entscheidung anstehen. Der Protokollführer steht bereits fest. Herr Wohlan eröffnet die Sitzung:

»Bevor ich zum ersten Tagesordnungspunkt komme, möchte ich ihnen Frau Timm vorstellen. Sie schaut sich heute in unserer Abteilung kurz um. – Zu TOP 1 haben doch sie, Frau Mühl, etwas vorbereitet. Bitte.«

Frau Mühl präsentiert in knappen Sätzen das Ergebnis ihrer Vorarbeiten und schließt mit zwei Vorschlägen, wie es weitergehen sollte. Herr Wohlan entscheidet, welcher Vorschlag realisiert wird, und legt auch den Zeitrahmen fest. Frau Mühl blickt bei der Nennung des Zeitbudgets zögernd auf ihre Unterlagen, erwidert aber nichts.

Auf diese Weise erledigt Herr Wohlan fünf der sechs Tagesordnungspunkte. Eine Diskussion findet nicht statt; jedem Sitzungsteilnehmer wird das Wort erteilt. Die Besprechung ist genaustens vorbereitet und organisiert.

Bei TOP 6 liegt das Wort bei Herrn Wohlan: «Wie sie wissen, gibt es ein Problem mit dem Projekt ›Lieferantenauswahl‹. Ich habe das Problem akribisch analysiert und bin zu dem Fazit gekommen, dass die Ursache in der mangelnden Bereitschaft bestimmter Lieferanten liegt, sich auf unsere Wünsche einzustellen. Ich habe eine Liste dieser problematischen Lieferanten erstellt. Sie fallen in die Zuständigkeit von Ihnen, Frau Mühl, und Ihnen, Herr Aal. Da wir laut Planung in genau einem Monat das Projekt erfolgreich abgeschlossen haben müssen, bitte ich Sie beide, dafür zu sorgen, dass wir für diese problematischen Kandidaten bis nächste Woche Dienstag Alternativen haben. – So, das war's für heute. Danke.«

Die 30 Minuten sind exakt eingehalten. Zufrieden begleitet Herr Wohlan Sie zum Flur. »Sehen Sie«, sagt er stolz, »das ist Effizienz! Nur keine

Leerläufe! Wenn nur alle Abteilungen so arbeiten würden! – Na, wenn Sie noch andere Abteilungen besuchen, werden Sie sicher Ihr blaues Wunder erleben! Wir konzentrieren uns auf unser Tagesgeschäft und schwafeln nicht hochtrabend herum! – Nun denn, vielen Dank für Ihr Interesse. Auf Wiedersehen.«

Damit ist Ihr Besuch bei Herrn Wohlan beendet. Bitte notieren Sie nun Ihre Stichworte zu den folgenden Fragen:

Abteilung von Herrn Wohlan

Was ist mir sympathisch?	Was mache ich ähnlich?	Was würde ich übernehmen?

Ein familiäres Arbeitsklima sorgt für motivierte Mitarbeiter.

Abteilung von Herrn Ammann

Die nächste Abteilung, die Sie besuchen, wird von Herrn Ammann geführt. Wieder melden Sie Ihre Ankunft im Sekretariat an. Sofort geht die Tür des Büros von Herrn Ammann auf. Freundlich lächelnd kommt er Ihnen entgegen und reicht Ihnen die Hand: »Einen schönen guten Tag, Frau Timm! – Hatten Sie eine gute Anreise? – Ja? – Fein. Ist ja nicht ganz so einfach, zu uns zu finden, nicht? – Darf ich Ihnen etwas anbieten?«, fragt er Sie und führt Sie zu seinem runden Besprechungstisch, wo bereits Blumen, Kaffeetassen, Gläser und ein Teller mit Gebäck stehen.

Während Herr Ammann die Sekretärin bittet, Kaffee und Mineralwasser zu bringen, schauen Sie sich im Büro um. Es wirkt freundlich auf Sie. Auch hier steht ein sehr aufgeräumter Schreibtisch mit geordnetem Ablagesystem. Die Ordner in den dahinter stehenden Regalen scheinen Ihnen strukturiert und sind sauber beschriftet. An den Wänden hängen bunte Bilder in warmen Farben, und auf dem Schreibtisch sehen Sie ein Familienfoto, daneben eine kleine Topfpflanze. Sie lächeln, als Herr Ammann sich zu Ihnen setzt.

»So, nun habe ich Zeit für Sie. – Ich freue mich, dass Sie sich für meine Abteilung interessieren und werde Ihnen gerne Rede und Antwort stehen. Wenn Sie möchten, kann ich Sie mit einigen meiner Mitarbeiterinnen und Mitarbeiter bekannt machen, sodass Sie sich ein wenig mit ihnen unterhalten können. – Erschrecken Sie bitte nicht, wenn sich einige meiner Mitarbeiter vielleicht ein wenig kurz halten. Das ist nicht gegen Sie gerichtet, sondern nur Ausdruck davon, dass sie momentan besonders angespannt sind. – Ja, die viele Arbeit! Das geht zuweilen schon sehr auf Kosten der Gesundheit, nicht? – Aber ich will nicht klagen! – Haben Sie denn schon eine Abteilung in unserem Haus besucht?«

Sie erwähnen den kurzen Aufenthalt bei Herrn Wohlan. »Ah ja, der Herr Wohlan! Hat seine Abteilung sehr gut im Griff. Aber – nun, ein wenig hart, nicht? Ergebnisse, Ergebnisse, das ist es vor allem, was dort zählt! – Gewiss, ist ja wichtig. Aber wissen Sie, ich meine, dass wir alle mehr leisten, wenn wir uns wohl fühlen. Die Mitarbeiter sind ja das Potenzial eines Unternehmens, nicht wahr? Um ihre Motivation zu erhalten, ist es für einen Vorgesetzten wichtig, dafür zu sorgen, dass das Arbeitsklima gut ist. – Schauen Sie, ich betrachte meine Abteilung als eine Art Familie. Ein Vorgesetzter sollte seine Mitarbeiter gut kennen und auch für ihre privaten Sorgen ein offenes Ohr haben. Ja, und natürlich auch unterstützen! – Klare Abgrenzungen in den Zuständigkeiten, geregelte Abläufe, mit Checklisten und allem, was dazugehört, um die alltägliche Arbeit zu bewältigen – das ist alles wichtig. Aber es ist nicht alles! Man muss auch das einzelne Schicksal seiner Mitarbeiter berücksichtigen, und wenn es einem einmal nicht so gut geht, müssen eben die anderen vorübergehend einen Teil seiner Arbeit mit übernehmen. Das Wichtigste ist doch, dass man einander hilft, nicht wahr? Und da darf sich ein Vorgesetzter nicht zu schade sein. Die Ethik ist es, auf die es ankommt, wenn man zusammenarbeitet! Und ein Vorgesetzter ist dafür verantwortlich, dass sich alle nach diesen Normen verhalten, und natürlich dafür, dass die Arbeit der einzelnen Mitarbeiter koordiniert wird. Dies und die individuelle Betreuung der Mitarbeiter garantieren ein harmonisches Arbeiten. – Na, und wenn es doch wirklich einmal Unstimmigkeiten gibt, zum Beispiel zwischen Mitarbeitern, dann muss der Vorgesetzte in vertraulichen Einzelgesprächen die Missverständnisse ausräumen. So jedenfalls pflege ich das in meiner Abteilung zu tun. Und der Erfolg gibt mir Recht! Alle meine Mitarbeiter fühlen sich gut aufgehoben!«

Nach einer Weile der Diskussion über Führung lädt Herr Ammann Sie ein, einige seiner Mitarbeiter kennen zu lernen. Er führt Sie zu Herrn Beer und Frau Cioran, die sich ein Büro teilen.

Herr Ammann klopft: »Dürfen wir kurz stören? – Ich habe ihnen ja schon erzählt, dass Frau Timm sich für unsere Abteilung interessiert. Darf ich sie für einen Augenblick in ihre Obhut geben?« Und zu Ihnen gewandt: »Ich bin gleich wieder hier. So können Sie ungestört ein wenig plaudern.«

Nach freundlichen Begrüßungsworten – die Büroatmosphäre empfinden Sie ähnlich wie bei Herrn Ammann – fragen Sie: »Ich habe gehört, momentan fällt besonders viel Arbeit an. Da finde ich es besonders nett von Ihnen, dass Sie mir ein wenig Zeit spenden.« – »Oh, das tun wir gern. Kommt ja nicht alle Tage vor, dass sich jemand in unserer Abteilung umschaut. – Na, und was die Arbeit betrifft: Nun, es ist momentan in der Tat etwas stressig; drei

Projekte laufen parallel. Aber die Devise unseres Chefs ist: Eines nach dem anderen, und das mit Sorgfalt. Abläufe und Daten müssen stimmen, und das Anstehende muss erledigt werden. Außerdem unterstützt er uns und packt selbst mit an, wenn's brennt. Zum Glück gibt es bei uns nicht viele Fehlerquellen, weil wir von ihm klare Anweisungen erhalten und er alles akribisch überprüft, bevor etwas rausgeht oder wir einen Schritt weitergehen. Zudem verfügen wir über standardisierte Checklisten und Regularien, die wir auch anwenden müssen. – Und wenn wirklich etwas schief läuft, dann steht unser Chef hinter uns! Es ist wirklich angenehm, hier zu arbeiten. Man merkt den Stress nicht so arg, zumal der Chef immer ein offenes Ohr auch für private Anliegen hat und Rücksicht auf einen nimmt. – Außerdem behält er den Überblick, weil er ja genau weiß, wer an was arbeitet, und viel mit jedem von uns redet.«

Herr Ammann betritt das Zimmer: »Wie ich sehe, ist es bereits 11.30 Uhr, Zeit für unsere regelmäßige Teambesprechung. – Frau Timm, Sie erwogen, eventuell daran teilzunehmen. Sie sind selbstverständlich herzlich eingeladen.« Sie bedanken sich für die Einladung, verabschieden sich aber mit freundlichen Worten für das Entgegenkommen.

Damit ist Ihr Besuch bei Herrn Ammann beendet. Bitte notieren Sie wieder Ihre Stichworte zu den folgenden Fragen:

Abteilung von Herrn Ammann

Was ist mir sympathisch?	Was mache ich ähnlich?	Was würde ich übernehmen?

Abteilung von Herrn Kluft

Vernetztes Denken und flexibles Handeln bringen voran.

Diesmal besuchen Sie die Abteilung von Herrn Kluft mit seinen 13 Mitarbeiterinnen und Mitarbeitern.

Als Herr Kluft Sie, nach knappen, aber freundlichen Worten, in sein Büro führt, blicken Sie sich erstaunt und neugierig um: Da sehen Sie an den Wänden mehrere große Flipchart-Blätter, auf denen es vor Pfeilen und Linien, noch dazu in unterschiedlichen Farben, geradezu wimmelt. Neben dem runden Besprechungstisch, der mit Büchern bedeckt ist, steht ein Flipchart, auf dessen erstem Bogen Sie die Begriffe »strategische Ausrichtung«, »operative versus Management-Ebene«, »Unternehmensphilosophie«, »Vision«, »CI/CD«, »Szenarien« lesen, ebenfalls mit Pfeilen und Linien verbunden.

»Na«, hebt Herr Kluft fragend an, »wo waren Sie denn schon im Haus?« Sie nennen die beiden Abteilungen, die Sie bereits kennen gelernt haben. »Na ja«, lächelt Herr Kluft süffisant, »dann haben Sie ja zwei lebende Inventarien des Unternehmens kennen gelernt; ich meine die beiden Chefs dort. Die beiden sind sicher gut auf der operativen Ebene. Aber worauf es heute ankommt, haben sie nicht erkannt. – Wir hier arbeiten anders! Stichwort ›visionäres Management‹ und ›systemisches Denken‹! Mittel- und langfristiges strategisches Denken und das Denken in Wechselwirkungen ist heute die Devise. Wir arbeiten hier deshalb intensiv in interdisziplinären Projekten und legen Wert auf selbstständiges Arbeiten. Kompetenz und Resultatorientierung werden vorausgesetzt, ebenso eigenverantwortliches Arbeiten und Selbstorganisation. Das gilt selbstverständlich auch für Abstimmungen in und zwischen verschiedenen Projekten. Ebenso ist es ungeschriebenes Gesetz, dass sich jeder weiterqualifiziert. So können wir auf standardisierte Formalitäten, fixe Strukturen und klar abgegrenzte Zuständigkeiten verzichten. Wir leben die Vernetzung, um übergreifende Zusammenhänge besser und schneller als andere zu erkennen und somit Neuausrichtungen und neue Entwicklungen einleiten zu können. Das globale wirtschaftliche Geschehen ist eine enorme Herausforderung, um die Zukunft des Unternehmens mitzugestalten. Und dabei zählen Tempo, Flexibilität, Beobachtung von Trends, Visionen, hohe Kommunikationsdichte und der Abschied vom ›Königreichdenken‹! Das haben längst noch nicht alle verstanden!« Er hält kurz inne; doch bevor Sie etwas erwidern können, fährt er fort: »Übrigens haben wir kurzfristig eine Teambesprechung anberaumt. Wollen Sie mit dabei sein?« Sie willigen ein.

Im Sitzungsraum versammeln sich schließlich sechs Personen. Herr Kluft stellt Sie kurz vor und eröffnet die Sitzung. »Frau Noll, Sie haben um die Besprechung gebeten. Was gibt's?«

»Okay«, beginnt Frau Noll und geht zum Flipchart, »der Controller rief mich wiederholt an, um meine Nerven wiederholt mit der Feststellung zu strapazieren, dass der Absatz unseres Produkts um sieben Prozent die Vorgabe verfehlt, und zwar bereits zum dritten Mal. Ich versuchte, ihm die Marktsituation, die Aktivitäten unserer Marketingleute und unseres Außendienstes vor Ort zusammenhängend zu erklären. Aber er verstand nichts und pochte nur darauf, dass das so nicht ginge und er nicht wisse, was er jetzt der Zentrale sagen solle. – Um darüber zu diskutieren, habe ich die Betroffenen, nämlich euch, gebeten, uns zusammenzusetzen, um zu beraten, wie wir vorgehen wollen. Die Zeit drängt, weil der Controller sich in den nächsten Tagen an die Zentrale wenden will.«

Kaum, dass Frau Noll ihren letzten Satz zu Ende gesprochen und das Problem aus Controller-Sicht (»Vorgabe ab sofort erfüllen« und »Was der Zentrale sagen?«) an das Flipchart geschrieben hat, bricht ein Sturm von

Ideen und Kommentaren los. Sie schnappen die Fetzen auf: »Geistiger Tiefflieger«, »Es geht ja nicht primär um Zahlen, sondern um grundsätzliche Neuausrichtung auf die Klientel«, »Nicht unser Problem, wie er die Zahlen vermittelt«, »Wir müssen strategisch diskutieren und uns nicht an Details entlanghangeln«, »Wir sollten der Zentrale einen Vorschlag machen, der unser Unternehmen fundamental neu auf dem globalen Markt positioniert«.

Herr Kluft, selbst einer der Beitragenden, lässt den Sturm einige Minuten wüten und schlägt dann vor: »Ich glaube, angesichts der unterschiedlichen Ansätze, wie wir dieses grundsätzliche Problem angehen und umkreisen, sollten wir die Ideen via Brainstorming festhalten und dann einen Lösungsvorschlag skizzieren. – Okay?«

Nach dem auf Pinnwandkarten festgehaltenen Brainstorming lesen Sie in Ergänzung zu den bereits gehörten Ideen die folgenden Vorschläge: »Vision für Marktsegmente entwickeln«, »grundsätzliche Reflexion, ob Produkt verändert werden muss«, »umfassende, weltweit angelegte Marktforschung«, »prinzipielle Überlegung, ob Zentrale in USA sinnvollerweise Vorgaben für die Bundesrepublik/Europa machen sollte«, »Konzept erarbeiten, wie Kommunikation mit der Zentrale verbessert werden kann«, »Überlegungen, wie wir von Zentrale unabhängiger agieren können, um nicht Sklaven für Übersee zu werden«, »Erarbeitung national individualisierter Marketingstrategien und Vertriebsstrukturen«.

Die Auswahl der zu verfolgenden Ideen erfolgt nach den Kriterien »besonders spannend«, »herausfordernd«, »visionär-strategisch«, sodass zunächst einmal äußerst kontrovers, und dies auch noch hitzig und abstrakt, debattiert wird. Schließlich fasst Herr Kluft zusammen: »Okay, die groben Linien sind also ›Produktüberprüfung‹ und ›strategische Neuausrichtung auf Klientel‹. Ich schlage vor, wir treffen uns in einer Woche wieder hier. Dann zurren wir fest, an wen wir was weitergeben.«

»Und was sage ich dem Controller?«, fragt Frau Noll nach. »Sag ihm einfach«, tönt es vom Nachbarn, »wir erarbeiten eine neue Beurteilungsgrundlage. Das kann der Gute ja der Zentrale mitteilen.« Frau Noll scheint nicht ganz so glücklich, schweigt indes.

Herr Kluft wendet sich ans Plenum. »Hat noch jemand etwas?« »Jau«, grinst ein Teilnehmer in die Runde, »nicht gerade ein Problem, eher ein Indiz für die Kleinkariertheit in unserem werten Hause. Also: Der Abteilungsleiter Logistik hat sich bei mir beklagt, ich hätte in seinen Kompetenzbereich eingegriffen, indem ich mit einer seiner Mitarbeiterinnen über die Neukonzipierung des Vertriebs bezüglich des Produkts XY diskutiert hätte – anstatt mit ihm. – Jedenfalls ist in der Diskussion mit der Mitarbeiterin herausgekommen, dass im Interesse des Absatzvolumens und der größeren Unabhängigkeit von einzelnen Handelsorganisationen es geboten scheint, das gesamte logistische Konzept zu verändern. Bin weiterhin mit ihr im Gespräch.« – Herr Kluft zieht die Augenbraue hoch und wundert sich: »Ich weiß gar nicht, was der Gute hat. Aus unserer Abteilung ist doch im letzten Jahr schon einmal der entscheidende Input für eine Umstellung gekommen – und die läuft bis heute hervorragend!«

Die Sitzung dauerte fast drei Stunden, und Ihnen ist ein wenig schwindelig geworden. Außerdem fragen Sie sich: »Und wer macht jetzt was bis in einer Woche?«

Damit ist Ihr Besuch bei Herrn Kluft beendet. Bitte notieren Sie Stichworte zu den folgenden Fragen:

Abteilung von Herrn Kluft

Was ist mir sympathisch?	Was mache ich ähnlich?	Was würde ich übernehmen?

Abteilung von Frau Flug

Effektive Innovationen durch Visionen, Flexibilität und Kommunikation.

Ihre letzte Station ist die Abteilung von Frau Flug, die elf Mitarbeiterinnen und Mitarbeiter führt.

Da das Sekretariat bei Ihrer Ankunft nicht besetzt ist, suchen Sie im Flur nach dem Büro von Frau Flug. Alle Türen der Büros stehen offen, sodass Sie schnell von jemandem angesprochen werden: »Kann ich Ihnen helfen?« Sie sagen, wen Sie suchen. »Ah, das ist meine Chefin. Ich bringe Sie hin.«

Auch diese Bürotür ist geöffnet, und beim Anblick des Büros schießen Ihnen drei Redewendungen durch den Kopf: »Übersiedlung im Gang«, »Kreatives Chaos« und »Wer Ordnung hält, ist zu faul zum Suchen«. An der Tür lesen Sie den Graffito: »Ordnung ist das halbe Leben – ich lebe in der anderen Hälfte!« Sie können sich also ein Schmunzeln nicht verkneifen, als Sie an den Türrahmen klopfen.

Erschreckt schnellt Frau Flug von ihrem Stuhl hoch. Sie stellen sich vor. »Oje – bitte entschuldigen Sie! Ojemine – wie ist mir das peinlich, dass ich Sie vergessen habe!« Dann lacht sie: »Bitte nehmen Sie das bloß nicht persönlich!

Sie sehen ja selbst, was hier los ist! – Aber«, fügt sie verschmitzt hinzu, »ich gebe freimütig zu: Ich bin Teil dieses Chaos. Kommt eben davon, wenn man überall dabei sein will und an acht Projekten mitarbeitet! – Wenn Sie einverstanden sind, gehen wir ins nahe liegende Café. Danach können Sie mir sagen, was Sie noch gerne näher inspizieren möchten. Ist das für Sie okay?«

Sie sind einverstanden, und Sie nicken. Im Vorbeilaufen an den anderen Büros ruft sie schnell hinein, wo sie zu finden sei, falls etwas Dringendes anfalle. »Ich lege großen Wert darauf, dass meine Mitarbeiterinnen und Mitarbeiter – übrigens mehr Kolleginnen als Kollegen – wissen, wo sie mich finden. Ich habe sie über Ihren Besuch informiert, sodass sie darauf eingestellt sind, eventuell noch einen Besuch abgestattet zu bekommen. – Nun, was haben Sie denn von der Firma bisher gesehen?«

Sie berichten kurz von Ihren Visiten. Frau Flug lächelt wieder verschmitzt: »Na, dann haben Sie ja bereits erhebliche Kontraste erlebt! Und meine Abteilung ist dann ein weiteres Unikum in Ihrer Sammlung!« Die Offenheit von Frau Flug ermutigt Sie: »Nun ja, das schon. – Aber, sagen Sie, darf ich Ihnen eine Frage stellen?« »Nur zu!« »Wie schaffen Sie es eigentlich, bei der Undurchschaubarkeit Ihres Büros systematisch zu arbeiten und den Überblick zu behalten?«

»Berechtigte Frage«, gibt sie zu. »Also, zunächst einmal lebe ich nach dem Motto: Jeder ist Teil des Problems. Also muss ich eingestehen, dass mein Beitrag zum Chaos sicher darin liegt, dass ich fürchterliche Mühe habe, vorgegebenen Rastern zu folgen und Routinen einzuhalten. Standardisierungen und Gewohnheiten verpflichten mich zu sehr, schränken mich in meiner Beweglichkeit ein. Außerdem bin ich verdammt gern bei Innovationen dabei – was dann eben darin resultiert, dass ich mehrere Projekte zur selben Zeit bearbeite. Mir ist die Mitarbeit an unterschiedlichen Projekten wichtig, weil ich da an strategischen Weichenstellungen beteiligt bin und zukünftige Entwicklungen mitgestalten kann. Na, und dafür müssen sie natürlich flexibel sein, im Denken – weil es um übergreifende Sinnzusammenhänge geht, und im Handeln – weil es darum geht, jede Perspektive mit einzubeziehen und allen Bedürfnissen möglichst gerecht zu werden. Ansonsten sichern sie sich keine Tragfähigkeit.«

Und sie fährt fort: »Ich bin nur froh, dass meine Leute da mitziehen! Die kümmern sich ebenfalls um Trends außerhalb des Unternehmens und sorgen dafür, geistig rege zu bleiben. Wir sind ein sehr gutes Team, weil jeder an sich selbst arbeitet, eigenverantwortlich und selbstständig Ziele verfolgt – dabei aber darauf achtet, so intensiv und offen zu kommunizieren, dass wir gemeinsam, eben kooperativ, umsetzbare Ergebnisse erzielen. Dezentralisation und Selbstorganisation sind bei uns genauso wenig nur Floskeln wie Vertrauen entgegenzubringen und Verantwortung für andere im Team wie auch für die Sache zu übernehmen. – Ich als Führungskraft versuche dabei, jeder Mitarbeiterin und jedem Mitarbeiter die Rahmenbedingungen zu bieten, die sie bzw. er braucht, um in der Arbeit die individuellen Potenziale und Neigungen zu verwirklichen. Das ist nicht immer ganz einfach, auch weil die Wünsche nicht zu 100 Prozent mit den Unternehmenszielen koinzidieren. – Empathie hat ihren Preis!« Sie seufzt kurz und fährt dann fort: »Unser Bestreben ist es, unsere Visionen pragmatisch zu zeichnen und dabei die Interessen aller Beteiligten einzuspeisen. Damit vermeiden wir Unfrieden und unnötige Reibungsverluste bei dem Praxistransfer. Ich bin davon überzeugt, dass diese integrative Strategie prinzipiell immer möglich ist.«

»Und wie steht's mit der Planung?«, fragen Sie freimütig – inzwischen im Café sitzend. »Na ja, das ist natürlich abhängig von Ihrem Verständnis von der Funktion von Planung! Verstehen Sie darunter, dass jeder genau weiß, wer was wie bis wann mit welchem exakten Output getan haben wird – dann ist das für mich ein Zwangskorsett, das ich persönlich nicht ertragen könnte und das ich auch sachlich für unpraktikabel und kontraproduktiv halte – angesichts der Managementaufgaben und der Umwelt des Managements heute! Exakte Prognostizierbarkeit gehört, wenn je möglich, der Vergangenheit an. Wir müssen mit komplexen Problemen, vernetzten Strukturen, Schwindel erregender Dynamik bis hin zu virtuellen Unternehmen umgehen! Da kann Planung nur noch Orientierungsfunktion haben und in zeitlicher Hinsicht einen Zeithorizont markieren, der Abweichungen zulässt, Flexibilität und Kontingenz (alles kann auch ganz anders sein) einbaut – sei es, weil sich Prioritäten verändern; sei es, weil ich neue Interessen oder Bedürfnisse von Mitarbeitenden einweben muss; sei es, weil irgendetwas eben dazwischenkommt, zum Beispiel unvorhergesehene Detailprobleme oder Abstimmungsaufwand, den ich nicht berücksichtigt hatte.« »Na gut«, haken Sie nach, »aber wie garantieren Sie denn beispielsweise Termineinhaltungen?« »Och, wissen Sie«, gibt Frau Flug schmunzelnd zurück, »die garantiere ich nicht. Ich hoffe aber immer wieder, dass ich Termine einhalten kann.«

Damit ist auch Ihr Besuch bei Frau Flug beendet. Bitte notieren Sie wieder Ihre Stichworte zu den folgenden Fragen:

Abteilung von Frau Flug

Was ist mir sympathisch?	Was mache ich ähnlich?	Was würde ich übernehmen?
✎		

Zusammenfassung der Ergebnisse der Unternehmensbesichtigung

Bezogen auf alle vier Abteilungen, sollten Sie noch Folgendes tun: Schauen Sie sich nochmals Ihre Stichpunkte zu den einzelnen Fragen an. Kombinieren Sie jene Aspekte, die Sie sympathisch finden oder ähnlich sehen bzw. machen würden. Tragen Sie diese in die folgende Tabelle ein. So können Sie herausarbeiten, welche Aspekte Sie positiv ansprechen.

Abt. Herr Wohlan	Abt. Herr Ammann	Abt. Herr Kluft	Abt. Frau Flug
✎			

Haben Sie, nach diesem sicher etwas anstrengenden Einstieg, vielen Dank für Ihre Mitarbeit.

Worum geht es in diesem Buch? – Es geht um Sie!

Inzwischen bin ich Ihnen gewiss eine Antwort auf die Frage, »was das alles wohl soll«, letztlich auf die Frage, »was Ihnen dieses Buch einbringen soll«, schuldig. Diese Schuld möchte ich in einem ersten Schritt einlösen. Erlauben Sie mir, ein wenig auszuholen.

Ich bin seit nunmehr acht Jahren als Unternehmensberaterin und Trainerin mit den Schwerpunkten Unternehmenskultur, Führung und Persönlichkeitsentwicklung, zwischenmenschliches Verhalten und Kommunikation, Teamentwicklung und Coaching tätig. Während dieser Tätigkeit notiere ich regelmäßig, was Führungskräfte mir mitteilen, das sie bedrängt und belastet. Seit etwa sechs Jahren, so zeigen meine Aufzeichnungen, häuft sich insbesondere die Frage, was meine Meinung sei, »wohin diese ganzen Veränderungen führen werden«. Im Plenum der Gruppen diskutieren wir diese Frage normalerweise unpersönlich, abstrakt bis theoretisch.

Die heikle Frage: Was soll eine Führungskraft heute tun?

In aller Regel aber kommen einzelne Führungskräfte abends oder nach der Veranstaltung auf mich zu, um ihrem Anliegen auf der persönlichen Ebene nachzugehen. Die Frage erfährt dann jedes Mal eine Umformulierung, und die klingt sinngemäß so: »Schauen Sie, in unserem Unternehmen wird seit Jahren umorganisiert; immer wieder kommt irgendetwas Neues. Daneben erlebe ich, dass sich meine Rolle und Funktion und auch meine Aufgaben als Führungskraft ständig ändern. Mal soll ich ›betreuen‹, dann wieder ›coachen‹, dann ›Leader‹ sein oder auch nur ›Moderator‹, oder ich soll ›visionär führen‹ und selbstverständlich ›unternehmerisch denken‹. – Ich bin, um ehrlich zu sein, völlig verunsichert. Ich weiß weder, was ich genau tun soll, noch, was ich von den neuen Anforderungen umsetzen kann! Also wurschtel ich mich so durch. Das kann es ja aber wohl nicht sein! Mich belastet das an manchen Tagen ganz entsetzlich. Wie soll ich denn Vorbild für meine Mitarbeiter sein, wenn ich selbst nicht weiß, was los ist, und völlig konfus bin?!«

Die provokative Frage: Was können psychologische Kurse nützen?

In diesen Zusammenhang gehört eine weitere Kategorie meiner Aufzeichnungen, nämlich die Skepsis, ob solche »sicher ganz interessanten, aber doch etwas weltfremden Psychoveranstaltungen überhaupt etwas nützen können!« Sätze wie: »Den ändern auch Sie nicht!« oder: »Ich bin halt so, und damit müssen sich andere abfinden!«, höre ich zunehmend.

Auch hier helfen mir nicht nur die gemeinsamen Diskussionen mit den Gruppen, sondern insbesondere die vertraulichen Gespräche mit Betroffen, die »eigentliche« Begründung für die Skepsis zu verstehen. Als »eigentliche« Beweggründe kristallisieren sich vor allem nämlich heraus: Resignation infolge zum Teil langjährigen Bemühens, sich auf das Verhalten und die »Macken« anderer einzustellen; Entmutigung infolge als permanent empfundener Überforderung; Befürchtung, den Entwicklungen nicht mehr folgen zu können und als Führungskraft, »wie sie sein sollte«, zu versagen (insbesondere durch den Verlust des Respekts aus dem Mitarbeiter- und Kollegenkreis).

Die Angst zu versagen nimmt zu.

Aus dieser gefühlten Defensive heraus ist es verständlich, psychologische Erkenntnisse und Wissen um sozialdynamische Prozesse in Gruppen als »praxisfremd« zu etikettieren, gar als »Psychoquatsch« abzulehnen, nicht wahr? Kennen Sie das auch? – Warum eigentlich? Warum diese Kontrahaltung?

Nun, einige wesentliche Gründe haben wir bereits genannt. Sie gewinnen ihre durchschlagende Kraft indes vor dem Hintergrund der Erwartung, dass Wissen in Handlungen einfließt: Etwas wissen und erkennen zu können verpflichtet uns, entsprechend zu handeln. Dieses Anwenden von Kenntnissen sollte bei uns selbst beginnen. Das ist unbequem! Hinzu kommt, dass andere diesen Transfer von uns erwarten. Dieses Wissen setzt uns unter Druck. Aber es kommt noch »schlimmer«: Zusätzlich zu dieser Umsetzungserwartung (die wir in der Regel ja gar nicht reflektieren) wächst der Druck dieser Verpflichtung, Kenntnisse anzuwenden, in dem Maße, wie Sie wissen, dass Ihre Mitarbeitenden, Vorgesetzte und Kolleginnen und Kollegen wissen, dass Sie wissen! Dazu ein Beispiel: Innerbetriebliche Trainings laufen häufig top-down, also vom oberen Management zu den unteren Führungsebenen. Bei Schulungen auf den mittleren und unteren Ebenen werde ich häufig gefragt: »Sagen Sie, hat mein Chef diesen Kurs eigentlich ebenfalls besucht?« – wohl wissend: Er hat! Mit anderen Worten: Von Ihnen wird erwartet, dass Sie Kenntnisse, die Sie besitzen, umsetzen. Und bei der Vielfalt an Kenntnissen und Erwartungen ist es nachvollziehbar, dass sich viele überfordert, gar mit dem Rücken an der Wand fühlen. Von der Tageshektik ganz zu schweigen, nicht wahr?

Erwartungen: Wissen verpflichtet!

Lassen Sie diese Problemkreise im Geiste Revue passieren. Erkennen Sie ein Muster? Einen roten Faden? Worum, meinen Sie, geht es bei beiden geschilderten Anliegen »eigentlich«? Besinnen Sie sich auf Ihre persönliche Situation: Was wollen Ihre Vorgesetzten von Ihnen? Was wollen Ihre Mitarbeiterinnen und Mitarbeiter von Ihnen? Was Ihre Kunden? Was erwarten Ihre Kolleginnen und Kollegen von Ihnen? Welchen Erwartungen und Anforderungen fühlen Sie sich ausgesetzt? Und was ist mit Ihren Vorstellungen und Wünschen? In der folgenden Übersicht haben Sie die Möglichkeit, die Anforderungen, die Ihres Erachtens an Sie gestellt werden, festzuhalten.

1 Was erwarten Ihre Vorgesetzten von Ihnen?

✎ _____

_____

_____

2 Was erwarten Ihre Kollegen von Ihnen?

✎ _____

_____

_____

3 Was erwarten Ihre Mitarbeiter von Ihnen?

✎ _____

_____

_____

In einem dreitägigen Kurs vor etwa zwei Jahren machte ich mit den Teilnehmerinnen und Teilnehmern eine Art Selbsterkennungstest, der das persönliche Profil herauskristallisierte. Wir besprachen die Ergebnisse in vertraulichen Zweiergesprächen. An eines dieser Gespräche erinnere ich mich noch heute sehr gut, weil es mich sehr berührte: Als ich mit einer auf die sechzig Jahre zugehenden Führungskraft der Topetage eines Unternehmens mit etwa 4500 Mitarbeitenden ihr Profil anschaute, fragte sie: »Nun, sind Sie erstaunt?« Das Profil dieser Führungskraft zeigte, dass es auf der Verhaltensebene eben keine markanten, sie als Die-und-die-charakteristische-Person markierende Ausprägungen gab. Auf die Frage antwortete ich: »Ich glaube, Sie sind sehr belastet und unglücklich.« Mein Gesprächspartner nickte und erläuterte: »Ich bin so geworden. Ich habe mich stets anpassen müssen, um dabeizubleiben. Erwartungen erfüllen, privat wie beruflich, die andere formulieren und definieren. Ich musste lernen, wie ein Chamäleon meine Verhaltensweisen ständig anzupassen – auch dann, wenn ich es eigentlich nicht wollte oder für gut befand. Nur nicht zu fest opponieren! Wer weiß, was auf

Eine persönliche Erfahrung: Chamäleon spielen tut weh.

dem Spiel steht! – Dabei kommt dann so etwas heraus!« Bei diesen Worten
deutete er auf das Profil und fuhr leise fort: »Wissen Sie, was das heißt?! –
Das bedeutet, sich permanent mit Selbstzweifeln herumzuschlagen; sich im
Spiegel zu betrachten und zu fragen: Wer bist du eigentlich? Und bei alledem
selbstverständlich souverän wirken! Wie schnell wird eine Schwäche ausge-
nutzt! Auch das habe ich erlebt. – Es ist furchtbar anstrengend, so zu leben.
Das hier (er zeigte wieder auf das Profil) bin nicht wirklich ich, wissen Sie.
Ich habe meinen Platz nie so recht finden können. – Und ich bin froh, wenn
bald alles vorbei ist. Die Zeiten im Geschäft sind hart geworden. Ich freue
mich auf die Zeit danach; denn dann muss ich mich nicht mehr verbiegen.«
Er hielt inne. Wir sprachen noch eine Weile. Schließlich beendete er das
Gespräch mit den Worten: »Ich habe noch nie mit jemandem darüber gespro-
chen. Ich danke Ihnen.«

Mich hat dieses Erlebnis intensiv und lange beschäftigt. In ähnlich vertrauli-
cher Offenheit durfte ich zahlreiche Gespräche erleben, vor allem mit älteren
Führungskräften. Zunehmend aber haben auch Gespräche mit jüngeren (ich
meine damit von Mitte 30 bis Ende 40) Führungskräften diesen Tenor des
»Wo bin und wo bleibe ich? Was kann ich mir zutrauen, und was kann ich
mir nicht zumuten?«.

Und genau in diesen Fragen vereinigen sich die Anliegen der oben genannten Fragenkreise und die erwähnte Skepsis.

Mit diesen Schilderungen und Reflexionen sind wir wieder bei der Ausgangs-
frage dieses Abschnitts angelangt: Worum geht es in diesem Buch? – Sie
wissen es bereits: Es geht um Sie!

Ich möchte Ihnen eine Plattform zur Verfügung stellen, auf der Sie herum-
wandeln können, um sich Gedanken über sich selbst zu machen und entsprechend Ihr Handeln gegenüber sich selbst und Ihrer Umwelt auszurichten. Diese Plattform soll Ihnen helfen herauszufinden, was Ihnen entspricht
und was nicht; worauf Sie sich einlassen wollen und können und worauf
eben nicht. Insofern möchte ich Ihren Suchbewegungen in einer neuen Führungsrealität einen Rahmen und eine Richtung anbieten: eine Offerte zur
bewussten oder bewusster gelenkten Orientierung in Ihrem (Berufs-)Leben.

Das Buch als Ihr ganz persönlicher Kompass.

Dieses Buch ist so aufgebaut, dass Sie in drei Schritten zu einem bewussteren Umgang mit sich selbst und anderen gelangen. In einem ersten Schritt
nehmen wir **Grundmotivationen** in Augenschein: Wir widmen uns persönlichen Haltungen zu den Verhaltens- und Beziehungsdimensionen

*Die drei Schritte
zum bewussteren
Umgang mit sich
selbst und anderen.*

❖ Abstand/Distanz,
❖ Vertrautheit/Nähe sowie
❖ Kontinuität/Dauer,
❖ Diskontinuität/Wechsel.

In einem zweiten Schritt verfolgen wir die Frage, mit welchen Einstellungen **Veränderungen** betrachtet und wie sie gehandhabt werden können. Schließlich, im dritten Schritt, beleuchten wir, welche **Perspektiven und Verhaltensweisen** Sie als Führungskraft einnehmen bzw. verfolgen könnten. Das ausschlaggebende Kriterium ist bei alledem, was Ihnen dem Gefühl nach (emotional, affektiv), den Erkenntnissen und dem Denken nach (kognitiv), der »Ahnung« nach (intuitiv) und dem Verhalten nach (behavioral) am nächstliegenden scheint.

*Das Buch wird erst
wertvoll durch Ihre
Mitarbeit!*

In jedem dieser drei Kapitel werden Sie selbst erarbeiten, was Ihnen näher als etwas anderes liegt. Dies ist dann das Fundament an Erkenntnissen (emotional wie intellektuell), das es Ihnen ermöglicht, selbstbewusster und gezielter zu agieren als bisher, weil Sie sich mit diesem Buch systematisch ein Mehr an innerer (und damit ja auch äußerer) Orientierung erarbeiten können. Von daher leuchtet es Ihnen gewiss ein, wenn ich Sie um aktive Mitarbeit bitte. Sie werden Gelegenheit haben, verschiedene Arten von »Fragebogen« bzw. »Tests« zu bearbeiten. Ferner geht es um Analysen von Fallsituationen aus der Praxis, die ich Ihnen in verschiedener Weise anbieten und mit Ihnen erörtern werde. (Die meisten der Fallsituationen eignen sich übrigens als Rollenspiele, die Sie intern, beispielsweise in einem Team, durchführen können.)

Drei Aspekte zum bewussteren Umgang mit sich selbst und anderen

Kapitel 1: Grundmotivationen menschlichen Handelns

Warum sollte uns das interessieren?

Jeder braucht Beziehungen zu anderen Menschen!

Menschen sind soziale Wesen. Sie definieren ihre Identität durch Beziehungshaftigkeit oder Bezogenheit auf andere und durch die Art und Weise des Austauschs. Wir brauchen andere Menschen, die uns Anerkennung geben. Darin, dass wir diesen zwischenmenschlichen Austausch, also die Interaktion, überhaupt brauchen, unterscheiden wir uns individuell nicht voneinander. Vielmehr gewinnen wir unsere persönliche Note durch die Unterschiede, wie häufig und intensiv wir den Austausch suchen. Individuell fällt zudem aus, zu wie vielen Personen wir soziale Beziehungen pflegen. Schließlich unterscheiden wir uns in den Inhalten, den Akzenten und Vorlieben für Handlungen und Themen, über die wir gerne sprechen.

Folglich sind wir verschieden in der Art, wie wir kommunizieren. Die unterschiedlichen Schwerpunkte bestimmen, was wir mögen und nicht mögen; was uns leicht bzw. schwer fällt, wie gut wir mit einer Person »klarkommen«, inwiefern es eine »Wellenlänge« gibt oder inwieweit »die Chemie stimmt«. Mit anderen Worten: Wir unterscheiden uns darin voneinander, welche Bedeutung für uns das Interagieren mit anderen Menschen hat: was wir uns von ihnen wünschen und was wir zu geben bereit sind, aber auch, vor was wir Furcht oder Angst haben und wen oder was wir zu vermeiden trachten.

Diese Beziehungshaftigkeit (Relationalität) unserer Lebensgestaltung spiegelt sich beispielsweise in dem Idiom wider: »Im anderen finden wir uns selbst.« Das betrifft zumindest einen Teil der eigenen Identität. Wir erfahren ein Stück weit etwas über uns selbst, indem wir schauen, mit wem wir gerne in Kontakt treten und mit wem weniger gerne. Daher rührt auch die volkstümliche Redewendung: »Sag mir, mit wem du verkehrst, dann sag ich dir, wer du bist.«

Jeder muss sich »arrangieren« können.

Diese beiden Redewendungen gewinnen an Aussagekraft, wenn wir davon ausgehen, dass wir unser personelles Umfeld selbst auswählen können. Das trifft natürlich im privaten Bereich eher zu als im beruflichen. Da wir uns »im Geschäft« unsere Partner nur selten aussuchen können, werden wir hier besonders mit dem Zwang konfrontiert, uns mit Personen zu arrangieren, die wir »freiwillig« nicht zu unserem Bekanntenkreis zählen würden. Gleichzeitig gilt: Wir müssen Antipathie und anders motivierte negative Voreingenommenheiten (Gefühle) überwinden, um unseren »Job« zu machen, um qualitativ gute und akzeptierte Ergebnisse zu erzielen. Das kostet Mühe, psychische Energie und verläuft nicht ohne Reibungsverluste.

Nehmen wir als Beispiel die folgende Situation:

Sie haben die Leitung eines interdisziplinären Teams übernommen. Es besteht aus sieben Personen; alles kompetente Vertreterinnen und Vertreter ihres Fachgebiets. Alle zwei Wochen wird eine Teamsitzung abgehalten. Die Einladungen mit den Tagesordnungspunkten, Zielen und der Dauer erhalten alle rechtzeitig mitgeteilt. Neben aktuellen Problemdiskussionen werden auf diesen turnusmäßigen Sitzungen auch Routinearbeiten verteilt. Zunächst klappt alles prima. Nach fünf Sitzungen beobachten Sie, dass Kollege X zu den weiteren vier Sitzungen stets etwa eine halbe bis eine Dreiviertelstunde zu spät kommt.

Beispiel: Der »unzuverlässige Kollege«.

Um des lieben Friedens willen und weil Sie sich auf eine Pünktlichkeitsdiskussion mit diesem Ihres Erachtens ziemlich überheblichen Typen nicht einlassen wollen, haben Sie bis dato nichts unternommen. Inzwischen aber rumort es im Team, weil die anderen Teammitglieder diese »Nachlässigkeit« von dem Kollegen X nicht mehr zu tolerieren bereit sind. Sie hören denn auch garstige Kommentare wie: »Ist ein unzuverlässiger Typ«; »Den sollten wir ersetzen, so etwas Überhebliches können wir nicht brauchen«; »Was bildet der sich eigentlich ein?« – Und Sie müssen eingestehen, dass sich Ihre ganz persönliche Haltung dem Kollegen gegenüber verändert hat, und zwar in Richtung Abwertung. Neben diesen Kommentaren zur Person des Kollegen hat sich gleichzeitig der Charakter der Teamdynamik und -diskussion gewandelt. Sobald nämlich der Kollege X etwas sagt, wird er attackiert. Sie selbst ertappen sich dabei, viel Energie und Phantasie zu investieren, um Vorschläge von X zu torpedieren. Damit haben die Störungen auf der Beziehungsebene die Sachebene erreicht: Das Team braucht mehr Zeit, um sich auf etwas zu einigen; und die Qualität der »Kompromisse« lässt zuweilen zu wünschen übrig. Die Reibungsverluste gehen also auf Kosten der Ergebnisse.

In den meisten Fällen ist uns nicht wirklich klar, was uns am anderen stört, was z.B. ihn oder sie »irgendwie unsympathisch« macht. Wir finden jemanden »einfach arrogant« oder »irgendwie nervig« oder einfach »komisch«. Diese vagen Eindrücke, die sich gefühlsstark offenbaren, diese Gefühle, Vorurtei-

Eindrücke und Gefühle führen leicht zu Vorurteilen.

le, Voreingenommenheiten ergänzen wir häufig mit Unterstellungen, Vermutungen, Annahmen, die wir wiederum so behandeln, als seien sie Tatsachen, das heißt »objektiv« vorhanden. Solche Wirklichkeitskonstruktionen manifestieren sich beispielsweise in so genannten intentionalen Fehlschlüssen: »Frau Y will sich ja nur profilieren; deshalb plädiert sie für …« Oder: »Herrn Z geht es sowieso nur um die Kosten. Deshalb will er …« Oder: »Der Chef hat ohnehin Angst, seinen Stuhl räumen zu müssen, darum blockt er …«

Verstehen von Motiven erleichtert angemessenes Verhalten.

Die menschliche Psyche ist nachweislich so disponiert, dass es uns leichter fällt, mit »Allüren« umzugehen, wenn wir sie verstehen, also nachvollziehen können. Wenn Sie beispielsweise wissen, dass sich Ihre Kollegin gerade in der Auflösung ihrer Ehe befindet, entwickeln Sie Verständnis dafür, dass sie etwa in Besprechungen schneller gereizt reagiert als sonst.

Nehmen wir das Beispiel von vorhin. Bisher war »der Fall« für Sie »klar«: Kollege X ist überheblich, weil er ohne Rücksicht auf die Auswirkungen seines Verhaltens auf die anderen Teammitglieder zu spät zu Sitzungen erscheint. Deshalb darf er sich, so Ihre Sichtweise, auch nicht wundern, wenn ihm zunehmend Antipathie bis Aggression entgegenschlägt. Vielleicht tendieren Ihre Eindrücke sogar noch dahin, dass Sie annehmen, Kollege X interessiere sich nicht »wirklich« für das Projekt. Obgleich seine Zu- und Mitarbeit sowie seine Resultate sehr gut sind.

Angesichts der prekären Teamdynamik sehen Sie sich jedenfalls veranlasst, mit dem Kollegen zu reden. Sie fragen ihn ganz offen nach den Gründen seines neuerlichen Zuspätkommens. Zu Ihrem Erstaunen gibt er Ihnen freimütig eine Antwort: »Das ist sehr einfach. Ich habe im Verlauf der ersten Sitzungen, zu denen ich ja pünktlich erschienen bin, regelmäßig die Erfahrung gemacht, dass ich dann bei der Verteilung der Routine- und Kleinkramaufgaben, die ja immer an erster Stelle der Sitzungen steht, Aufträge kriege, die mich anöden und die vor allem meinen Part im Team nicht zwingend erforderlich machen. Und diese Sachen erledige ich auch nicht gut! Zweitens bin ich noch in vier weitere Projekte involviert, sodass mir nichts anderes übrig bleibt, als mich auf das Wesentliche zu konzentrieren. Denn andernfalls leidet die Qualität meiner Beiträge in allen Projektgruppen. – Es tut mir Leid, dass ich mein Verhalten nicht begründet habe. Aber da kein Feedback aus der Gruppe kam, hielt ich das für unnötig.«

Jetzt kennen Sie die Beweggründe des Kollegen und können sie verstehen. Sie sind in der Lage nachzuvollziehen, warum er sich so verhalten hat. Und ich glaube, Ihre Einstellung zur Person und zum Problem verändern sich zumindest tendenziell. Beispielsweise wird aus dem Urteil, Kollege X sei ein »überheblicher« und »rücksichtsloser Typ«, ein Kollege, »der seine Arbeit ernst nimmt und diese perfekt machen will«.

Stoppen wir hier die nähere Betrachtung des Falls und besinnen uns auf den Ausgangspunkt dieses Abschnitts: Wir stellten fest, dass es unterschiedlich leicht fällt, sich auf individuelle Eigenheiten, die ja das Ergebnis unserer Deutungen von Verhaltensweisen sind, einzustellen. Wir konstatierten außerdem, dass wir diese Schwierigkeit wenn nicht beheben, so doch entschärfen können. Dies gelingt uns, sobald wir verstehen wollen und zu verstehen meinen. Je besser wir nachvollziehen und Verständnis entwickeln können, desto eher haben wir die Chance, uns uns selbst gegenüber wie auch anderen gegenüber angemessen(er) zu verhalten und das Geschehen gestalterisch zu beeinflussen.

Verstehen beginnt bei jedem selbst.

Gerade um diesen Komplex der Bezogenheit auf sich selbst und auf andere geht es in diesem Kapitel. Zunächst werfen wir das Augenmerk auf die erwähnten grundlegenden Motivationen unseres Verhaltens. Um Ihre eigenen Grundmotivationen besser kennen zu lernen, füllen Sie bitte den folgenden Fragebogen aus.

Fragebogen: Grundmotivationen menschlichen Handelns erkennen

Bitte beantworten Sie nun die folgenden 48 Aussagen. Sie benötigen etwa zehn Minuten. Wenn Sie mit weniger Zeit auskommen – umso besser. Denn es kommt darauf an, die Aussagen schnell zu kommentieren, also spontan und intuitiv, ohne lange zu überlegen. Der Grund dafür ist einfach: Je länger Sie nachdenken, desto eher schleichen sich Gedankengänge des Typs ein »Wie möchte ich sein?« oder auch »Wie sollte ich sein?«. Wir wollen aber weder das eigene Wunschbild ermitteln noch herausfinden, was Sie meinen, dass andere meinen, wie Sie sein sollten. Wir wollen stattdessen Ihre momentanen Tendenzen herausfiltern. Deshalb geben Sie Ihrer Spontaneität eine Chance!

Welche Grundmotivationen leiten Sie?

Die Aussagen beziehen sich auf Ihr Tätigkeitsfeld im Unternehmen. Sie sind völlig frei, die Aussagen in Ihre konkrete Erfahrungswelt hineinzuphantasieren. Bitte entscheiden Sie sich für jede Aussage zu einem »Ja« oder »Nein«. Diese »Jas« und »Neins« drücken eine Neigung aus, also »tendenziell ja« bzw. »tendenziell nein«. Sie sind also nicht absolut zu verstehen. Nun, dann kann es jetzt losgehen.

		Ja	Nein
1.	Wenn möglich, organisiere ich meine Arbeit/Verpflichtungen so, dass ich sie allein erledigen kann.	☐	☐
2.	Ich leide schnell unter Disharmonie und bemühe mich sehr, den Frieden wiederherzustellen.	☐	☐
3.	Misserfolge belasten mich nicht lange; denn irgendetwas kann man immer daraus machen, und wenn nicht, dann orientiere ich mich eben um!	☐	☐
4.	Wer ein Vorhaben, z.B. ein Projekt, exakt durchplant, hat das Ergebnis schon fast erreicht.	☐	☐
5.	Für mich ist es wie ein Geschenk, wenn mir andere Menschen vertrauen und mich brauchen.	☐	☐
6.	Ich beziehe Informationen lieber aus Literatur als aus Diskussionen.	☐	☐
7.	Im Team ist die emotionale Übereinstimmung das A und O.	☐	☐
8.	Ich lege Wert darauf, für andere berechenbar zu sein – und erwarte diese Zuverlässigkeit auch von ihnen.	☐	☐
9.	Langjährige Zusammenarbeit mit denselben Personen ist mir selbst dann nicht behaglich, wenn ich die Personen sehr mag.	☐	☐
10.	Mich sehr schnell auf neue Anforderungen einzustellen gehört ehrlicherweise nicht zu meinen Stärken.	☐	☐
11.	Der Arbeitsplatz ist dazu da, das eigene Können unter Beweis zu stellen. Gefühle sollten keine Rolle spielen.	☐	☐
12.	Ich unterhalte mich gern über private Themen, weil ich mich dann besser in den anderen hineinfühlen und hineindenken kann.	☐	☐
13.	Ein zentraler Leitwert meines Lebens ist: Was dauert, ist gut.	☐	☐
14.	Ich kann gut damit leben, von anderen nicht sonderlich herzlich gemocht zu werden.	☐	☐
15.	Sich anbahnende Konflikte versuche ich zu verhindern.	☐	☐
16.	Mir sind Herzlichkeit und persönliche Gespräche wichtig, um mich rundherum wohl zu fühlen.	☐	☐
17.	Jeder Mensch sollte feste Prinzipien haben, nach denen er sein Handeln ausrichtet.	☐	☐
18.	Es fällt mir schwer, lange »am Ball zu bleiben«.	☐	☐
19.	Ich vermeide es, Personen nach ihren inneren Beweggründen für ihr Verhalten zu fragen.	☐	☐
20.	Ich bin gern mit dabei, wenn etwas Neues begonnen wird, lege aber keinen Wert darauf, bis zum Schluss mit von der Partie zu sein.	☐	☐
21.	Viele der so genannten Veränderungen und Innovationen sind alter Wein in neuen Schläuchen – da kann man genauso gut die alten Schläuche weiterbenutzen.	☐	☐
22.	Ich komme gerne gleich »zur Sache«, anstatt mit Smalltalk Zeit zu verlieren.	☐	☐
23.	Die meisten Misserfolge lassen sich auf mangelndes Pflichtbewusstsein und mangelnde Sorgfalt und zu geringes Durchhaltevermögen zurückführen.	☐	☐
24.	Ich bemühe mich stets, mich in andere hineinzuversetzen und ihnen zu helfen.	☐	☐

	Ja	Nein
25. Ich verlasse mich in letzter Konsequenz darauf, was ich selbst denke, was ich selbst für richtig, nahe liegend oder angemessen halte.	☐	☐
26. Einerseits wird mir mulmig, wenn Personen meinen, ich sei unersetzlich; andererseits höre ich das natürlich ganz gerne.	☐	☐
27. Ich brauche nicht viele soziale Kontakte. Aber die Beziehungen, die ich pflege, müssen verlässlich sein.	☐	☐
28. Ich vermeide, wo immer es geht, klar definierte Verpflichtungen einzugehen.	☐	☐
29. Ich bevorzuge körperliche Distanz zu Gesprächspartnern und mag Berührungen auch dann nicht, wenn sie sehr nett gemeint sind.	☐	☐
30. Für mich ist es wichtig, vor einem ernsten Gespräch eine gute Atmosphäre zu schaffen.	☐	☐
31. Ich bereite mich selten auf etwas gründlich vor, sondern verlasse mich stark auf meine Eingebungen und mein Improvisationsgeschick.	☐	☐
32. Teamarbeit finde ich nur dann sinnvoll, wenn ich mich absolut darauf verlassen kann, dass alle den Projektplan einhalten.	☐	☐
33. Ich lerne gern aus Diskussionen, lieber, als mich an Bücher und Zeitschriften zu setzen.	☐	☐
34. Es fällt mir leicht, an etwas zu arbeiten, ohne dass ich den Ausgang kenne.	☐	☐
35. Durchhaltevermögen gehört, wenn ich ehrlich bin, nicht eben zu meinen Stärken.	☐	☐
36. Ich mache mir öfter darüber Gedanken, ob mich jemand mag.	☐	☐
37. Ich ziehe intellektuelle Debatten persönlicher Konversation vor.	☐	☐
38. Wenn sich Regeln, Vorschriften, Verfahrensweisen seit vielen Jahren bewährt haben, dann fällt es mir schwer, einzusehen, warum sie geändert werden müssen.	☐	☐
39. Ich nehme gern Mehrarbeit in Kauf, wenn ich so jemandem aus der Bredouille helfen kann.	☐	☐
40. In personellen Auseinandersetzungen denke ich oft, die Kontrahenten sollten in erster Linie ihren Verstand einschalten.	☐	☐
41. Ein zentraler Leitwert meines Lebens ist: »Bleibe unabhängig.«	☐	☐
42. Meine Devise lautet: »Genieße den Augenblick.«	☐	☐
43. Erfahrung ist der beste Ratgeber.	☐	☐
44. Der bedeutungsvollste ethische Grundsatz lautet für mich: »Sei für den anderen da.«	☐	☐
45. Wenn Teammitglieder Beziehungskonflikte haben, fühle ich mich schnell wie im Kindergarten oder fühle mich unbehaglich. Entweder möchte ich die Streithähne dann am liebsten zur Räson bringen, oder aber ich ziehe mich zurück.	☐	☐
46. Mit Neuerungen arrangiere ich mich nur dann, wenn sich gezeigt hat, dass es sich lohnt und dass ich es muss.	☐	☐
47. Ich arbeite gern in unterschiedlichen Projekten gleichzeitig.	☐	☐
48. Ich lebe recht ausgeprägt nach dem Motto: »Kommt Zeit, kommen Rat und Tat.«	☐	☐

Auswertung

Bitte schauen Sie nun, bei welchen Aussagen Sie mit »Ja« geantwortet haben, und ordnen Sie sie den folgenden Zahlengruppen zu:

Gruppe A: 1, 6, 11, 14, 19, 22, 25, 29, 37, 40, 41, 45 =
Gruppe B: 2, 5, 7, 12, 15, 16, 24, 30, 33, 36, 39, 44 =
Gruppe C: 3, 9, 18, 20, 26, 28, 31, 34, 35, 42, 47, 48 =
Gruppe D: 4, 8, 10, 13, 17, 21, 23, 27, 32, 38, 43, 46 =

Zählen Sie anschließend die einzelnen Ja-Stimmen zusammen. An der Häufigkeit der angekreuzten Stimmen können Sie ablesen, welcher Gruppe Sie angehören.

Gruppe A

Das Ideal: Leben in persönlicher Autarkie.

Wenn Sie in der **Gruppe A** die meisten Ja-Stimmen gegeben haben, gehören Sie Ihrer Grundmotivation nach tendenziell zum **abstands- oder distanzorientierten Typ**. Es ist Ihnen wichtig, sich gegenüber anderen als eigenständige Person, eben Individuum, abzugrenzen. Ihr Verhalten wird bestimmt durch persönliche Autonomie. Ebenso wenig, wie Sie anderen – insbesondere in persönlicher Hinsicht – verpflichtet sein möchten, wollen Sie, dass andere sich Ihnen eng verbunden fühlen. Sie neigen demzufolge dazu, Beziehungsfragen und Gefühle im weitesten Sinn zu versachlichen, und tragen eine eher affektarme Rationalität nach außen, eine »kühle Souveränität«.

Sie bevorzugen es, die Welt denkerisch zu durchdringen. Deshalb schulen Sie insbesondere Ihren Intellekt und Ihre fachliche, sachliche Kompetenz. Auf diesem Terrain des Kognitiven fühlen Sie sich wohl und ernten auch Respekt. Konversation, in der Sie den Eindruck haben, jemand »rücke Ihnen auf den Leib« oder komme Ihnen persönlich zu nahe, erfüllt Sie mit Unbehagen. Überhaupt sind Sie unter der souveränen, kühlen Schale sehr sensibel. Vor allem reagieren Sie wachsam und empfindlich, wenn Sie glauben, eine Person enge Ihre Freiheit ein. Das macht den Zugang zu Ihnen schwierig, zumal Sie auf andere Menschen eher gefühlskalt, abweisend, hart wirken. Gefühlsäußerungen oder intensive emotionale Regungen interpretieren Sie schnell als »Unsachlichkeit« bis hin zu »Gefühlsduselei« und »inadäquatem Pathos«. Das äußert sich beispielsweise darin, dass Sie Ihre Mitarbeitenden primär nach Fachqualifikationen beurteilen, die Ihnen wesentlich wichtiger sind als Team- oder Sozialkompetenz, die Sie eher als wenig sinnvoll und effektiv einstufen.

Sie werden für Ihr scharfsinniges Denken, zielorientiertes und durchsetzungsfähiges Handeln gewiss bewundert – nur, Ihre Nähe suchen andere nicht gerade.

Da Ihr Schwerpunkt im Austausch mit anderen Menschen vorzugsweise auf der Sachebene liegt und Sie Diskussionen auf der Beziehungsebene meiden oder abblocken, erleiden Sie einen Mangel an Erfahrung auf der persönlichen Ebene. Dadurch entstehen Lücken in Ihrem Wissen über Ihr Gegenüber. So fällt es Ihnen bisweilen schwer, zu begreifen, warum sich jemand in einer bestimmten Weise verhält. Diese Lücken im Verstehen schließen Sie in der Regel, indem Sie Vermutungen und Annahmen treffen. Diese Deutungen überprüfen Sie nicht im Gespräch, sondern behandeln sie als »zutreffend«. Sie tun also so, als seien Ihre Annahmen Wirklichkeit oder Tatsachen. Dieses Gefangensein im eigenen Denken (»Schmoren im

eigenen Saft«) ruft in Ihnen zuweilen Unsicherheit hervor. Etwa: »Hat der oder die nun etwas gegen mich, oder warum schaut er oder sie mich so merkwürdig an?« Die Unsicherheit wiederum möchten Sie auffangen, indem Sie sich auf Ihr Wissen, Ihre Rationalität, Ihre Analysen und Schlussfolgerungen verlassen – und sich, wo dies möglich ist, ausschließlich auf »die Sache« konzentrieren.

Ihr Bedürfnis nach sozialen Kontakten erfüllen Sie sich am ehesten in Gruppen, weil Sie dort Zugehörigkeit und Autonomie simultan (er)leben können. Was Sie vermeiden möchten, ist ja, von Erwartungshaltungen anderer Personen (vor allem Erwartungen auf der Beziehungsebene) erdrückt zu werden. Sofern es sich um Ansprüche sachlicher Natur handelt, spüren Sie das nicht als problematisch. Sie tendieren beispielsweise dazu, sich in Gesprächen »auszuklinken«, in denen Privates thematisiert wird. Bestenfalls hören Sie zu, leisten aber selbst keine Beiträge. Sie fühlen sich einem Menschen dann besonders zugeneigt, wenn Sie das Gefühl haben, keinen sozialen Erwartungen ausgesetzt zu sein, die Sie als Einengung erleben. Beruflich arbeiten Sie daher am liebsten mit selbstständigen, zielorientierten Personen zusammen.

Tipp für die Zukunft:

Es täte Ihnen gut, auf die positiven Seiten privater Kontakte und Gespräche zu vertrauen. Gelingt es Ihnen, sich mehr auf die persönliche Ebene einzulassen, können Sie Ihre Verhaltensunsicherheiten und Ihre Abkapselung verringern. Außerdem werden Sie Ihrer Führungsaufgabe gerechter.

Denn Führen heißt immer auch: auf den einzelnen Mitarbeiter persönlich eingehen!

Gruppe B

Das Ideal: Leben in einer Gemeinschaft.

Haben Sie die meisten Ja-Stimmen in der **Gruppe B**, leben Sie eine **ausgeprägte Beziehungsorientierung**. Ihnen ist es ein intensives Bedürfnis, von anderen akzeptiert und geliebt zu werden. Das wollen Sie nicht gratis. Sie tun viel dafür: Neben Freundlichkeit, ja Herzlichkeit signalisieren Sie, für andere da zu sein, ihnen zu helfen, sie zu unterstützen, und sind bereit, dafür auf die Erfüllung Ihrer Bedürfnisse zu verzichten oder sie aufzuschieben.

Beruflich lassen Sie beispielsweise Rückdelegation zu, nehmen Arbeit mit nach Hause, machen Überstunden etc., um andere nicht »im Regen stehen zu lassen« oder zu enttäuschen. Sie legen Wert darauf, persönlichen Kontakt zu haben. Sie möchten die Wärme der Verbundenheit geben und erhalten. Aus diesen Gründen sind Sie sehr harmonieorientiert. Harmonie verstehen Sie dabei prinzipiell als Abwesenheit von Streit, Reibung und Konflikten. Solche Situationen erleben Sie als trennend. Aus diesem Grund versuchen Sie, ihnen aus dem Wege zu gehen. Wenn das nicht klappt, wenden Sie viel Energie auf, um den Frieden wiederherzustellen. Kritik deuten Sie schnell persönlich. Da Sie sehr sensibel auf der Beziehungsebene sind, beziehen Sie kritische Formulierungen auf Ihre Person und sind dann verletzt.

Insgeheim, in den meisten Fällen indes unbewusst, hegen Sie für all Ihre Bemühungen um Harmonie, Verbundenheit und Vertrautheit eine Belohnungserwartung. Werden Sie in dieser Erwartung enttäuscht, tendieren Sie dazu, sich betrogen zu fühlen. Sie neigen in diesen Fällen dazu, sich zu beklagen und Nähe einzufordern. Das kann dazu führen, dass Sie – aus der

von Ihnen gefühlten moralischen Überlegenheit des Altruisten heraus – anderen Vorwürfe machen. (Sie bedenken dabei nicht, dass Sie die anderen gar nicht fragen, ob Ihre Fürsorge willkommen ist.)

Insgesamt sind Sie gewiss beliebt. Als Führungskraft verkörpern Sie am ehesten die gute Mutter oder den guten Vater; Sie geben »Nestwärme« und damit auch die Sicherheit der Geborgenheit. Wer das sucht, ist bei Ihnen gut aufgehoben. Sie werden als harmonisierender, schlichtender Einfluss geschätzt.

Tipp für die Zukunft:

Sie sollten lernen, damit umzugehen, dass Ihre Gutmütigkeit und Selbstlosigkeit als (Führungs-)Schwäche ausgelegt werden kann und bisweilen auch ausgenutzt wird. Sie können diesen Umstand akzeptieren. Dann sollten Sie allerdings nicht empört sein, wenn jemand Ihre Nachgiebigkeit nutzt. Und Sie können den Eindruck der Schwäche korrigieren. Dann müssen Sie lernen, »Nein« zu sagen und auch die Ablehnung zu akzeptieren, auf die Sie dann und wann einmal stoßen werden.

Gruppe C

Das Ideal:
Leben in Vielfalt.

Haben Sie in der **Gruppe C** die meisten Ja-Stimmen, haben Sie einen recht **starken Hang nach Abwechslung**. Ihre große Stärke liegt darin, sich gerne auf Veränderungen einzulassen. Diese spezifische Art der Neugier und Experimentierfreudigkeit geht allerdings auf Kosten Ihrer Geduld, ein Vorhaben länger zu verfolgen. Sie lieben es nicht, Details auszuarbeiten und am Ball zu bleiben, bis etwas fertig ist. Sie neigen dazu, ein Projekt fallen zu lassen oder Ihre Mitarbeit zurückzuziehen, sich anderem zuzuwenden, sobald es Ihnen »zu langweilig« oder »uninteressant« wird. Diesen »Drang« zum Wechsel verspüren Sie insbesondere dann, wenn Ihnen etwas »zu lange« dauert oder »zu mühsam« ist (zum Beispiel wegen Kleinarbeit, Routinen, aber auch wegen eines hohen Schwierigkeitsgrades, dem Sie sich nicht mehr ohne weiteres gewachsen fühlen). Denn beides erfordert Durchhaltedisziplin. Ihre Spontaneität und Flexibilität wird dann oft als Unzuverlässigkeit und destruktiv wirkende Sprunghaftigkeit gewertet.

Sie werden als charmante Person und Ideenlieferant geschätzt. Als Führungskraft lassen Sie allerdings die mit dieser Funktion in der Regel verbun-

dene Transparenz und Kontinuität zum Teil vermissen; und das irritiert Kolleginnen und Mitarbeiter oder verunsichert Ihr Gegenüber. Auch Ihr Improvisationsgeschick wird gern gesehen, obgleich auch hier die Grenze zum »Verpflichtungen-auf-die-leichte-Schulter-Nehmen« fließend ist.

Insgesamt erfüllt es Sie mit Unbehagen, stark in Ordnung, Routinen, Regelmäßigkeit und Termindruck eingebunden zu sein. Dem versuchen Sie sich zu entziehen: Sei es, indem Sie terminliche Vereinbarungen nicht besonders ernst nehmen bzw. überhaupt meiden; sei es, indem Sie Kompetenzgrenzen ohne böse Absicht überschreiten (sozusagen: im Eifer des Gefechts); sei es, indem Sie das Hier und Jetzt zum Maß aller Dinge erheben. Für andere Personen erscheinen Sie daher oft als oberflächlich und unstet, unüberlegt oder unzuverlässig. Unbewusst stellen Sie damit hohe Anforderungen an Menschen aus Ihrem Umfeld. Am erfolgreichsten dürften Sie beispielsweise mit sehr kompetenten, eigenverantwortlich entscheidenden und arbeitenden Personen sein. Das gilt insbesondere für Ihre Mitarbeitenden, denn nur dann sind sie in der Lage, ergebnisorientiert unter Ihrer Führung des »Laisser-faire« zu arbeiten.

Bei aller Sprunghaftigkeit brauchen Sie doch die Wärme und Anerkennung, manchmal Bewunderung anderer Menschen. Dabei sind Sie durchaus empfänglich für Schmeicheleien. Da der Brennpunkt Ihres Interesses in dieser Hinsicht darin liegt, vor allem ihre eigenen Eitelkeiten bestätigt zu finden, vernachlässigen Sie, dass andere Menschen ebenfalls positives Feedback brauchen.

Dieser Verzicht hat öfter zur Folge, dass Sie ebenfalls nicht das erhalten, was Sie möchten, und Ihnen die ausdrückliche Anerkennung versagt bleibt. Darauf reagieren Sie empfindlich und ändern, einem Trotzköpfchen gleichend, Ihre Einschätzung anderer. Wertschätzung wird zu Abschätzung. Und dann wenden Sie sich wieder anderen zu.

Tipp für die Zukunft:

Sie sollten sich öfter bewusst machen, was Sie mit Ihrem Verhalten anderen zumuten, und sich fragen, ob Sie sich diese Zumutungen selbst »gefallen« ließen. Diese kritische Selbstüberprüfung hilft Ihnen, Ihren selektiven Blick zu schärfen und abzuwägen, wo Spontaneität und Flexibilität für Sie selbst »notwendig« und für andere zumutbar sind.

Gruppe D

Das Ideal:
Leben in
Verlässlichkeit.

Haben Sie der **Gruppe D** die meisten Ja-Stimmen gegeben, halten Sie **Kontinuität und Tradition** für wesentliche Werte des Lebens. Auf Sie kann man sich verlassen. Ihr Handeln wird geleitet durch ein ausgeprägtes Verantwortungs- und Pflichtgefühl. Berechenbar zu sein ist Ihnen ein Anliegen, zum einen im eigenen Verhalten, zum anderen auch als Erwartung an das Verhalten Ihres Gegenübers. Diese Sicherheit und Zuverlässigkeit herzustellen, zeigt sich in Prinzipien, Regeln, Vorschriften, Checklisten u.ä. Sie unterstützen diese Instrumente, die für Sie die verlässliche Wiederkehr des Vertrauten, Gewohnten verkörpern, durch Ihre Neigung, präzise zu planen. Planung begreifen Sie als Herstellung von Vorherseh- und Vorraussagbarkeit. Das Pochen auf Einhaltung von Regularien kann aber auf andere starrsinnig bis rechthaberisch wirken. Andererseits wird Ihre Korrektheit respektiert, da man weiß, woran man bei Ihnen ist.

Überraschungen, unvorhergesehene Störungen gelten Ihnen prinzipiell als Zeichen mangelhafter Transparenz, lückenhafter Planung und Organisation. Es verunsichert Sie, wenn Sie Ereignisse weder geplant noch erwartet haben. In Fällen unerwarteter Ereignisse ist es Ihnen am liebsten, zu bewährten Mitteln zu greifen, um »alles wieder ins Lot« zu bringen.

Ihre Handlungsmaximen liegen in den Erfahrungen, die Sie gemacht, sowie in Konventionen und Traditionen, die sich bewährt haben. Das lässt Sie durchaus auch dickköpfig und normativ wirken und erschwert es, Sie für neue Ideen empfänglich zu machen, die noch nicht erprobt sind oder von Ihnen als unangemessen empfunden werden.

Gefühle betrachten Sie grundsätzlich als unzuverlässig, weil sie sich – so Ihre Grundüberzeugung – unvorhersehbar verändern können. Gefühlsäußerungen dosieren Sie daher vorsichtig. Ihr Umgang mit Emotionalität ist charakterisiert durch Selbstkontrolle und -beherrschung. Aggressives Verhalten, beispielsweise, erlauben Sie sich nur, wenn Sie meinen, es sei im Dienste der Sache opportun. Insgesamt bevorzugen Sie sachliche Gespräche und ruhige, friedvolle Beziehungen.

Tipp für die Zukunft:

Sie sollten lernen, sich überraschen zu lassen von den Ideen anderer und von neuen Wegen, die beschritten werden können. Der erste Schritt dorthin liegt darin zu akzeptieren, dass Sie von anderen Menschen lernen können.

Kommentar zur Typologie

Selbstverständlich sind die **Auswertungsaspekte typologisch zugespitzt**. Das bedeutet: Mehr oder weniger kombinieren wir in unserer Persönlichkeit das Sowohl-als-auch, und dies individuell akzentuiert. Die typologische Einseitigkeit soll zunächst einmal den Blick schärfen und für eigene Schwerpunkte in Motivationen und Verhalten sensibilisieren. Diese Sensibilität ermöglicht dreierlei:

❖ Erstens werden wir auf eigenes Verhalten aufmerksam.
❖ Zweitens erhöhen wir unsere Wachsamkeit für die Wirkungen, die unser Verhalten im Umfeld anderer Menschen zeitigt.
❖ Dies versetzt uns – drittens – in die Lage, uns bewusster auf andere Personen einzustellen und Gespräche und Zusammenarbeit gezielter zu gestalten.

Fallsituationen

Im folgenden Abschnitt möchte ich Sie einladen, anhand von **drei Fallsituationen** zu erleben, was passiert, wenn die Logik, die sich in den **Typisierungen** verbirgt, zur Anwendung gelangt. Auch hier ist Ihre aktive Teilnahme erforderlich, wenn Sie die erworbenen Kenntnisse »umsetzen« oder einfach auf den Prüfstand stellen möchten.

Die Bearbeitung der Fallsituationen erfolgt folgendermaßen: Zunächst lesen sie bitte die Situationsbeschreibung. Anschließend beantworten Sie die gestellten Fragen und machen sich dazu bitte Notizen. An diese Fragen knüpfe ich dann weitere, ergänzende, vertiefende Gedanken zur jeweiligen Fallsituation an, um Ihnen vielleicht noch weitere Denkanstöße zu geben. Ich habe diese Ausführungen mit dem Begriff »Auswertungsaspekte« tituliert.

Fallsituation »Abseits«

Beispiel: Was passiert, wenn jemand »abseits« steht?

Herr Schlieh ist Chef einer Laborgruppe von neun Mitarbeitern. Die Gruppenmitglieder verstehen sich untereinander gut, das heißt, sie arbeiten erfolgreich und haben einen grundsätzlich harmonischen Kontakt untereinander. Der Austausch auf der Sachebene läuft hervorragend, da alle Teammitglieder eigenverantwortlich und kompetent ihre Arbeit erledigen und selbstständig koordinieren. Die Kommunikationsdichte ist hoch. Das impliziert, dass Konflikte untereinander in regen Debatten ausgetragen werden. Somit könnte Herr Schlieh äußerst zufrieden sein. »Könnte ich«, denkt er öfter, »wenn nur Herr Timm sich kooperativer verhielte!«

Herr Timm »fällt aus dem Rahmen«. Herr Schlieh beobachtet, dass dieser häufig abseits von der Gruppe steht, und schließt daraus, dass er sozial nicht integriert ist. Auf der Sach- und Leistungsebene hat er Herrn Timm nichts vorzuwerfen, da dieser seine Arbeit sehr kompetent erledigt und sich dort mit Kolleginnen und Kollegen aus der Gruppe abstimmt, wo es sachlich erforderlich scheint.

Herr Schlieh ist dennoch beunruhigt. Nicht nur die Beobachtung, dass Herr Timm oft allein, ohne Kontakt zu den Gruppenmitgliedern, irgendwo sitzt und liest, beispielsweise in den Pausen, sondern auch das Gerede der Teammitglieder über Herrn Timm machen Herrn Schlieh Sorge. Die Mitglieder des Teams äußern beispielsweise, Herr Timm sei so zurückgezogen, käme kaum einmal aus sich heraus, beteilige sich nicht an privaten Gesprächen oder

Plaudereien, erzähle nie etwas über sich – und überhaupt, er rede nur das Nötigste, und das sei eben das Geschäftliche. Daher würden sie nicht gern mit ihm zusammenarbeiten. Er sei einfach ein »komischer Kauz«.

Herr Schlieh möchte nun zweierlei: Da ihm diese Disharmonie in der Beziehung zu Herrn Timm selbst zu schaffen macht, möchte er dies ändern und zu ihm eine Beziehung aufbauen. Er möchte, dass dieser auch zur Gruppe eine bessere Beziehung entwickelt und somit von allen eine »O.k.-o.k.-Haltung« gelebt wird. Ihm tut Herr Timm irgendwie Leid, da er sich offenbar nicht in das Team einbringen kann.

Bitte reflektieren Sie die folgenden Fragen. Machen Sie sich am besten dazu einige Notizen.

---

1 Wodurch entsteht für Herrn Schlieh die »problematische Situation«?

✎ _____

_____

_____

2 Wodurch ist Ihrer Vermutung nach das Verhalten von Herrn Timm motiviert?

✎ _____

_____

_____

3 a) Worin sieht Herr Schlieh die »Lösung« des Problems?

✎ _____

_____

_____

b) Was bedeutet diese Lösung für Herrn Timm?

✎ _____

_____

_____

Auswertungsaspekte

Sie sehen: Zwei Welten prallen aufeinander! Und zwar die Welt der Suche nach Nähe, Vertrautheit, Verbundenheit und die Welt der Distanz, Sachlichkeit und persönlicher Abgrenzung.

Herr Schlieh möchte Herrn Timm in seine Welt hineinziehen. Er möchte ihn dazu bewegen, nach den Nähe-Normen von ihm selbst und der Gruppe zu leben. Er respektiert also die Eigenheit oder Lebensphilosophie des Herrn Timm nicht. Er kommt nicht einmal auf die Idee, als Möglichkeit anzunehmen, dass Herrn Timms Verhalten für diesen selbst »stimmt« und daher gar kein Grund besteht, ihn zu bemitleiden.

Durch diese Fixierung auf die eigene Einstellung und Haltung zu dem, was gut und richtig, was erwünscht und nicht erwünscht ist, schafft sich Herr Schlieh ein Problem. Er hätte es nicht, wenn er Herrn Timm seine Wertvorstellungen nicht überstülpen wollte. So aber riskiert er, was er eigentlich lieber vermiede: einen (offenen) Konflikt mit Herrn Timm, der dann ja sagen müsste, dass er sich nicht »einverleiben« lassen wolle.

Herr Timm lebt unter einem anderen normativen Vorzeichen als Herr Schlieh. Dieser wäre besser beraten, Verständnis oder zumindest Toleranz für Herrn Timm zu entwickeln und in der Gruppe ebenfalls um Akzeptanz des Andersseins zu werben. Denn in sachlicher Hinsicht errichtet Herrn Timms Zurückhaltung ja keine Barrieren. In Fragen der Lebensphilosophie ist es immer heikel, Rechthaberei und normierende Absichten (»Ich meine es ja nur gut mit dir. Deshalb solltest du …«) in den Vordergrund unseres Verhaltens zu stellen.

Daher wäre es wohl besser, wenn er Herrn Timm erst einmal nach seiner Einstellung fragen würde. Ob er die Distanz auch wirklich als Distanz erlebe ober ob dies für ihn normal sei.

Fallsituation »Zielerreichung«

Für diese Fallsituation erhalten Sie zwei Perspektiven: die des Regionalleiters L. und die der Außendienstmitarbeiterin M., die beide im Pharmasektor arbeiten. Bitte beantworten Sie zunächst die an die erste Perspektive anschließenden Fragen, bevor Sie die zweite Sichtweise lesen. Im Anschluss an Ihre Überlegungen zu beiden Perspektiven finden Sie wieder Auswertungsaspekte von mir vor.

Perspektive des Regionalleiters L.

Herr L. ist seit acht Jahren im Außendienst tätig; davon vier Jahre als Regionalleiter. Er hat elf Mitarbeiterinnen und Mitarbeiter. Ihm obliegt die Betreuung »seiner Truppe«, und damit fühlt er sich verantwortlich dafür, dass alles gut läuft. Das heißt, dass die Kunden (Ärzte) zufrieden sind, sich betreut, zum Teil auch »hofiert« fühlen und dass die Zahlenvorgaben erreicht werden. Aufgrund seines Verständnisses seiner Funktion und Aufgaben verlangt er von seinen Mitarbeitenden zu Beginn der neuen Budget- und Planungszeiträume eine detaillierte Planung von vorgesehenen Veranstaltungen, der Budgetnutzung, von Besuchszahlen und der Vorgehensweisen bei Kundenbesuchen (Argumentationsleitfäden, Schwerpunkte der Produktbotschaften).

Um sicherzugehen, dass auch alles in seinem Sinne abläuft, geht er bei Kundenbesuchen gern öfter mit. Denn da er selbst lange Zeit im Außendienst gearbeitet hat, meint er, das Mitgehen ermögliche ihm, seinen Leuten den einen oder anderen guten Tipp zu geben. Außerdem sichert ihm dieses Verfahren, dass er den Überblick über die Arbeitsweise seiner Truppe behält.

Er weiß, dass seine guten Absichten nicht bei allen Mitarbeitenden willkommen sind. Insbesondere seine erfolgreiche Mitarbeiterin M. schätzt seine Art, seine Aufgaben wahrzunehmen, gar nicht besonders. Frau M. ist seit fünf Jahren für die Firma tätig und davon seit zwei Jahren im Team. Sie schafft es jedes Mal, in ihren Leistungen gen. In einer der hitzigen Debatten, die sie ihm geradeheraus und in recht res- ung nicht benötige. Sie wisse auch allein, gebe ihr Recht.

Was passiert, wenn Ziele auf verschiedenen Wegen erreicht werden?

S. 86 ff
Akzeptanzstrategie

S 95
Kundentyp

> **1** Bitte beschreiben Sie das Selbstwertgefühl und – damit zusammen-
> hängend – das Selbstverständnis des Herrn L. in seiner Funktion:
> Woraus bezieht Herr L. sein positives Selbstwertgefühl?
>
> ✎ _____
>
> _____
>
> _____
>
>
> **2** Was ist dem Regionalleiter Ihres Erachtens besonders wichtig in der
> Ausübung seines Aufgabenverständnisses: Was bedeutet es für ihn,
> seinen Cheffunktionen nachzukommen?
>
> ✎ _____
>
> _____
>
> _____

Perspektive der Außendienstmitarbeiterin M.

Frau M. ist seit fünf Jahren im Außendienst der Firma tätig; davon arbeitet
sie seit zwei Jahren bei Regionalleiter L. Nochmals zur Erinnerung: Herr L.
ist seit acht Jahren dabei und vier Jahre in der Funktion der Regionalleitung.
Frau M. ist sehr erfolgreich: Ihr Umsatz sowie die Zahl ihrer Arztbesuche
liegen über dem Durchschnitt. Ihre Arbeit macht sie gern, und sie fühlt sich
im Team mit ihren zehn Kolleginnen und Kollegen recht wohl. Sie versteht
sich mit allen gut, einschließlich Herrn L.s. Eines stört sie allerdings massiv:
Sie fühlt sich von ihm gegängelt und unangemessen kontrolliert. Dies äußert
sich für sie darin, dass er zu Beginn eines Budget- und Planungszeitraums
nahezu exakte Planungen von vorgesehenen Veranstaltungen, Budgetnutzung, sogar Vorgehensweisen (Argumentationsleitfäden, Schwerpunkten
der Produktbotschaften) verlangt und sich dann auch noch manchmal zum
Mitgehen bei Kundenbesuchen ankündigt!

Frau M. ärgert das sehr. Schließlich ist sie erfolgreich und braucht keine
Bevormundungen. Sie findet den Planungsaufwand, den L. verlangt, nicht
gerade sinnvoll, weil sie sich auf spontane, individuelle Sachlagen und Bedürfnisse ihrer Klientel einstellen will. Schon aus diesem Grund kann sie
unmöglich sagen, wann und für wen sie etwas tun wird. Sie legt Wert auf ihr

improvisatorisches Geschick und flexibles Reagieren. Deshalb sieht sie nicht ein, weshalb sie Konzessionen an seine Planungsmanie machen sollte.

Und was ihre Vorgehensweise, etwa ihre Argumentationen beim Kunden betrifft, verwendet sie keine standardisierten Versionen, sondern stellt sich individuell auf den Kunden ein. Beispielsweise ist es bei dem einen Kunden der Service, den sie ihm bietet (etwa ihre Unterstützung bei von ihm projektierten Veranstaltungen). Bei einem anderen Kunden ist es das Produkt, das im Vordergrund steht, und bei einem dritten Kunden ist es die persönliche Wellenlänge, über die sie verkauft. Was sollte sie da also planen?

Da sie bewiesen hat, dass sie auch ohne die Einmischung von Herrn L. und seine »guten Tipps« eigenverantwortlich arbeiten kann und erfolgreich ist, möchte sie mit ihm über seine für sie unangemessene Führung reden.

---

1 Bitte beschreiben Sie das Selbstwertgefühl und, damit zusammenhängend, das Selbstverständnis von Frau M. in ihrer Funktionsausübung: Woraus bezieht Frau M. ihr positives Selbstwertgefühl?

✎ _____

_____

_____

2 Was ist der Mitarbeiterin Ihres Erachtens besonders wichtig in der Ausübung Ihrer Arbeit?

✎ _____

_____

_____

Nachdem Sie diese Fragen beantwortet haben, analysieren Sie bitte anhand Ihrer Überlegungen zu den zwei Perspektiven die dritte Frage:

3 Warum kommt es zu Konflikten zwischen Herrn L. und Frau M.? Inwiefern und unter welchen Bedingungen sind Konflikte vorprogrammiert?

✎ _____

_____

_____

Auswertungsaspekte

Perspektive des Regionalleiters L.

Zu Frage 1: Der Regionalleiter sieht sich selbst als gewissenhafte Führungskraft. Seinem Verständnis nach vermittelt er Orientierungswissen (how to) und genießt insofern Autorität. Sein positives Selbstwertgefühl bezieht er ferner aus dem Überblickswissen (»Ich weiß, was meine Leute wann wie tun«), zudem aus seinem Erfahrungsschatz (»Ich kenne die Front und die Klientel; was bei mir erfolgreich war, ist es auch heute noch«) und aus der Funktion der Führungskraft, wie er sie definiert (»Ich bin verantwortlich für alles. – Eine gute Führungskraft weiß alles über die Mitarbeiter.«).

Zu Frage 2: Dem Regionalleiter ist eine exakte Planung besonders wichtig! Auch darin zeigt sich seine Orientierung an Kontinuität. Detaillierte Planung symbolisiert für ihn:

❖ Sicherheit, Gültigkeit von Regeln,
❖ Kenntnis von Ergebnissen/Prognostizierbarkeit,
❖ Kontrolle, »Alles-im-Griff-Haben«,
❖ frühestmögliche fixe Kalkulation und gerechte Verteilungschance in Bezug auf Ressourcen,
❖ Absicherung gegen Überraschungen, Unvorhersehbarkeiten,
❖ Absicherung gegen Aus-der-Hand-Gleiten und Aus-dem-Blick-Verlieren,
❖ Unterstützung der Mitarbeiter für erfolgreiches Arbeiten.

Das Selbstverständnis, das Herr L. von seiner Aufgabe als Chef hat, zielt vor allem auf die Sachebene und steuert sein bewusstes Verhalten. Vermutlich ist ihm seine Orientierung im Hinblick auf »Dauerhaftigkeit« und »Kontinuität« nicht bewusst. Diese Ausrichtung prägt indes seine Wahrnehmung des Verhaltens von Frau M. So deutet er beispielsweise souveränes Verhalten als »unverschämt«, »provokativ« oder »respektlos«. Die Art und Weise, wie er auf Frau M. reagiert, ist ihm folglich nur zu einem Teil klar. Damit fällt es ihm schwer, seinen persönlichen Beitrag zum Problem zu erkennen.

Perspektive der Mitarbeiterin M.

Zu Frage 1: Das Selbstverständnis oder Selbstbild von Frau M. ist das einer außerordentlich talentierten und kompetenten, eigenständig arbeitenden und erfolgreichen Frau. Sie braucht Handlungsfreiräume, um sich flexibel und fantasiereich auf Kunden einzustellen. Ihr positives Selbstwertgefühl speist sie ferner aus ihrer Vorgehensweise: improvisieren, sich situativ anpassen, wendig und kreativ sein. Sie hält sich für eine besonders kundenorientierte Kraft und ist stolz darauf, Freiräume im Sinne der Zielerreichung voll zu nutzen. Sie ist folglich davon überzeugt, keinen Chef zu brauchen bzw. keinen Vorgesetzten zu benötigen, der sie ständig beobachtet und kontrolliert. Sie sieht sich so, wie Mitarbeitende heute sein sollten: mündig, eigenständig, fähig – ein Selbstläufer.

Zu Frage 2: Meines Erachtens liegen die zentralen Anliegen von Frau M. darin, kundenorientiert und unter Nutzung aller ihr zur Verfügung stehenden Flexibilität und Intuition, Phantasie und Kompetenz arbeiten zu können. Sie möchte ihren Ehrgeiz, selbstständig und ohne Bevormundung ihrer Tätigkeit nachzugehen, ausleben können.

Zu Frage 3: Sie sehen, hier stoßen zwei Welten aufeinander:

Dauerorientierung		**Wechselorientierung**
	Das bedeutet:	
❖ Planung	⟷	❖ Improvisation
❖ Regelorientierung	⟷	❖ Phantasie
❖ Sachorientierung	⟷	❖ Beziehungsorientierung (im Verkauf)
❖ Sicherheitsorientierung	⟷	❖ Experimentierfreude
❖ Führungskraft als Patriarch	⟷	❖ Führungskraft als formale Kategorie
❖ Führungsverhalten im Sinne des Betreuens	⟷	❖ Führungsverhalten als »Laufen lassen, solange es gut läuft«

Der »Dauerkonflikt« ist vorprogrammiert.

In dieser konträren Selbstprogrammierung zeigt sich der »vorprogrammierte Konflikt«. Er manifestiert sich in den unterschiedlichen Deutungen und Verständnisweisen von Forderungen, Erwartungen, Handlungen: Was dem Vorgesetzten L. als pflichtgetreue Betreuung und Unterstützung erscheint, wandelt sich in der Deutungswelt der Mitarbeiterin M. in Gängelei und Bevormundung. Was dem Herrn L. ein Kalkulations- und Sicherheitsfaktor sowie die Grundlage für Verteilungskriterien in Form exakter Planung ist, wird in den Augen von Frau M. irrationale Pedanterie, Planung um der Planung willen etc., jedenfalls funktionslos oder gar kontraproduktiv.

Weil Herr L. das Verhalten seiner Mitarbeiterin in einem völlig anderen Licht sieht, als sie es tut (er hat eine andere Interpretationsfolie), erscheint ihm die Forderung von Frau M. nach »Laisser-faire«-Führungsverhalten als unhaltbar. Ihren Wunsch, große Freiräume zu haben, empfindet er als Bedrohung: Mit ihrer Forderung, an der ganz langen Leine geführt zu werden, entzieht sie ihm den Boden für seine Identität als Vorgesetzter. Mit anderen Worten: Er fühlt die Legitimation seiner funktionalen Existenz schwinden. Umgekehrt empfindet Frau M. seine Forderung nach engerer Bindung an seine Erwartungen und Regeln als unzumutbar. Sie erlebt diese nämlich als Begrenzung ihres Aktionsfeldes sowie als Infragestellung ihrer Arbeitsweise, ihrer Souveränität und Kompetenz.

So fühlen sich beide voneinander in ihrem Selbstwertgefühl und Selbstbild bedroht. Es ist die nicht bewusste Unterschiedlichkeit in den Grundmotivationen, die den Konflikt zwischen den beiden »programmiert«. Solange sie sich darüber nicht klar werden, haben sie einen »Dauerkonfliktherd«. Herr L. und Frau M. werden auch zukünftig (heftige) Auseinandersetzungen austragen und bestenfalls kurzfristige, nicht aber tragfähige Kompromisse finden.

Fallsituation »Anspruch und Wirklichkeit«

In dieser Fallsituation erhalten Sie ebenfalls zwei Sichtweisen, die ich Ihnen dieses Mal aber erst beide schildere und anschließend die Fragen dazu stelle. Ich bitte Sie, beim Lesen und Sichhineinversetzen auch »zwischen den Zeilen« zu lesen und »hinter die Kulissen« zu schauen und zu überlegen, um welche Probleme es eigentlich geht.

Perspektive des Mitarbeiters M.

Herr M. hat das Gefühl, als kompetente Arbeitskraft von seiner Chefin F. nicht ganz ernst genommen zu werden. Er ist selbst Führungskraft, hat sechs Mitarbeiter und bemüht sich stets darum, zuverlässig und in seinen Handlungen kalkulierbar zu sein, und zwar nicht nur in der Zusammenarbeit mit seinem Team, sondern auch in der Kooperation mit Frau F. Und selbstverständlich will er seine Arbeit zu seiner und der Zufriedenheit aller Betroffenen erledigen.

Aus diesen Gründen steht er zu Zielvereinbarungen und Ablaufplänen, die er mit seinen Mitarbeiterinnen und Mitarbeitern abgesprochen hat. Nicht so seine Chefin. Frau F. ändert häufig Prioritätensetzungen, will neue Ablaufverfahren ausprobieren und herumexperimentieren. Das aber kostet Zeit und natürlich auch Geld. Auf jeden Fall ist dieses Verhalten risikovoll für alle Beteiligten. Außerdem sind die Veränderungen von Prioritäten und die vermeintliche Notwendigkeit, neue Verfahren auszuprobieren, für Herrn M. oft uneinsichtig. Da von alledem auch seine Crew betroffen ist, halten ihn seine eigenen Mitarbeiter inzwischen für unstet, und ein verschlechtertes Arbeitsklima ist die Folge.

Was passiert, wenn zwei konträre »Temperamente« zusammenarbeiten?

Perspektive der Führungskraft F.

Frau F. hält ihren Mitarbeiter M., der selbst Führungskraft ist, für unflexibel, manchmal sogar starrsinnig. Das zeigt sich insbesondere dann, wenn es um Veränderungen von Prioritäten im Arbeitsablauf oder auch, was sie besonders wurmt, um innovative Verfahren geht. Er will einfach alles der Reihe nach machen und tut sich ungemein schwer, mit neuen Methoden zu experimentieren.

Ohne Neues auszuprobieren, davon ist Frau F. überzeugt, kann man aber beispielsweise Prozesse nicht optimieren. Optimierung, die kontinuierliche Suche nach Verbesserungen also, hat Flexibilität im Verhalten notwendig zur Voraussetzung. Zudem ist es interessant, innovativ zu sein! Da passiert wenigstens etwas!

Was allerdings die Neuordnung von Prioritäten betrifft, gibt Frau F. ihrem Mitarbeiter M. insgeheim öfter recht. Denn auch ihr passt das nicht immer ins Konzept – und sie kann die Gründe dafür nicht immer nachvollziehen.

Sie sieht sich aber zu diesen Neufestsetzungen gezwungen, weil sie »von oben« gefordert werden. Und da sie für sich selbst unnötigen Stress vermeiden will, gibt Frau F. die jeweils neuen Prioritäten an Herrn M. weiter.

---

1 Wie empfindet der Mitarbeiter M. das Hin und Her?

✎ _____

_____

_____

2 Wie sieht Ihrer Meinung nach Frau F. als Chefin dieses Hin und Her?

✎ _____

_____

_____

3 Was meinen Sie, wie läuft ein Gespräch zwischen diesen beiden Personen in der Regel ab? Bitte machen Sie sich auch dazu Notizen. Achten Sie dabei besonders darauf, wer Ihrer Vermutung nach in einem Gespräch was thematisieren, also ansprechen würde und was eher nicht. Dann erst lesen Sie meinen Kommentar.

✎ _____

_____

_____

Auswertungsaspekte

Ich habe diesen Fall in zahlreichen Rollenspielen inszeniert, und jedes Mal gab es ein typisches Szenario. Dieses Muster möchte ich Ihnen, kombiniert mit analytischen Betrachtungselementen, wiedergeben.

Perspektive des Mitarbeiters M.

Zu Frage 1: Warum das Hin und Her? Herr M. denkt gewöhnlich nicht über seinen Beitrag zum Problem nach. Dieser liegt nämlich in seiner Dauerorientierung, die sich in dem Bemühen um Transparenz und Nachvollziehbarkeit zeigt. Seine Devise lautet: »Eines nach dem anderen« und »Gute Projektarbeit verlangt die Einhaltung von Planung«. Deshalb ist er fein raus. Er rechtfertigt damit sein Tun und »erklärt« seine Misere damit, dass die Ursache für das Problem bei seiner Chefin liegt. Sie ist »flatterhaft«, und darum gilt es, sie dazu zu bringen, ihr Verhalten zu ändern. Dabei ist die Zielrichtung klar: Frau F. muss auf Kontinuität, auf Einhalten von Vereinbarungen verpflichtet werden. (Umgekehrt möchte ihn seine Chefin auf ihre Linie bringen. Beide wollen also das Verhalten des anderen verändern!)

Als Minimalziel versucht der Mitarbeiter in der Regel, die Führungskraft mit ins Boot zu ziehen. Sie soll vor die Gruppe, also die Crew von Herrn M., treten und jeden Wechsel, jede Innovation dort selbst begründen und verteidigen.

Ein geschickter Schachzug. Denn zum einen ist Herr M. damit von der Verpflichtung entbunden, selbst etwas zu unternehmen. Zum anderen »löst« die Führungskraft gemäß der Strategie des Involvierens die eigenen Führungsprobleme: Indem der Mitarbeiter die Chefin dafür gewinnt, anfallende Veränderungen der Gruppe persönlich bekannt zu geben, »verschwinden« seine eigenen Führungsprobleme. Denn die Schuldzuschreibung von Herrn M. ist ja die, dass Frau F. ihn durch ihre Sprunghaftigkeit veranlasst (»zwingt«), diese Sprünge mitzumachen, konkret: weiterzugeben. Deshalb, so seine Deutung, hat er Schwierigkeiten mit seiner Gruppe, die den Respekt vor ihm verliert. Das Verhalten der Chefin ist damit auch dafür verantwortlich, dass sein Selbstbild, nämlich ein zuverlässiger und zu seinen Vereinbarungen mit den Mitarbeitern stehender Chef zu sein, von den Mitarbeitern nicht mehr bestätigt wird. Und darunter leidet das Selbstwertgefühl.

Perspektive der Führungskraft F.

Zu Frage 2: Warum das Hin und Her? Die Chefin, Frau F., macht sich nicht bewusst, dass sie selbst Teil des Problems ist. Das ist sie durch ihre Wechselorientierung, die sich in ihrem Faible für Neues und ihrer Experimentierfreude zeigt. Dieser Mangel an Selbstreflexion hat zunächst einmal die Konsequenz, dass andere »Schuldfaktoren« gesucht und gefunden werden müssen. Also führt sie »die Anweisungen von oben« ins Feld. Das entschuldigt und rechtfertigt – so die mehr oder minder bewusste Hoffnung – das eigene Tun. Denn: Gegen Order von oben bin ich ja machtlos.

Zu Frage 3: Worum geht es? Wie läuft ein Gespräch zwischen beiden ab?

Ich möchte Ihnen im Folgenden meine Erfahrungen mit dieser Fallsituation skizzieren. Beginnen wir mit der Perspektive der Führungskraft.

In Fällen, in denen Rollenspieler das Argument der »Anweisungen von oben« als illoyal abwerten oder aus der Furcht heraus nicht anführen, sie könnten sich vor dem Mitarbeiter eine Blöße geben und an Respekt verlieren, wird so argumentiert: Das »Ich kann ja auch nichts dafür«-Argument wird rhetorisch wohl verpackt und äußerst eloquent als »strategische Managemententscheidungen«, der »Marktnotwendigkeit, flexibel zu sein«, und damit als in der »Globalisierung der Märkte« liegend verklausuliert. Auch hier rechtfertigt sich die Führungskraft.

Bezeichnend ist, dass die Nennung dieser Schlagworte in der Regel genügt, um den Mitarbeiter zum Schweigen zu bringen. Ich habe es kein einziges Mal erlebt, dass die Führungskraft in die Pflicht genommen wurde, den Zusammenhang etwa zwischen der »Globalisierung« und dem Mangel an organisatorischer Stringenz herzustellen. Offensichtlich besitzen diese Worthülsen Autorität, nämlich die Kraft zu suggerieren, wer das nicht kapiert, ist geistig unterbelichtet. Und die Schlüsselbegriffe spiegeln eine konkrete Wirklichkeit und damit verbundene Notwendigkeit unternehmensinternen Verhaltens wider.

Der erwähnte Verzicht auf selbstkritische Betrachtung wird in dieser Hinsicht bereichert um den mangelnden Mut der Führungskraft, den eigenen Gehorsam »nach oben« offen zuzugeben. Dieser Verzicht erklärt sich aus den oben genannten Befürchtungen – sowie aus dem Umstand, dass auch das eigene Selbstwertgefühl eine erhebliche Beschädigung erfährt, wenn ich mir zugestehen muss, zu feige zu sein, um »oben« dezidiert nachzufragen.

Bemerkenswert ist außerdem, dass in der Regel die Bewertung des Verhaltens von Mitarbeiter M. als Tatsache behandelt wird. Mit anderen Worten: Die Chefin verzichtet darauf, die eigenen Annahmen (Deutungen) von der Unflexibilität des Mitarbeiters zu überprüfen. Diese Vernachlässigung hat

Folgen: Frau F. will – da das eigene Urteil ja der Realität entspricht – nur noch eins, nämlich den Mitarbeiter M. von der Notwendigkeit flexiblen Verhaltens (im Sinne ihres Selbstverständnisses) überzeugen. Infolgedessen erfährt sie gar nicht, womit und warum der Mitarbeiter Probleme hat (nämlich mit der Nichtnachvollziehbarkeit mancher Entscheidungen von Frau F.; ferner mit den eigenen Mitarbeiterinnen und Mitarbeitern; und natürlich mit dem Defizit an positivem Feedback von Frau F.). Kein Wunder, dass der »Redeschwall« der Vorgesetzten von Mitarbeiterseite her in der Regel als »hohle Schwafelei« klassifiziert wird. Frau F. kann folglich nicht auf Resonanz stoßen, weil sie an der oben erwähnten Botschaft und Zielrichtung (Herrn M. zu Flexibilität bringen) festhält.

Im Hinblick auf den Mitarbeiter ist es typisch, dass er zwar nach den Gründen für die Sprunghaftigkeit der Chefin fragt, sich indes mit dem wortreich ausstaffierten Hinweis auf die allgemeine internationale Wirtschaftslage abspeisen lässt. Das ist ein Tribut an die Scheu, eventuell einen offenen Konflikt auszulösen und auszutragen. (Das gaben die Rollenspieler in meinen Trainings auch freimütig zu.) Typisch ist auch, dass, wenn die eigenen Führungsprobleme überhaupt thematisiert werden, diese in einem völlig neuen Gewand erscheinen: Sie sind als Sorge um das Wohl und die Motivation der Mitarbeitenden verkleidet. Also auch hier die Furcht, etwas explizit zum Gegenstand des Gesprächs zu machen, das als Führungsschwäche ausgelegt werden könnte. Und das, obwohl unschwer nachvollziehbar ist, dass bei einem Zickzackkurs die Motivation leidet und unter Umständen die daraus entstehenden Schwierigkeiten der Führungskraft angekreidet werden.

Sie sehen, liebe Leserin und lieber Leser, bereits der Verzicht darauf, Selbst- und Fremdbild zum Thema der Selbstreflexion, der Überprüfung und des Dialogs zu machen (hier insbesondere die individuellen Grundorientierungen und daraus resultierende Folgen), bringt uns um die Chance zu verstehen, warum unser Gegenüber etwas so und nicht anders sieht, beurteilt, empfindet und schließlich handelt. Der Preis dieser Vernachlässigung ist hoch: Zusammenarbeit wird schwierig. Dies betrifft auch die Mehrkosten, eine Basis zu schaffen, auf der tragfähige und dauerhafte Arrangements getroffen werden können – und das im Zeitalter der »Nachhaltigkeitsökonomie«!

Es lohnt sich, Fragen zu stellen: an sich selbst und andere.

Kapitel 2: Umgang mit Veränderungen

Den Wandel im Blick

Bisher haben wir uns mit den Grundmotivationen, mit den fundamentalen Beweggründen, für unser Verhalten beschäftigt. Im folgenden Abschnitt erweitern wir das Repertoire psychologischer Kenntnisse um Ideen, die das Thema »Wandel« umkreisen.

Ich möchte Sie zum Einstieg wieder einladen, das Spektrum von Selbst- und Fremderkenntnis zu vergrößern. Als Möglichkeit, dies in einer ersten Annäherung zu tun, empfiehlt sich, die persönlichen Präferenzen anhand eines »Fragebogens« kennen zu lernen. Dem folgen erläuternde Ausführungen, Vorschläge und Übungen zum Thema, und daran knüpfen wir wieder die Gelegenheit, die Kenntnisse an Fallsituationen zu testen.

Fragebogen: Erkennen Sie Ihre persönlichen Präferenzen

Wo liegen Ihre Präferenzen?

Lesen Sie bitte die jeweilige Situation, und erstellen Sie zu den folgenden Aussagen eine Rangfolge Ihrer Präferenz.

Die erste Präferenz erhält eine 1, die zweite eine 2, die dritte eine 3 und die vierte eben eine 4.

1 Im Zuge der Umorganisation im Unternehmen wird auch die Büroverteilung verändert. Davon sind Sie wie auch Ihre Mitarbeitenden betroffen. Vorgesehen ist, dass Sie den größten Raum für sich allein haben, während sich Ihre fünf Mitarbeiterinnen und Mitarbeiter auf zwei etwas kleinere Büros aufteilen sollen.

		1	**2**	**3**	**4**
A	Ich würde in Bezug auf meine Mitarbeiter genau überlegen, wer mit wem »kann«; inwiefern es sachlich Sinn macht, bestimmte Personen zusammenzusetzen, und danach entscheiden.	☐	☐	☐	☐
B	Ich würde eine gemeinsame Besprechung einberufen und, losgelöst von Vorgaben, über die personelle Besetzung der drei Räume diskutieren.	☐	☐	☐	☐
C	Ich würde meine Mitarbeiterinnen und Mitarbeiter einzeln nach persönlichen Präferenzen befragen, diese mit meinen sachlichen Argumenten und meinen Eindrücken, wer mit wem am ehesten in einem Büro produktiv arbeiten kann, abwägen und dann entscheiden.	☐	☐	☐	☐
D	Ich würde Kolleginnen und Kollegen fragen, wie Sie die Regelung umsetzen.	☐	☐	☐	☐

2 Sie sind Projektleiterin bzw. Projektleiter eines Teams von sechs Personen. An dem Projekt hängt ein wenig Ihres »Herzblutes«, und das Team arbeitet seit dreieinhalb Monaten daran. Die Ergebnisaussichten sind viel versprechend. Für alle Teammitglieder überraschend, wird das Projekt auf Eis gelegt. Die Begründung des Entscheidungsgremiums, in dem Sie nicht vertreten sind, ist »schwammig«.

		1	**2**	**3**	**4**
A	Ich würde alle Argumente, die für die Fortführung des Projekts sprechen, zusammentragen und dem Entscheidungsgremium präsentieren. Kann ich mich da nicht durchsetzen, würde ich die Entscheidung respektieren.	☐	☐	☐	☐
B	Ich würde protestieren und versuchen, das Gremium vom Gegenteil zu überzeugen. Wenn das fehlschlüge, würde ich nach informellen Wegen suchen, das Projekt doch noch zu Ende zu führen.	☐	☐	☐	☐
C	Ich würde analysieren, ob sich der Stellenwert des Projekts im Rahmen der Unternehmensausrichtung geändert hat, um die Entscheidung verstehen zu können.	☐	☐	☐	☐
D	Ich würde mich erkundigen, was andere Projektleiter in einer ähnlichen Situation getan haben.	☐	☐	☐	☐

3 Ihr Vorgesetzter bittet Sie überraschend, bei einer in zwei Stunden stattfindenden Sitzung Ihre Projektidee, von der Sie ihm drei Tage zuvor erzählten, zu präsentieren.

		1	2	3	4
A	Ich würde mich darauf konzentrieren, den Nutzen, den das Unternehmen von dem Projekt hätte, herauszuschälen.	☐	☐	☐	☐
B	Ich würde mich über die Gelegenheit freuen und mich auf eine originelle, Neugier weckende Präsentation vorbereiten und die Chancen, die das Projekt bietet, breit darstellen.	☐	☐	☐	☐
C	Ich würde mich für die Einladung bedanken, aber ablehnen und einen anderen Termin erbitten, um mich gut vorbereiten zu können.	☐	☐	☐	☐
D	Ich würde meine Kolleginnen und Kollegen zu Rate ziehen und mit ihnen eine Präsentation vorbereiten.	☐	☐	☐	☐

4 Sie haben mit Ihrem interdisziplinären Team ein gravierendes Problem zu lösen, auf das die Gruppe gerade (vor kurzem) gestoßen ist.

		1	2	3	4
A	Ich würde anregen, dass jedes Teammitglied Lösungen aus seiner Sicht erarbeitet und in einer gemeinsamen Diskussion den zielsichersten Vorschlag aufgreift.	☐	☐	☐	☐
B	Ich würde mit dem Team mittels einer Kreativitätsmethode erst einmal Problemsicht und Lösungsideen erfassen, um nicht gleich dem erstbesten Vorschlag aufzusitzen.	☐	☐	☐	☐
C	Ich würde mit dem Team alle möglichen Aspekte des Problems reflektieren, gegebenenfalls Hintergrundinformationen sammeln, mit Erfahrungen aus ähnlichen Problemlagen vergleichen und auf dieser Grundlage eine Lösung erarbeiten.	☐	☐	☐	☐
D	Ich würde eine Art Umfrage in den Abteilungen, aus denen die Teammitglieder kommen, initiieren, um möglichst viele Meinungen zusammenzutragen und zu vergleichen.	☐	☐	☐	☐

5 In der Abteilung, die Sie seit gut zwei Jahren leiten, hat es sich eingeschlichen, dass Sie sämtliche Sitzungen moderieren. Jetzt kommt von einem neuen Mitarbeiter der Vorschlag, die Moderation turnusmäßig zu wechseln.

		1	2	3	4
A	Sofern die vorgeschlagene Regelung die Effektivität nicht in Frage stellt, wäre ich einverstanden.	☐	☐	☐	☐
B	Ich wäre erfreut über das Interesse, würde fragen, wer sich im Moderieren noch üben möchte, und ginge darauf ein.	☐	☐	☐	☐
C	Ich würde Vor- und Nachteile einer solchen Regelung abwägen und mich einverstanden erklären, wenn die Vorteile meines Erachtens überwögen.	☐	☐	☐	☐
D	Ich würde neben der Crew auch Kolleginnen und Kollegen fragen, wie sie die Abgabe der Moderationsfunktion beurteilen.	☐	☐	☐	☐

6 Aus der Personalabteilung kommt der Vorschlag, im Rahmen eines Pilotprojektes die Arbeitszeit für bestimmte Abteilungen komplett zu flexibilisieren, sodass es für diese Abteilungen keinerlei »Kern-« oder andere fixe Zeiten gibt.

		1	2	3	4
A	Solange ich keinen Effektivitätsgewinn in Bezug auf die Zielerreichung sähe, würde ich versuchen, meine Abteilung aus dem Pilotprojekt auszuklinken. Gelänge mir das nicht oder erkenne ich mehr Vor- als Nachteile, würde ich mich darauf konzentrieren, produktive interne Regularien zu finden.	☐	☐	☐	☐
B	Ich wäre sofort beim Experiment dabei und würde die Gelegenheit beim Schopfe packen, um zu zeigen, dass fixe Arbeitszeitregelungen zu den alten – und damit abzuschneidenden – Zöpfen gehören.	☐	☐	☐	☐
C	Ich würde mir Gedanken über Chancen und Risiken machen. Wenn ich mich für die Chancen entschiede, würde ich mich mit meinen Mitarbeitenden zusammensetzen, um Anwesenheiten und Arbeiten so zu organisieren, dass Leistung und Ergebnisse nicht leiden.	☐	☐	☐	☐
D	Ich würde mich kundig machen, wie andere Unternehmen mit dieser Zeitautonomie umgehen bzw. welche Erfahrungen sie damit gemacht haben, und mich an den erfolgreichen Arrangements orientieren.	☐	☐	☐	☐

7 Die Firma ist bemüht, die Kreativität der Mitarbeiterinnen und Mitarbeiter besser zu nutzen. In diesem Zusammenhang wird der Vorschlag diskutiert, das Betriebliche Vorschlagswesen (BVW), das vor etwa drei Jahren eingeschlafen ist, zu reaktivieren. Sie sind Mitglied des Gremiums, das über diesen Vorschlag entscheiden soll.

		1	2	3	4
A	Da das alte BVW trotz seiner Chancen der Teilnahme von Mitarbeitenden im Sand verlaufen ist und ich noch nicht gehört habe, dass es von jemandem vermisst würde, sähe ich keine Veranlassung, es wieder zu beleben.	☐	☐	☐	☐
B	Ich finde die Idee im Prinzip gut, würde allerdings anregen, das alte BVW nicht einfach wieder aufzuwärmen, sondern um innovative Elemente zu bereichern – und auch grundsätzlich andere Optionen entwerfen, damit das Kreativitätspotential besser genutzt werden kann.	☐	☐	☐	☐
C	Ich würde die aktuelle Situation dahin gehend analysieren, was das BVW unter den gegenwärtigen Umständen sinnvoll machte. Zudem würde ich mir Informationen besorgen, die mir über die Gründe, weshalb es nicht weitergenutzt wurde, Auskunft gäben.	☐	☐	☐	☐
D	Ich würde anregen, eine repräsentative Mitarbeiterbefragung zu dem Thema durchzuführen, um die Stimmung im Betrieb erfassen und damit die Erfolgsaussichten abschätzen zu können.	☐	☐	☐	☐

8 Da Ihre Firma allgemein gültige »Führungsleitlinien« veröffentlichen will, sitzen Sie in einem Arbeitskreis, der diese formulieren soll. Im Rahmen einer Diskussion fallen die Begriffe »visionäre«, »intuitive«, »kreative« Führung.

		1	2	3	4
A	Ich würde die Führungsmodelle daraufhin abklopfen, inwiefern sie die Firmenziele realisieren helfen.	☐	☐	☐	☐
B	Ich plädierte dafür, diese Begriffe auf jeden Fall aufzunehmen, um sie ausprobieren zu können.	☐	☐	☐	☐
C	Ich würde systematisch abzuklären versuchen, was sich hinter diesen Modebegriffen verbirgt und inwiefern sie vernünftigerweise in offizielle Führungsleitlinien aufgenommen werden sollten.	☐	☐	☐	☐
D	Ich würde versuchen zu klären, was die Anwesenden, darüber hinaus auch alle Mitarbeiterinnen und Mitarbeiter mit Führungsaufgaben von diesen Begriffen halten und was sie damit verbinden.	☐	☐	☐	☐

9 Die Geschäftsleitung wechselt die Rangfolge, in der Aufträge erledigt werden sollen, relativ häufig und für Sie nicht immer nachvollziehbar. In der Regel werden Sie, wenn Sie nach den Gründen fragen, mit Bemerkungen wie »Habe jetzt keine Zeit, lange Erklärungen zu geben; veranlassen Sie bitte das Entsprechende« abgespeist.

		1	2	3	4
A	Ich würde mich zwar ärgern, mich dann allerdings für das neue Ziel engagieren.	☐	☐	☐	☐
B	Ich würde mir abgewöhnen, jede Entscheidung begründet haben zu wollen, und anstreben, laut meiner Devise »Abwechslung lässt keine Langeweile aufkommen« mich mit dem Zustand humorvoll oder sarkastisch zu arrangieren – und meine Lieblingsprojekte weiterverfolgen.	☐	☐	☐	☐
C	Ich würde von mir aus versuchen, Gründe zu finden, und im Zweifelsfall unterstellen, dass die Geschäftsleitung laut Funktion verantwortlich für das Unternehmen ist und von daher wissen muss, was sie warum tut.	☐	☐	☐	☐
D	Ich würde mich im Betrieb umhören, ob von diesem Zickzackkurs auch andere Abteilungen betroffen sind welche Erfahrungen man dort gemacht hat und welche Möglichkeiten es gäbe, die entstehenden klimatischen Störungen zu vermeiden.	☐	☐	☐	☐

10 Sie haben einen Choleriker in Ihrem Team, der insbesondere die sachorientierte und zügige Erledigung von Tagesordnungspunkten gemeinsamer Arbeitsbesprechungen erschwert. Fachlich imponiert er allerdings durch Brillanz.

		1	2	3	4
A	Da er wesentlich zum Erfolg beiträgt, sollten alle im Team seine emotionalen Ausfälle übersehen, sie schnell vergessen und sich auf die Sache konzentrieren.	☐	☐	☐	☐
B	Ich würde herauszufinden versuchen, wo man ihm schmeicheln kann, und durch Einwickeltaktik seine aggressiven Ausbrüche reduzieren wollen.	☐	☐	☐	☐
C	Ich würde differenziert überlegen, in welchen Situationen er gereizt reagiert, und dabei auch fragen, welchen Anteil ich selbst und die anderen Teammitglieder an der Entstehungsgeschichte haben.	☐	☐	☐	☐
D	Ich würde mit ihm einfühlsam sprechen, nachdem ich mich informiert hätte, wie man ein Gespräch mit leicht aufbrausenden Menschen am besten durchführen sollte.	☐	☐	☐	☐

Tragen Sie in der nachfolgenden Tabelle pro Situation Ihre erste Präferenz ein. Daraus ersehen Sie, welche Grundbereitschaft bei Ihnen am stärksten ausgeprägt ist.

	A	B	C	D
Situation 1	☐	☐	☐	☐
Situation 2	☐	☐	☐	☐
Situation 3	☐	☐	☐	☐
Situation 4	☐	☐	☐	☐
Situation 5	☐	☐	☐	☐
Situation 6	☐	☐	☐	☐
Situation 7	☐	☐	☐	☐
Situation 8	☐	☐	☐	☐
Situation 9	☐	☐	☐	☐
Situation 10	☐	☐	☐	☐
Total	☐	☐	☐	☐

Tragen Sie nun in der nachfolgenden Tabelle pro Situation Ihre vierte Präferenz, also die am wenigsten ausgeprägte Präferenz ein. Daraus ersehen Sie, welche Grundbereitschaft bei Ihnen am schwächsten ausgeprägt ist.

	A	B	C	D
Situation 1	☐	☐	☐	☐
Situation 2	☐	☐	☐	☐
Situation 3	☐	☐	☐	☐
Situation 4	☐	☐	☐	☐
Situation 5	☐	☐	☐	☐
Situation 6	☐	☐	☐	☐
Situation 7	☐	☐	☐	☐
Situation 8	☐	☐	☐	☐
Situation 9	☐	☐	☐	☐
Situation 10	☐	☐	☐	☐
Total	☐	☐	☐	☐

Auswertung

Gruppe A: Resultatorientierung

Angehörige der Gruppe A haben ihr **Ziel stets vor Augen**, verfolgen es konsequent, ohne sich ablenken zu lassen oder sich in Nebensächlichkeiten zu verlieren. Im Visier haben sie dabei vorzugsweise die Erledigung von unmittelbar Anstehendem. Die Konzentration auf das Ziel ist verbunden mit der Fähigkeit, ihre Energien zu bündeln. Das lässt sie auch unter Druck effizient arbeiten. Zu Hochleistung fahren sie am ehesten auf, wenn sie an einem einzigen Projekt arbeiten und sich auf einen Punkt konzentrieren können. Aus diesem Grund bearbeiten sie Aufgaben gern sequenziell, also nacheinander. Diese Arbeitsweise kommt ihrer Vorliebe zugute, Dinge analytisch zu durchdringen, von Anfang bis Ende zu durchdenken. Sie streben danach, etwas, das sie gerade bearbeiten, so zu vollenden, wie sie es sich vorstellen. Vorher lassen sie sich ungern auf etwas anderes ein.

Neigung: Ich vertiefe mich gern in eine Sache.

Ihre Präferenz, sich in eine Aufgabe zu vertiefen und das Gegenwärtige abzuschließen, erklärt auch ihre Tendenz, sich am liebsten mit planbaren Aufträgen zu befassen. Hier sehen sie das Resultat recht klar vor Augen!

In einem Umfeld, in dem Veränderungen mehr oder minder auf der Tagesordnung stehen, lassen sich diese Stärken nicht problemlos einspeisen. Hinzu kommt, dass sie zu anstehenden Veränderungen, die nicht von ihnen, sondern von anderen ausgehen, eine restriktive Haltung einnehmen. Wenn sie nicht selbst das Bedürfnis nach Wandel verspüren, lösen »diktierte« Veränderungen in ihnen Unbehagen aus. Daher umgehen sie sie, wann immer es ihnen möglich ist. Sie reagieren darauf gern damit, dass sie sich auf etwas nahe liegendes, Kurzfristiges konzentrieren.

Können sie der Neuerung nicht ausweichen, bevorzugen sie eine pragmatische Gangart. Sie machen sich dann die Vorteile bewusst und fixieren sich auf diese positiven Gesichtspunkte. Da sie gewohnt sind, dass ihre Stärken zum Erfolg führen, setzen sie sie bevorzugt auch dann ein, wenn es um Veränderungen geht. In diesem Zusammenhang jedoch, in dem Neues probiert wird, ergeben sich daraus auch Risiken: Sich auf eines konzentrieren und es fokussieren zu können, bedeutet, etwas anderes auszublenden. Damit laufen sie Gefahr, »am Rande« liegende Aspekte kaum oder gar nicht wahrzunehmen. Ferner riskieren sie aufgrund ihrer Resultatorientierung, sich mit der erstbesten und mit nur einer Lösungsoption zufrieden zu geben.

Beides erhöht die Wahrscheinlichkeit, ein Problem nicht in all seinen Facetten und weitläufigen Auswirkungen zu sehen und stattdessen ausschließlich das »Kernproblem« zu betrachten. Selbst initiieren sie Veränderungen vorzugsweise dann, wenn sie mit etwas Gegebenem unzufrieden sind.

Summa summarum fühlen sie sich in einem Umfeld, in dem Flexibilität als selbstverständliche Erwartung und Anforderung gehandelt wird, nicht wohl. Sie leiden zuweilen auch darunter, weil sie Ihre Fähigkeiten nur ungenügend entfalten können und daher häufig Frustrationen durchleben.

Tipp für die Zukunft:

Wenn Sie dieser Gruppe angehören, dann versuchen Sie sich folgenden Satz öfter ins Bewusstsein zu rufen: »Alles kann ganz anders sein!« Das erleichtert Ihnen zum einen, sich nicht mit einer erstbesten Entscheidung zufrieden zu geben. Und zweitens verhindert es, dass Sie sich umgehend in ein Thema vertiefen. Im Gegenteil, die genannte Devise spornt Sie an, nach mehreren Optionen zu suchen und sich erst dann konzentriert an die Arbeit zu machen.

Gruppe B: Wechsel- und Erlebnisorientierung

Ein Leben ohne schnelle und **häufige Veränderungen** erscheint Angehörigen der Gruppe B eher langweilig. Sie gehören zu den Personen, die sehr gern Neuland betreten, anstehende Wandlungen begeistert begrüßen und kurz entschlossen verfolgen. Dabei sind sie vor allem handlungsorientiert. Sie lernen am ehesten dadurch, dass sie etwas selbst machen, ausprobieren, also durch Aktion. Das lässt sie manchmal zu früh, also voreilig und aktionistisch handeln. Sie lassen Ihren intuitiven Eingebungen freien Lauf und setzen in ihrer Spontaneität alles daran, eine Idee umzusetzen. Daher bringen sie Vorhaben mit Elan und Volldampf in Gang. Ihre Stärke liegt damit im Visionären, das nach Chancen Ausschau hält, die in der Zukunft verborgen liegen. Ihre optimistische und inspirierende Art wirkt auf andere ansteckend; sie können sich selbst und andere begeistern.

Neigung: Ich mag Abwechslung.

Die Kehrseite dieser nach Abwechslung und Neuem strebenden Vorliebe zeigt sich zum einen darin, dass sie recht schnell ungeduldig reagieren, wenn es darum geht, sich in Detailarbeit zu vertiefen. Ausdauer und die Disziplin des »Am-Ball-Bleibens« gehören damit nicht eben zu ihren Stärken.

Damit verbunden ist ihr mangelndes Verpflichtungsgefühl gegenüber getroffenen Vereinbarungen. Das ist keine böse und hinterhältige Absicht, sondern Ausdruck ihrer von Neugier und Wissbegier getriebenen Wendigkeit. Sobald etwa eine neue Erkenntnis oder ein vorher unbekannter Faktor auftaucht, sind sie bereit, Vorhergegangenes infrage zu stellen und alles umzuschmeißen. Das ist für andere, soweit sie sie überhaupt sofort darüber informieren, nicht immer nachvollziehbar.

Sie suchen und brauchen zudem mehr den Reiz des Neuen als den Erfolg, den eine abgeschlossene Arbeit mit sich bringt. Sie warten das Ergebnis ihrer Einsätze nicht immer ab, sondern widmen sich schnell (und für andere zuweilen unverhofft) einem anderen Vorhaben, das sie mehr anzieht.

Tipp für die Zukunft:

Sie können als Angehöriger dieser Gruppe sowohl die Akzeptanz Ihrer Person erhöhen als auch Ihre sachlichen Outputs verbessern, wenn Sie sich zumindest bei wichtigen Angelegenheiten die Mühe zu Sorgfalt machen. Das bedeutet zweierlei:

❖ Erstens sollten Sie prüfen, wie wichtig es ist, dass Sie bei der Stange bleiben.

❖ Zweitens sollten Sie bemüht sein, stets alle Beteiligten rechtzeitig, also im Prozess zu informieren.

Gruppe C: Reflexionsorientierung

Neigung: Ich denke gern gründlich nach.

Bevor Angehörige der Gruppe C Entscheidungen fällen und ihnen Handlungen folgen lassen, **denken sie gründlich nach**. Sie legen äußersten Wert auf wohl überlegte Entscheidungen. Wohl überlegt sind Entscheidungen für sie dann, wenn sie die Aufgabe analytisch, systematisch, logisch und Schritt für Schritt durchdrungen haben. Dazu nutzen sie sowohl alle ihnen zur Verfügung stehenden Informationsquellen, um Hintergrundwissen anzureichern, als auch ihre Erfahrungen, um etwaige strukturelle Ähnlichkeiten in einen Handlungsplan einfließen zu lassen. Sie sind bestrebt, »perfekte«, hervorragend fundierte Arbeit zu leisten. Daher wappnen sie sich gegen mögliche Einwände und beugen Misserfolgen weitestgehend vor. Das verlangt selbstverständlich eine nahezu pedantische Vertiefung auch im Detail.

Diese intellektuelle Gründlichkeit und ihr Bestreben, sich abzusichern, verführen sie aber dazu, zu viel Absicherung zu wollen. Sie kommen dann vor lauter Recherche, gründlichem Nachdenken und Planen (zu) spät zum Handeln.

Diese typische Tendenz, ihr Handeln »vernünftig« zu begründen, ist, wie gesagt, Ausdruck ihrer Suche nach der »richtigen« oder »besten« Entscheidung. Wer Sicherheit oder Gewissheit sucht, hat es bei der Schnelllebigkeit unserer veränderungsfreudigen Zeit indes schwer. Denn Wandlungen sind meist zukunftsgerichtet und entziehen sich demzufolge exakter Prognostizierbarkeit. Zukunft und damit einhergehende Veränderungserfordernisse symbolisieren für sie primär diese Unwägbarkeit. Aus diesem Grund reagieren sie auf anstehende Innovationen, denen sie nicht ausweichen können, in der ersten, unmittelbaren Reaktion mit Abwehr, bestenfalls abwartend. Im Umgang mit diesen »Unabsehbarkeiten« greifen sie auf ihre Stärken zurück, um ihr Gefühl der Souveränität wiederherzustellen. Sie umkreisen die Veränderung mit Analyse, Theoretisieren und Quantifizierung (z.B. Kosten-Nutzen-Kalkulationen, Vor-und-Nachteile-Abwägung). Sie tun dies mit dem Bestreben, Vorhersehbarkeiten in Aussicht zu stellen.

Diese Art, sich mit Neuerungen zu arrangieren, birgt zwei »Fallen«. Als Tribut an den Versuch, Zukünftiges berechen- oder planbar zu machen, in klare rationale Raster zu formieren, übersehen sie leicht Nichtplanbares und infolgedessen auch Chancen. Zum Zweiten riskieren sie, Entscheidungen hinauszuzögern. Wenn es darum geht, Veränderungen vorzunehmen, wirken sie nach außen daher öfter schwerfällig bis verbohrt oder unentschlossen.

Bevor sie selbst Innovationen auslösen, analysieren sie im Vorfeld ebenfalls gründlich, inwiefern die Notwendigkeit besteht. Erst die Überzeugung, dass eine Entscheidung »richtig«, vorteilhaft und garantiert nützlich für Zukünftiges ist, lässt sie sich dazu entschließen, die Neuerung zu gestalten.

Ihre besondere Fähigkeit, Dinge gründlich und en detail zu durchdenken, sie zu zerlegen und die Facetten mit allen Hintergrundinformationen zusammenzusetzen, verwandelt sich in innovationsfreudigen Situationen somit zur Bremse. Diese »Metamorphose« wiederum offenbart ihr Bedürfnis, Gewissheit herzustellen. Sie befürchten, einer Anforderung oder Situation nicht gewachsen zu sein (und damit sich vor sich selbst und vor anderen zu »blamieren«), bevor sie nicht die Gelegenheit hatten, sich gründlich damit zu beschäftigen und vorzubereiten.

Tipp für die Zukunft:

Zunächst einmal sollten Sie »aus Vernunfterwägungen heraus« hinnehmen, dass nicht alles »vernünftig« zu begründen und folglich planbar ist. Fällt Ihnen dies zu schwer, dann bedenken Sie, dass Unwägbarkeiten nicht nur neue, sondern gar »vernünftigere« Möglichkeiten eröffnen können. Gehen Sie »kalkulierte Risiken« ein, und handeln Sie ab und zu, ohne vorher gründlich abzuwägen.

Gruppe D: Nähe- und Kontaktorientierung

Neigung: Ich frage gern andere. Für Angehörige der Gruppe D ist es typisch, **sich mit anderen Personen auszutauschen, in sozialen Kontakten aktiv** zu sein und durch **Diskussion** und **direkte Kooperation** zu lernen sowie Entscheidungen vorzubereiten und einzuleiten.

Diese Kontaktfreudigkeit oder Beziehungsorientierung erfüllt für sie ganz bestimmte (oft unbewusste) Funktionen: Sie möchten so viele Ansichten wie möglich hören, um eine Aufgabe aus unterschiedlichen Blickwinkeln heraus zu betrachten. Dieses »Meinungeneinholen« ermöglicht es ihnen ferner, sich in vielfältige Perspektiven hineinzudenken und einzufühlen. Auf diese Weise eröffnen sie sich die Chance, allgemein akzeptierte Entscheidungen zu fällen. Dies erleichtert ihnen die Konsensfindung. Das Verfahren, sich mit anderen zu beraten, entlastet sie zudem davon, sich selbst Wissen und Zusatzinformationen aneignen und viel Zeit in Lektüre und Recherche investieren zu müssen. Insofern fungiert das Austauschverfahren als ein ökonomisches Prinzip. Außerdem sichert es ihnen am ehesten positive Resonanz. Und die ist ihnen sehr wichtig.

Der Wunsch danach, mit anderen übereinzustimmen oder zumindest ihr Einverständnis zu haben, macht sie zu einem gern gesehenen Verhandlungspartner. Es verleitet sie allerdings auch dazu, Einstellungen plötzlich zu ändern. Diese Verlockung, eigene Entscheidungen von Reaktionen anderer wenn nicht abhängig zu machen, so doch wesentlich dirigieren zu lassen, birgt eine weitere Gefahr, mit der sie typischerweise zu kämpfen haben. Eine zu große Heterogenität der »Tipps« oder Meinungen, die sie erhalten, verwirrt sie. Dies kann dazu führen, dass sie handlungsunfähig werden oder dem Drang nachgeben, Entscheidungen hinauszuschieben. In diesen Fallstricken verfangen sie sich insbesondere dann, wenn sie sich im Vorfeld ihrer Umfragen und Diskussionen selbst zu wenig Gedanken über das Thema gemacht haben. Die Folge ist dann, dass sie über keinen »roten Faden«

oder keine Präferenz verfügen und manchmal auch keine Idee von der Richtung haben, in die es gehen soll. Diese Verunsicherung spüren sie in Situationen, in denen ihnen die Kriterien für die Auswahl und Bewertung von Ideen fehlen, an denen sie die Meinung anderer messen können.

In solchen Situationen wünschen sie sich insgeheim (oft unbewusst), Entscheidungen zu vermeiden oder hinauszuzögern. So kommt es, dass sie ihre Strategie, sich mit anderen auszutauschen, ins Extrem treiben: Die Beratungen ziehen sich ins Endlose. Es gibt immer noch eine Sichtweise, eine Information, eine Entwicklung, die es noch zu eruieren gilt – und somit verhindern sie Entscheidungen, die ja Festlegungen sind. In gleicher Weise wirkt das »Ja-aber-Spiel«: »Es mag ja sein, dass ich jetzt definieren müsste, was wie zu tun ist, aber es fehlt uns noch …«

Besondere Schwierigkeiten, sich auf Veränderungen einzulassen, spüren sie also, wenn sie selbst keinen Grund dafür sehen und/oder »eigentlich« nicht wollen, dies aber nicht offen zuzugestehen bereit sind. Oder in Situationen, in denen sie noch keine eigene Auffassung zur Neuerung entfaltet haben; und/oder wenn sie kaum das Bedürfnis empfinden, mit anderen Schritt halten zu müssen, sodass in diesem Fall auch davon keine motivierende Wirkung ausstrahlt. Sobald sie sich der Akzeptanz sicher fühlen, arbeiten sie hingegen engagiert und pragmatisch, um eine innovative Idee umzusetzen.

Tipp für die Zukunft:

Gehören Sie dieser Gruppe an, dann sollten Sie sich in besonders wichtigen Angelegenheiten angewöhnen, sich selbst einen Überblick zu verschaffen, indem Sie andere Quellen als die »Meinungen anderer« anzapfen. Erst nachdem Sie zumindest eine fundierte »Ahnung« von dem haben, was zu klären ansteht, sollten Sie weitere Perspektiven befragen. Dieses Vorgehen ermöglicht Ihnen, von Beginn an Bewertungskriterien anzulegen. Auf diese Weise vermindern Sie das Risiko, sich zu verzetteln.

Kommentar zur Typologie

Wie Ihnen diese Typologie dienen kann. Auch für diese typologische Zuordnung gilt: Sie schärft in ihrer Einseitigkeit den Blick für markante Aspekte der jeweiligen Ausrichtung von Bedürfnis und Verhalten, zeigt »blinde Flecke« und hilft uns daher, das, was wir von uns selbst nur vage oder nicht gekannt haben, zu beleuchten und in unsere

Zukunftsgestaltung einzuweben. Auf diese Weise bereichern wir unser Selbstbild, erweitern und differenzieren unsere Filter, durch die wir andere Personen und die Welt wahrnehmen, und erhöhen die Wahrscheinlichkeit, uns und anderen sowie anstehenden Aufgaben angemessener zu begegnen. Beispielsweise können wir die Frage (etwa wenn es um die eigene Laufbahn geht) »Was entspricht mir am ehesten, und welche Konsequenzen hat das für mein Tun?« ehrlicher (im Sinne von »ent-täuschter«) beantworten. Oder wir können auf die Frage (beispielsweise wenn es um neue Anforderungen geht) »Wem kann ich was zumuten?« partnerorientierter antworten.

Sobald Sie in zwei Kategorien ähnlich starke Ausprägungen haben, ist das ein Zeichen Ihrer Flexibilität im Rahmen dieser beiden Reaktionsmodi. Die dritte und vierte Präferenz dient am ehesten als »Notoption«, das heißt, Sie greifen auf diese Möglichkeiten nur dann zurück, wenn die beiden anderen Optionen versagen. Aus diesem Grund fühlen Sie sich unsicher, wenn Sie diese benutzen. Das bedeutet auch: Hier unterlaufen Ihnen am ehesten Fehler. Sie sollten sich daher darüber klar werden, welchen Wert Sie der sehr schwach oder am schwächsten ausgeprägten Grundbereitschaft beimessen. Fragen Sie sich also: »Will ich diese Bereitschaft stärker entfalten, oder liegt mir daran nichts?« Im ersten Fall sollten Sie sich ein »Lernpensum« aufgeben. Im zweiten Fall sollten Sie sich, sobald Sie auf die »Notoption« zurückgreifen, vor Augen halten, dass Sie sich auf unsicherem Terrain bewegen und darüber nachdenken, welche Alternativen Sie haben. (Eine dieser Alternativen kann heißen, sich Unterstützung zu holen.)

Warum beschäftigen wir uns mit Veränderungen?

In dem Begriff »Veränderung« ist das Wörtchen »anders« verborgen. »Anders«, »Andersartigkeit«, »Veränderung« – wir haben es hier mit relationalen Begriffen zu tun, deren Charakteristikum darin liegt, dass sie allein, für sich genommen, nicht verständlich sind. Sie benötigen den Kontrast, den Gegenpart, die Bezugnahme auf etwas: »anders als«; »Andersartigkeit in Bezug auf«; »Veränderung von – zu«. Es ist diese spezifische Bezüglichkeit, die die menschliche Psyche in Verwirrung stürzt, nämlich die Semantik (Deutungsfolie, Sinnhorizont) des »anders als bisher« und damit die des »verschieden von« dem, was wir kennen, was uns vertraut und gewohnt ist.

Was bedeutet »Veränderung«?

Verändern heißt also: neu machen, etwas im Unterschied zu dem Bisherigen tun. Veränderung bedeutet insofern die Unterbrechung von Routinen, vom

Verändern: statt »Mehr-desselben« – »Anders-als-bisher«.

gewöhnlichen Verlauf und die implizite Nötigung zu andersartigem Verhalten. Deshalb benutzen wir die Begriffe »Veränderung« und »Flexibilität« wie ein siamesisches Zwillingspaar. Veränderten Umständen gilt es, sich handelnd anzupassen, also beweglich (eben flexibel) zu begegnen. Inwieweit und in welcher konkreten Weise das für Sie höchstpersönlich gilt, erarbeiten Sie mit Hilfe dieses Buches.

Verändern meint auch: Umstellen von etwas Gewohntem auf Unbekanntes, und zwar handelnd und gestaltend. Veränderung zwingt uns, den Blick von Vergangenheit und Gegenwart auf Zukünftiges zu lenken und daher, die Sicherheit aufzugeben und auf Unsicherheit zuzugehen. Veränderung impliziert damit vier essenzielle psychische Orientierungen und Funktionen: die zeitliche, die emotionale oder affektive, die kognitive und behaviorale (das Verhalten betreffende) Ausrichtung des Sicheinstellens und Vorbereitens.

Damit ist skizziert, dass Veränderung stets die ganze Persönlichkeit involviert. Sie umgreift uns ganzheitlich. Wenn Sie beispielsweise erfahren, dass Sie erstmalig die Leitung eines Projekts oder sogar einer Abteilung übernehmen sollen, hat das Auswirkungen auf Ihr Selbstwertgefühl, auf Ihre Zukunftsvisionen und auf Ihr gesamtes Verhalten. Sie müssen sich in all Ihrem Denken, Fühlen und Handeln neu einstellen, nämlich auf die Anforderungen, die mit dieser neuen Tätigkeit verbunden sind. Diese Umorientierung strahlt auf den privaten Bereich aus, etwa dahin gehend, dass sich im Verlauf des Hineinwachsens in die neue Funktion die Dezidiertheit oder die Geschwindigkeit verändert, mit der Sie Entscheidungen herbeiführen.

Um ein weiteres Beispiel zu nehmen: Erinnern Sie sich daran, was passierte, als das erste Kind Ihre Zweisamkeit bereicherte? Glich das nicht einer Revolution in Ihrer Lebensgestaltung und Weltsicht? – Es ist ähnlich wie in der Mathematik: Ändert sich das Vorzeichen vor der Klammer, ändert sich alles innerhalb der Klammer entsprechend (um eine nicht präzise zutreffende, aber doch illustrierende Analogie zu verwenden).

Wechselwirkung: Grundmotivation, Grundbereitschaft und Wirklichkeitsdenken.

Nun ist es nicht eine Innovation an sich, die uns beunruhigt (egal ob in Richtung Verzweiflung, Resignation oder Euphorie), sondern es ist unsere Deutung der Wandlung. Das beginnt bei dem, was Veränderung als »abstraktes Geschehen« symbolisiert.

❖ Assoziieren wir mit Wandlung »Krise«, »Ungewissheit«, »Gefahr«, »Versagungsangst« und dergleichen, neigen wir dazu, Veränderung als bedrohlich zu empfinden.

❖ Verbinden wir damit »Bewegung«, »aufregende Optionen«, »Entfaltung von Potenzialen«, tendieren wir dazu, Veränderung als bereichernd zu erleben.

Das sind sozusagen grundmentale und grundmotivationale Vorzeichen, die wir bereits diskutiert haben und in diesem Kapitel beleuchten. Diese »Vorzeichen« und Deutungsfolien lassen uns mit konkreten Veränderungen unterschiedlich umgehen. Zudem sahen wir, dass die jeweiligen Grundmotivationen adäquate Fähigkeiten ausbilden, die uns verschiedenartig mit Innovationen umgehen lassen. Diese Fähigkeiten zeichnen auch vor, ob wir Neuerungen begrüßen, diese entfalten oder ob wir uns damit arrangieren oder diese gar ablehnen.

Wir gehen mit Veränderung »je nach Typ« um.

So sahen wir etwa, dass die Resultatsorientierung (s. Seite 69f. mit einem Gegenwartsbezug einhergeht, insbesondere rationale und organisatorische Fähigkeiten schult und um die Herstellung bzw. Wahrung von Ordnung, Stabilität und Kontinuität bemüht ist, weil psychisch hier Sicherheit und die Geborgenheit im Vertrauten gefunden wird. Veränderungen sind dann unwillkommene Gäste, die den Raum schnell zu verlassen haben.

Wir sahen ebenfalls, dass verschiedene Vorzeichen unterschiedliche Umgehensweisen mit Veränderungen nach sich ziehen, die ihnen typischerweise zugeordnet sind. Allen typischen Reaktionsweisen ist gemeinsam, dass sie zunächst mit ihrer Stärke agieren. So reagiert beispielsweise der Wechsel- und Erlebnisorientierte mit Begeisterung und Elan im Handeln, aber mit Flucht, sobald es um disziplinierte Detailarbeit geht. Oder der Nähe- und Kontaktorientierte mit Umfragen, erhöhtem kommunikativen Austausch, aber mit Verzögerung, wenn er sich der positiven Resonanz unsicher ist.

Solange wir die Strategien, die uns in »ruhigen« Zeiten zum Erfolg führen, auch in Situationen anwenden, die uns auffordern, neuen Anforderungen Genüge zu leisten, ist die Wahrscheinlichkeit des Fehlschlags hoch. Die Logik des »Mehr-desselben« funktioniert in neuartigen Rahmenbedingungen nicht mehr. Flexibilität ist also gefordert, das heißt die Logik des »Anders-als-bisher«.

Die Frage ist nur: Wie viel? Innerhalb welcher persönlichen (!) Rahmenbedingungen? – Damit stoßen wir wieder auf die Unterstützung, die dieses Buch Ihnen bieten soll: Orientierung im Labyrinth neuer Führungsrealitäten.

Welche Barrieren behindern veränderungsfreudiges Verhalten?

Warum fällt es schwer, bewährte Pfade zu verlassen?

Was macht es uns so schwer, vom »Mehr-desselben« loszulassen und mit dem »Anders-als-bisher« zu experimentieren? Welche Hindernisse treffen wir an, konstruktiv mit Veränderungen umzugehen?

1 Nehmen wir an, Sie erlebten als Kind, dass vorzugsweise dann, wenn Ihre kindliche Entdeckungsfreude ausbrach und Sie ausprobieren wollten, »wie das da schmeckt« oder »wie das mit dem Schiffchen geht« oder »was ich mit den Klötzchen noch bauen kann« (außer Häuser), ermahnt wurden: »Nein, das darfst du jetzt nicht essen« oder »Dazu bist du noch zu klein, um das zu verstehen«, oder »Bau erst einmal richtige Häuser, dann kannst du etwas anderes probieren«. Was, meinen Sie, haben Sie damit gelernt? Welche Denk- und Verhaltensmuster wurden dadurch grundgelegt?

2 Angenommen, die Lehrkräfte in der Schule reagierten auf Ihre originellen Ideen, »wie man den Biologieunterricht noch ganz anders aufziehen könnte« oder dass »wir statt klassische Gedichte ja auch politische Reden analysieren könnten« oder Ähnliches – regelmäßig mit Antworten wie: »Erstens weiß ich aufgrund meiner Erfahrung, wie man den Unterricht aufbauen muss, und zweitens hast du Grünschnabel noch keine Ahnung davon, was nötig ist. Generationen von Schülern haben so gelernt wie ihr heute!« – Na, was, meinen Sie, lernten Sie hier?

3 Ferner lassen Sie uns annehmen, dass Sie sehr behütet aufwuchsen. Ihre Eltern (Bezugspersonen) versuchten, Ihnen alle Hindernisse aus dem Weg zu räumen; Sie erhielten, was Sie sich wünschten; wenn Sie Probleme hatten, nahmen sich andere dieser an und lösten sie für Sie, und wenn es darum ging, etwas neu zu beginnen, waren Helfer und Unterstützer für Sie da, die Ihnen das Unangenehme abnahmen. – Nun, was lernten Sie vermutlich hier?

4 Schließlich stellen Sie sich vor, Sie wären seit acht Jahren Mitarbeiter eines autoritären Chefs: Er sagt Ihnen seit jeher genau, was Sie bis wann auf welche Art und Weise zu erledigen haben; wie Sie mit bestimmten Personen in der obersten Hierarchieebene zu sprechen und sich zu verhalten haben und dergleichen mehr. Kurz: Er hält Sie stets an der Hand, und alles, was Sie tun müssen, ist, ihm zu folgen. Jetzt, nach acht Jahren, erhalten Sie eine Chefin, die an Ihre Kreativität und Ihr eigenständiges Arbeiten appelliert! Vor welchem Problem stehen Sie vermutlich hier?

Im Verlauf unseres Lebens (das übrigens identisch ist mit permanentem Wandel) machen wir Erfahrungen, die Muster im Denken, Fühlen und Handeln ausbilden. Wir entwickeln im kognitiven Bereich bestimmte Denkstrategien, im emotionalen oder affektiven Bereich gewisse Vorlieben und Abneigungen, im behavioralen Bereich typische Verhaltensweisen.

Im erstgenannten Beispiel lernen wir etwa, dass es unerwünscht ist, selbst Veränderungen auszulösen, und dass wir, bevor wir zu etwas wechseln dürfen, das Aktuelle beherrschen und abschließen müssen. Alles der Reihe nach! Im zweiten Beispiel lernen wir vor allem, dass Kreativität und Phantasie (zumindest in Institutionen wie Schule, Unternehmen ...) unerwünscht sind, Traditionen nicht hinterfragt werden und wir gegebenenfalls in Bezug auf Über- und Durchblick sowie Tragweite der Veränderung inkompetent sind (es sei denn, wir sind quasi in der Institution aufgewachsen). Im dritten Beispiel lernen wir, Verantwortung für unser Wohlbefinden abzugeben und uns auf die Beiträge anderer zu verlassen. Dem vierten Beispiel entnehmen wir, dass sich eigene Initiative nicht lohnt, weil sie nicht gefragt ist. Daher lernen wir, das Denken und Entscheiden anderen zu überlassen und darauf zu warten, was man uns zu tun aufträgt.

Diese Lernerfahrungen formieren sich zu Strategien, uns im Leben einzurichten. Im Rahmen der Beispiele heißt das etwa: Konzentration auf Gegenwärtiges, Perfektion, Resultatfixierung, Sichabfinden mit Gegebenem, Flucht bei Problematischem.

Aus Erfahrungen werden Strategien.

Allgemein formuliert, sinken die Bereitschaft und die Fähigkeit, Wandlungen willkommen zu heißen, konstruktiv mit ihnen umzugehen und einen breiten Flexibilitätskorridor zu leben, wenn wir

❖ schlechte Erfahrungen gemacht haben, sobald wir uns auf Veränderungen haben einstellen oder sie gar selbst auslösen wollen (misstrauische, pessimistische bis hin zu defätistischer Einstellung ist die wahrscheinliche Folge);

❖ überbehütet und verwöhnt wurden (sodass wir nicht lernen konnten, eigenverantwortlich mit Wandlungen, die ja immer auch Krisensituationen sind, umzugehen);

❖ im weitesten Sinn bestraft wurden, sobald wir experimentierten (sodass wir selbst keine Neuerungen mehr ohne Not initiieren);

❖ glauben, zu schwach, zu inkompetent etc. zu sein (sodass jede Flexibilität im Handeln »mit Sicherheit« ein Fehlschlag wird);

❖ Werthaltungen entfalten, die Sicherheit und Geborgenheit, Zuverlässigkeit und Planbarkeit zentrieren (sodass wir eine traditionale Rationalität entwickeln: Das, was sich bewährt hat, muss bewahrt werden und: Was sich nicht planen lässt, sollten wir ganz unterlassen);

❖ das Gefühl haben, die Zeit laufe uns davon (sodass sich eine Umstellung nicht mehr rentiert oder gewagt werden kann);

❖ der Einstellung nachgeben, mit Neuem zu experimentieren sei Zeitvergeudung (sodass wir uns keinen Fehlschlag gestatten dürfen – und deshalb alles beim Alten lassen).

Bereits diese (unvollständige) Liste von Faktoren legt offen, dass es vor allem Ängste sind, die wie Barrieren und Bremsen wirken und unsere Beweglichkeit einschränken. (Mit diesen be- und verhindernden Faktoren müssen jene Personen, die diese begrenzenden Erfahrungen nicht gemacht haben, nicht kämpfen.)

Als Kernkategorien für die Aufnahme von und den Umgang mit Veränderungsanforderungen können wir folglich folgende fünf identifizieren:

1 Mentale Einstellung als Sprungbrett für die grundsätzliche Bedeutung und Deutung von Wandel.

2 Selbstreflexion, Selbstbewusstsein, Selbstkenntnis als Basis für die Auswahl, was wir uns zutrauen wollen und können.

3 Zutrauen (zu uns selbst) und Vertrauen (in uns und andere) als Definitionsraster für Zumutbarkeiten und Antriebsfeder für Handlungsbereitschaften.

4 Kenntnis möglicher Handlungsstrategien als Instrumentarium, konstruktiv zu agieren.

5 Handlungsbereitschaft und -fähigkeit als Garantie für die realisierende Initiative (das sagt noch nichts über den Erfolg aus!).

Strategien für den Umgang mit Veränderungen

Jeder kann sich selbst »flexibilisieren«.

Streng genommen liegt es weitgehend bei uns selbst, wie wir Veränderungen interpretieren. Ob als Bedrohung oder Bereicherung, ob als Risiko oder als Chance. Die nachfolgenden Modelle, sich mit Wandlungen zu arrangieren, können Ihnen helfen zu erkennen, wie weit Sie Ihr Flexibilitätsband dehnen können und welche Art der Fühl-, Denk-, Handlungsstrategie Ihnen am ehesten entspricht.

Jede der Optionen trägt zwei »ganz natürlichen« oder »allzu menschlichen«, in diesem Sinne normalen psychodynamischen Reaktionen Rechnung, wenn wir mit Veränderungen konfrontiert sind. Zum einen Konfusion, Verunsicherung und Zweifel. Wenn mehr oder minder plötzlich der normale Lauf der Dinge unterbrochen, gestört, gestoppt ist, schauen wir zunächst unwillkürlich irritiert. Im ersten Moment »blicken wir nicht mehr durch«, um es salopp zu sagen. Zum anderen erleben wir ein Hin-und-hergerissen-Sein zwischen Ja und Nein. Wir bezeichnen das als Ambivalenz, die sich in einem Ja zum Neuen und zu seinem Chancenreichtum sowie gleichzeitig zu einem Nein zum Aufgeben der gewohnten Annehmlichkeiten, des Nutzens des Vertrauten, der Wärme von Routinen ausdrückt.

Die folgenden »Strategien« können Ihnen helfen, insbesondere auf nicht selbst ausgelöste Veränderungen in konstruktiver Weise flexibel zu reagieren. Um Ihnen das Verstehen dieser Strategien zu erleichtern, werde ich zu jeder Option eine Beispielsituation skizzieren. Auf diese Weise lernen Sie fünf Möglichkeiten kennen.

Wählen Sie Ihre Strategie!

Die Akzeptanzstrategie

Bei diesem Verfahren geht es darum, das voraussichtliche Geschehen oder bereits Geschehene zu bejahen und Handlungsfähigkeit dadurch zu entwickeln, dass wir es konstruktiv wenden, indem wir die neuen Chancen herausschälen. Dies geschieht dadurch, dass wir unsere Reaktionskette zergliedern und jedes einzelne Glied bewusst bearbeiten. Auf diese Weise arbeiten wir uns von der Weigerung, etwas für wahr zu nehmen, über das Akzeptieren eines Ereignisses bis zu dem Schritt durch, der »aufbaut« und uns handlungsfähig macht.

Strategie: Ich akzeptiere meine Trauer und lerne durch sie.

Die Beispielsituation:
Seit sechs Jahren leiten Sie die Abteilung Kundenakquisition und Kundenbetreuung. Das Team besteht aus 19 Mitarbeiterinnen und Mitarbeitern und arbeitet in dieser Besetzung seit fünf Jahren zusammen. Aus dieser Gruppe sticht eine Mitarbeiterin, Frau K., durch ganz besondere Leistungen hervor. Auf der Sachebene arbeitet sie überdurchschnittlich gut. So hat sie beispielsweise »tote Gebiete« in blühende Kundenlandschaften verwandelt und

Beispiel: Ich verliere meine beste Mitarbeiterin.

schaffte es, Kunden aus weiterer Regionen, die nicht in ihr Zuständigkeitsgebiet fallen, zu akquirieren – Kunden, an denen sich ihre Kolleginnen und Kollegen die Zähne ausgebissen hatten. Außerdem bewirkte sie auf der Beziehungsebene, dass der zuvor eher zersplitterte Haufen von Einzelkämpfern sich zu einem Team entwickelte, und Frau K. hält diese fruchtbare Teamdynamik durch geschickte Interventionen in Gang. In diesem Zusammenhang registrieren Sie, dass es Frau K. auffällig häufig gelingt, die Gruppe aus einem resignativen Tief herauszuholen und die anderen zu motivieren, wenn der vorgegebene Umsatz in bedrohlicher Ferne scheint.

Kurz und gut: Sie sehen in dieser Mitarbeiterin eine Antriebsfeder für das Team. Hinzu kommt, dass Sie selbst in ihr eine zuverlässige Stütze und eine wertvolle Impulsgeberin finden. Eine Stütze insofern, als Frau K. bei Abwesenheiten von Ihnen die Abteilungsführung übernimmt sowie auch mit anderen Abteilungen in vorbildlicher Weise kooperiert. Eine Impulsgeberin finden Sie in ihr insofern, als sie Sie mit immer neuen konzeptuellen Ideen versorgt, die die Effektivität der Abteilung und der Zusammenarbeit mit anderen Unternehmensbereichen steigert. Inzwischen geben Sie vor sich selbst zu, dass Frau K. »Gold wert ist« – und das weiß die Mitarbeiterin auch!

Wiederholt sprach sie Sie auf Karrieremöglichkeiten an. Sie wolle selbst Führungsaufgaben übernehmen, sozusagen das, was sie ohnehin bereits tue, auch offiziell tun. Dass sie die Fähigkeiten dazu hätte, würde sie ja bereits zur Genüge beweisen. Außer Job-enrichment und Job-enlargement können Sie ihr allerdings seit drei Jahren nichts bieten, da alle Leitungspositionen in Ihrer Abteilung besetzt sind.

Heute morgen kam Ihr Vorgesetzter zu Ihnen, um Sie davon in Kenntnis zu setzen, dass Frau K. die Leitung eines auf drei Jahre angelegten völlig neuen Projektes übernehmen soll. Ansonsten, so Ihr Chef, sei das Risiko zu groß, dass sie die Firma verlasse. Er habe bereits mit ihr gesprochen, und sie sei bereit, das Projekt zu starten.

Unsere erste unwillkürliche Reaktion durchläuft in der Regel folgende Phasen:

Der Ablauf konstruktiver »Trauerarbeit«.

1 »Oh nein! Das darf ja wohl nicht wahr sein! Das kann doch nicht angehen, mir gerade diese Mitarbeiterin wegzunehmen! Wie kann man nur so borniert sein und eine so hervorragende Kraft aus der Akquisition abziehen?!«
(Der innere Aufschrei symbolisiert, dass wir uns zunächst weigern, einen Verlust zu akzeptieren. Wir »wollen etwas nicht glauben«, »können etwas nicht fassen«, und etwas »darf nicht wahr sein«. Wir sind schockiert.)

Diese Verweigerungsphase fließt allmählich in die Realisierung des Geschehens über. Uns wird bewusst, was passiert ist, und dies löst in uns intensive Gefühle aus.

2 Etwa: »Oje – hätte ich ihr bloß noch mehr Herausforderungen geboten! Ich bin wirklich ein Trottel! Ich weiß doch, dass sie sehr ehrgeizig ist und neue Herausforderungen sucht!«

(Diese Phase stürzt uns in Schuldbewusstsein. Wir sind wütend auf uns selbst, weil wir »ja anders hätten handeln sollen und können«. Wir ärgern uns, weil wir Chancen vergeben haben.)

Den gefühlsbetonten Einsichten in verpasste Möglichkeiten folgt die innere Bitte um Vergebung und Wiedergutmachung.

3 »Wenn ich sie diesmal noch halten könnte, würde ich mich in Zukunft intensiver darum kümmern, dass sie ihre Fähigkeiten einsetzen kann. Ich würde mich massiv dafür engagieren, dass sie …«

(Diese Art innerer Verhandlung – getrieben von der Hoffnung, das Ereignis sei vermeidbar, verschiebbar, umkehrbar – ist noch immer Ausdruck der Verweigerung, sich mit dem Ereignis abfinden zu wollen. Dieser Unglaube, der die Realität vernebelt, beflügelt unsere Phantasien, es zukünftig besser zu machen.)

Je unrealistischer unsere Hoffnungen uns selbst erscheinen, desto eher klärt sich der Nebel und legt den Blick frei auf das Ereignis. Jetzt erst nehmen wir für wahr, was wir uns vorher zu glauben sträubten.

4 »Ohne Frau K. wird hier erst mal alles drunter und drüber gehen! Wenn überhaupt noch etwas klappen sollte! Die Leute verzetteln sich, und ich bin auch wieder allein auf weiter Flur! – Was muss die Geschäftsführung gerade diese Mitarbeiterin abziehen! Die werden sich noch wundern! Und das auch noch, ohne mit mir darüber zu sprechen! Wenn hier etwas den Bach runtergeht, sind die schuld und nicht ich!«

(In dieser Phase, in der wir uns des Verlustes bewusst werden, mischen sich Selbstmitleid, depressive Stimmungslagen und Wut auf vermeintlich Schuldige. All diese emotionalen Reaktionen zeugen von dem Grundgefühl der Verzweiflung, Hilflosigkeit und Ratlosigkeit, das uns erfasst, wenn uns ein Verlust unerwartet und unerwünscht trifft. Wir stehen dann »mit dem Rücken an der Wand«, »mit gebundenen Händen« da. Das bedeutet, wir sind nicht handlungsfähig. Jetzt sehen, fühlen, begreifen wir erst einmal, was uns passiert ist.)

Sobald wir diese Konfrontation zugelassen haben, sind wir in der Lage, die Wirklichkeitsverzerrung ausdrücklich aufzugeben und »den Tatsachen ins Auge zu sehen«:

5 »Okay, es ist, wie es ist. Die Geschäftsführung hat Frau K. ein verlockendes Angebot gemacht, und sie wird es annehmen. Das muss ich jetzt einmal so hinnehmen. Ist zwar tragisch. Nur: Was kann ich schon tun? Nichts. Eben. – Also gilt es, das Beste aus der Situation zu machen.«
(Die endgültige Akzeptanz geht einher mit, zunächst noch vagen, Versuchen, Initiativen für die »Zeit danach« zu entwickeln. »Ein-Sicht« und »An-Nehmen« eröffnen also Handlungsfähigkeit. Die Verschleierung ist gewichen, und das gestattet nun das Spiel mit »An-Sichten«, wie wir die Zukunft gestalten könnten.)

Die Strategie sieht nun folgendermaßen aus:

Die Akzeptanz-strategie im Einsatz.

1 »Ich sehe klar: Mit dem Verlust von X verliere ich Y.«
(Zum Beispiel: Mit dem Verlust von Frau K. verliere ich die kreativen Impulse, die kompetente Unterstützung, die Entlastung, den Motivationsmotor, meine wichtigste Gesprächspartnerin.)
Die Funktion dieser Konfrontation besteht darin, uns zu erleichtern, unsere Verweigerungs-, Verzerrungs-, Illusionierungsphase zu überwinden und wichtige Erkenntnisse zu gewinnen: vor allem über uns selbst.

2 »Ich bin wegen des Verlustes wütend auf/empört über/enttäuscht von.«
(Beispielsweise bin ich wütend auf mich selbst, weil ich nicht genügend auf die Wünsche von Frau K. eingegangen bin; auf die Geschäftsführung, weil sie ohne meine Mitsprache entschieden hat und weil sie mir die beste Kraft nimmt – und noch einmal auf mich selbst, weil ich mich von der Mitarbeiterin zugegebenermaßen recht abhängig gemacht habe.)
Diese Konfrontation lässt unsere Gefühle von Verzweiflung, Zorn, Wut, Schuldbewusstsein zu und erfüllt damit eine klärende Funktion. Sie nützt uns auch kognitiv. Wir gestehen uns zumindest annähernd ein, was unser eigener Beitrag zum Problem ist.

3 »Wenn ich den Verlust verhindern/wettmachen könnte, dann würde ich zukünftig …«
(Zum Beispiel: Wenn ich verhindern könnte, dass Frau K. abgezogen wird, würde ich mit ihr genau ihre Wünsche besprechen und weitestgehend darauf eingehen.)
In dieser Verhandlungsphase gehen wir einen Schritt weiter auf dem Pfad der Selbsterkenntnis, der uns unseren Beitrag zum Problem evidenter als bisher vor Augen führt. Dieses schonungslose Offenlegen gelingt dadurch, dass wir die Konditionalkonstruktion »würde ich« mit konkreten

Handlungen verknüpfen, die der Vermeidung des Verlustes dienen. Die einzige Konzession an unsere Verklärung der Situation, die wir hier in psychologischer Hinsicht machen, ist diejenige der Hoffnung – darauf, das Unglück noch abwenden zu können.

4 »Wenn ich mir konkret vorstelle, wie es ohne … ist, dann sehe, fühle, begreife ich, was mir fehlt, nämlich …«
(Zum Beispiel: Wenn ich konkret vor mir sehe, wie die Abteilung ohne Frau K. arbeitet, dann spüre ich, was mir fehlt, nämlich: die freundliche und elanvolle, manchmal sehr direkte Art; das aufmunternde Lachen; der strenge, geschäftsmäßige Ton und die Durchsetzungskraft; die kreativen Einfälle; die Fähigkeit, mich und die anderen zu motivieren.)
Dieses Eingeständnis lässt ein konkreteres Wissen über eigene Defizite sowie über Gefühlsreaktionen zu. Es verknüpft diese Kenntnisse mit einem sich verdichtenden Bewusstsein für die Auswirkungen des Geschehens:

5 »Ich sehe, fühle, begreife auch, was ich gewonnen habe, nämlich …«
(Beispielsweise Erkenntnisse in Bezug auf mich selbst wie etwa Schwächen in meiner Teamführung und Motivationsfähigkeit; die Chance, meine Führungsaufgabe neu zu definieren; die Möglichkeit, mich mit den Mitarbeitenden bedürfnisorientierter auseinander zu setzen.)
»Ich sehe, fühle und begreife, was ich gewonnen habe und nehme mir vor …«
(Beispielsweise mit dem Team einen Termin zu finden, um grundlegend über die Zukunft zu diskutieren; Frau K. zu gratulieren; denn verdient hat sie es ja allemal.)
In diesem letzten Schritt beenden wir den »Wahr-werden-« und »Für-wahr-Halten-Prozess«, erkennen unsere Vorteile, Gewinne, Chancen des Ereignisses und entwickeln darauf bezogene Aktionen. Hier stellen wir unsere Handlungsfähigkeit schließlich faktisch wieder her.

Zusammenfassend lässt sich diese Strategie folgendermaßen darstellen:

Akzeptanzstrategie

1 Ich akzeptiere, was geschehen ist.
2 Ich gebe zu, auf wen ich wütend oder von wem ich enttäuscht bin.
3 Ich stelle mir vor, was ich zukünftig täte, wenn ich das Ereignis ungeschehen machen könnte.
4 Ich gestehe mir zu, was ich mit dem Ereignis konkret verliere.
5 Ich mache mir klar, was ich aus dem Vorfall lerne und gewinne.

Das Vorgehen nach der Akzeptanzstrategie empfiehlt sich vor allem, wenn Sie den Eindruck oder das Gefühl haben, dass Ihnen etwas Bedeutungsvolles verloren ging (z.B. Image, Funktion, Reputation, Person, Arbeitsplatz). Die Akzeptanzstrategie ist den Schritten der »Trauerarbeit« aus der Psychologie entlehnt. Sie zielt darauf ab, den Schmerz, den ein Verlust verursacht, nicht zu verdrängen, sondern bewusst zu durchleiden. Erst diese Trauerarbeit ermöglicht uns, frei von Schmerz die positiven Seiten eines Ereignisses zu erkennen und an sie anzuknüpfen. Wir sehen die Chancen, ohne dass die »Schatten des Vergangenen« bzw. des Verlustes sie verdunkeln. Wir können »Ja« sagen zu dem Verlust wie auch zu dem Neubeginn.

Die Fokussierungsstrategie

Strategie: Ich nehme die Konfrontation an und arbeite mit ihr.

Diese Strategie erweist sich vorzugsweise in Situationen als fruchtbar, in denen Sie mit verschiedenen Lösungsversuchen bereits gescheitert sind oder in denen Sie eine Veränderung als notwendig, dringlich, unabwendbar empfinden und/oder in denen Sie plötzlich mit Flexibilitätsanforderungen konfrontiert werden. Die Funktion dieser Methode liegt darin, die eigene Einstellung zur aktuellen Lage zu flexibilisieren und damit affektive, kognitive und behaviorale Muster zu durchbrechen, um Neuland mit neuen Ideen und Aktionen zu betreten. Um diese Leistung zu erbringen, konzentriert sich das Verfahren darauf, die Aufnahmekapazität für alles zu mobilisieren, was mit der Veränderung zusammenhängt, und die Bereitschaft zu erweitern, entsprechend zu handeln.

Die Beispielsituation:

Beispiel: Ich erhalte ein anspruchsvolles Angebot.

Sie werden mit einem außerordentlich wichtigen und prestigeträchtigen Pilotprojekt betraut. Das Angebot kommt überraschend, weil Sie bisher über keinerlei Erfahrung mit Pilotprojekten und auch mit Projekten dieser Größenordnung (Budget 15 Millionen, zwölf Teammitglieder, zwei Jahre) verfügen. Ebenso fehlt Ihnen Führungserfahrung. Auf Ihre Frage, warum gerade Sie auserkoren wurden, antwortete Ihre Chefin: Zum einen, weil Sie über die größte Sachkompetenz verfügen, und zum anderen, weil das Entscheidungsgremium Ihnen zutraut, die nötigen Führungskompetenzen zu entfalten. Da Sie die ambivalente Stimme in sich hören und zwiespältige Gefühle in sich spüren, bitten Sie um einen Tag Bedenkzeit.

Die Strategie sieht wie folgt aus:

1 Welche Ereignisse, Faktoren, Fakten sprechen dafür, die Veränderung anzustreben und sich auf sie einzulassen?
(Beispielsweise das Zu- und Vertrauen des Entscheidungsgremiums zu mir bzw. in mich; meine fachliche Kompetenz wird gebraucht und geschätzt; ich erhalte eine Weiterentwicklungschance; mein Interesse an dem Projekt; Möglichkeiten, andere Firmen zu kontaktieren.)
Die erste Frage fungiert als Katalysator
* ❖ für die Pro-Argumente und
* ❖ für die Selbstermutigung und Selbstprogrammierung auf Chancen, die sich bieten.

Der Ablauf der Fokussierungsstrategie.

2 Welchen Nutzen oder Vorteil hat es für mich, die Herausforderung anzunehmen?
(Beispielsweise das Projekt erfolgreich abschließen, sodass ihm weitere folgen; Kompetenz als Moderator, Koordinator und Impulsgeber, als Teammanager gewinnen und akzeptiert werden; tragfähige Beziehungsnetzwerke in- und extern aufbauen.)
In diesem Schritt zwingen wir uns, die Pro-Argumente auf ihre motivierende Stärke hin abzutasten, indem wir Ziel- und Nutzenvorstellungen konkretisieren. Dies wiederum konzentriert unsere Aufmerksamkeit sowohl auf das, was wir uns selbst erlauben, zumuten und wollen, als auch auf den Sinnzusammenhang des Projekts. Wir fokussieren und lenken unsere Energien und Phantasien unter dem Vorzeichen des »so tun, als ob«. Das heißt, ideell gehen wir von der affirmativen Entscheidung aus. Da wir in diesem Sinne innerlich »Ja« gesagt haben und bereits an der Verwirklichung arbeiten, ist die Grundentscheidung gefällt. Dieser Schritt bereitet den Boden für die zwei folgenden Schritte.

3 Was muss ich zuerst tun, um den Anforderungen gerecht zu werden? Womit muss ich mich konfrontieren?
(Beispielsweise besorge ich mir zunächst vorhandene Informationen zum Projekt; gleiche meine Qualifikation mit den Erwartungen an meine fachliche Kompetenz und Führungskompetenz ab; kläre meine Weiter-, Fortbildungsbedürfnisse ab; schätze meinen Unterstützungsbedarf ein.)
Sind wir bei dieser Etappe in unserer Vorstellung angelangt, setzen wir uns noch konkreter mit den Erfordernissen und Chancen auseinander. Wir leisten eine systematische Klärungsarbeit, die uns auf offensives Handeln, auf »es wagen« programmiert. Die Chancen, die diesem selbstinitiierten Prozess wachsender Selbstverpflichtung und konstruktiver

Selbstprovokation entwachsen, nehmen zu, je genauer wir entwerfen, welche Beiträge wir ad hoc bringen können und für welche Beiträge wir noch beispielsweise Betreuungsbedarf anmelden müssen.

4 Was werde ich als Nächstes tun?

(Beispielsweise das Angebot annehmen; sämtliche verfügbaren Informationen zum Projekt einholen; Kontakt aufnehmen zu den Projektmitgliedern; Moderationskurs beantragen; eine Projektskizze anfertigen.)

Der letzte Schritt setzt die ersten Aktionen fest. Wir stehen am Start der Veränderung.

Der »Charme« dieser Konzentrationsstrategie entspringt der Logik des »Als-ob«. Das haben alle Strategien gemeinsam, die mit Vertiefung (Kontemplation), Imagination oder Visualisierung arbeiten. Wenn Sie sie nutzen, tun Sie so, als hätten Sie einer Veränderung oder, allgemeiner: einer Anforderung zugestimmt, und spielen die Folgen dieser Zustimmung innerlich durch. Dabei visualisieren Sie alle Schritte. Sie aktivieren alle Sinne. Sie durchleben alles. Dabei nutzen Sie zwei Vorteile. Erstens programmieren Sie sich positiv: Sie stimmen sich ein. Zweitens überprüfen Sie, ob und inwiefern Sie sich der Situation gewachsen fühlen: Sie entlarven Ihre Stärken und Schwächen, Ihren Mut und Ihre Angst. Damit gewinnen Sie Sicherheit in der Entscheidung und in der nachfolgenden Handlung.

Aus psychodynamischer Sicht trägt diese Strategie folgenden vier Schritten Rechnung:

- ❖ Wir nehmen die Notwendigkeit der Veränderung wahr bzw. erkennen den Wert, sie anzustreben.
- ❖ Wir akzeptieren die Erkenntnis von der Notwendigkeit bzw. des Wertes und richten unser Wollen, Können und Dürfen danach aus.
- ❖ Wir entwickeln Konzepte, um gezielt zu handeln.
- ❖ Wir setzen die Maßnahmen um.

In der Übersicht sieht die Fokussierungsstrategie folgendermaßen aus:

Die Fokussierungsstrategie

1 Was spricht dafür, mich auf die Veränderung einzulassen?

2 Was gewinne ich, wenn ich mich auf Sie einlasse?

3 Was muss ich von mir verlangen, um erfolgreich mit ihr umgehen zu können?

4 Was werde ich als ersten Schritt konkret tun?

Die Multiplikationsstrategie

Dieses Verfahren unterstützt Sie in Veränderungssituationen, in denen Ihre Entscheidung nachhaltige Folgen hat, das bedeutet, in denen Ihre Entscheidung eine Initialzündung auslöst. Aufgrund der Tragweite der zu fällenden Entscheidung ist es sinnvoll, einen Fächer völlig unterschiedlicher Blickwinkel, Denk-, Fühl-, Sichtweisen zur Verfügung zu haben, um sich nicht mit einer oder der erstbesten Idee zufrieden zu geben und die Entscheidung differenziert begründen zu können. Dazu kann die Multiplikationsstrategie beitragen, denn sie vervielfacht in einem inneren Dialog mögliche Standpunkte, von denen aus Sie Ihr Problem betrachten können. Sie gehorcht damit der Logik des »Anders-als-bisher« und ähnelt dem Brainstorming-Verfahren.

Strategie: Ich diskutiere die Situation aus unterschiedlichen Perspektiven.

Um das Potenzial dieser Methode ausschöpfen zu können, brauchen Sie neben der Bereitschaft, heterogene Sichtweisen zuzulassen, noch Phantasie, Freude am Ideenspiel und eine gute Portion Humor.

Die Beispielsituation:
Das Unternehmen verlegt seinen Sitz in eine andere Stadt. Sie haben maßgeblich mitzuentscheiden, ob der neue Standort der Firma (mit den Abteilungen Verwaltung, Personal, Forschung und Entwicklung, Marketing, Einkauf und Vertrieb) zentral, also in der Stadtmitte der Großstadt, oder peripher, im Grünen, liegen soll. (Geld spielt keine Rolle.) Es kommt auf Ihr Votum an!

Beispiel: Ich treffe eine weitreichende Entscheidung.

Die Strategie verläuft in folgenden Etappen:

1 Zu Beginn gilt es, die **Veränderungsanforderung exakt** zu **definieren**. Welcher Veränderung will ich mich stellen? Wer erwartet was von mir? Was soll ich ändern?

2 Im weiteren Verlauf geht es darum, **präzise** zu **formulieren**, welche Anforderungen Sie an sich selbst richten. Daraus ergeben sich die weiteren Schritte.
Was erwarte ich von mir? Wozu kann/muss, soll/möchte ich mich verpflichten?
Die Punkte unter Erstens und Zweitens drehen sich um die Frage, was Ihrem Verständnis nach der Fall ist, das heißt, wie Sie die Situation ein-

Die Multiplikationsstrategie im Einsatz.

schätzen. Die nächste Etappe verlegt den Brennpunkt der Aufmerksamkeit auf die Sichtweisen anderer Personen.

Wie würde eine von mir geschätzte Person

- ❖ die Veränderung beschreiben,
- ❖ nach Maßgabe von was die Entscheidung fällen, und
- ❖ wie sähe diese aus?

3 Bei der **Auswahl der Personenkreise** sind Ihnen keine Grenzen gesetzt.

   a) Person aus der Familie, dem engem Freundeskreis,
   b) Person aus Ihrem Arbeitsumfeld (fachvertraut, fachfremd),
   c) Person aus dem öffentlichen Leben (politisch, wirtschaftlich, künstlerisch im weitesten Sinne),
   d) Person aus anderem kulturellen Milieu, mit anderer Lebensphilosophie.

   Nach der Erarbeitung dieser Fragen überlegen Sie, welche Pro- und Kontra-Argumente diese Personen bringen könnten.

4 Welche **Pros und Kontras** resultieren aus dem Panorama der Perspektiven?

5 Erst jetzt gehen Sie über zur **Entscheidungsfindung**:
   Welche Argumente übernehme ich, und welche Handlungsanweisungen folgen daraus?

Übertragen auf das Beispiel, bedeutet dies:

1 Letztlich soll ich entscheiden, wohin das Unternehmen verlegt wird. Alle Mitarbeiter erwarten von mir, dass ich eine für das Unternehmen in ökonomischer und politischer Hinsicht tragfähige Entscheidung fälle, und bei den Mitarbeitenden soll sie auf Resonanz stoßen.

2 Ich erwarte von mir, eine Entscheidung zu formulieren, die auch in zehn Jahren noch vernünftig ist.

3 **a)** Partnerin/Partner: Ich finde es wichtig, zwischendurch was einkaufen gehen oder einfach rausgehen zu können, um etwas zu erledigen oder schlicht, um andere Gesichter zu sehen. Das entspannt oder lenkt zumindest ab, und der Kopf ist danach für die Arbeit wieder freier. Ich würde den Sitz ins Zentrum legen.

   b) Großkunde: Meines Erachtens kommt es neben der Ästhetik des Gebäudes entscheidend darauf an, ob es verkehrsgünstig liegt, das heißt, schnell per Bahn, Flugzeug, Auto erreichbar ist. Für die angemessene Betreuung von Kunden halte ich zusätzlich für bedeutsam, dass ein gutes Restaurant in der Nähe ist; am besten zu Fuß erreichbar, schlechtestenfalls 15 Minuten mit dem Auto. Ich würde an die Peripherie gehen.

c) Kabarettist: Ich würde im Zeitalter von Shareholder-value und angeblich knappen Kassen das Gebäude für künstlerische Darbietungen nutzen wollen. Die wären öffentlich zugänglich: Steigert neben dem Beliebtheitsgrad der Firma auch deren Bekanntheit und bringt noch Cash. Deshalb würde ich auf jeden Fall ins Zentrum gehen, in ein möglichst auffallendes Gebäude!

d) Sprecher der Bürgerinitiative »Schont die Umwelt«: Ich empfehle Ihnen, den Blick auf zwei Punkte zu richten. Erstens sollte nicht extra ein neues Gebäude errichtet werden; das wäre Ressourcenverschwendung. Zweitens sollte das Gebäude mit öffentlichen Verkehrsmitteln problemlos erreicht werden können. Das schont die Umwelt. Aus diesen ökologischen Rücksichtnahmen könnte Ihre PR-Abteilung prima Kapital schlagen! Beide Aspekte sind natürlich im Zentrum einer Stadt gegeben.

4 Pro Zentrum/kontra Peripherie: Einkaufen, Erledigungen machen, Ablenkung, Zerstreuung, Entspannung, Motivationsschub, Restaurants in naher Umgebung, extrafunktionale Nutzung mit Aussicht auf Einnahmen und kostengünstige PR, öffentliche Verkehrsmittel, Gebäude vorhanden.

Pro Peripherie/kontra Zentrum: Landschaft, Ruhe, kein Stadtverkehr.

5 Von den Argumenten übernehme ich folgende: Restaurants in naher Umgebung, extrafunktionale Nutzung mit Aussicht auf Einnahmen und kostengünstiges PR, öffentliche Verkehrsmittel, Gebäude vorhanden. Also: Zentrum.

Fragen wir auch hier nach den psychodynamischen Prozessen, auf die diese Methode antwortet, finden wir vor allem dies: Die Gefühle von Verunsicherung und Verwirrung, die in uns aufkeimen, wenn wir mit Veränderungen konfrontiert werden, werden zutage befördert und in einem ersten Schritt zum Gegenstand unseres Nachdenkens gemacht. Dies tun wir, indem wir sie aus unterschiedlichen Blickwinkeln betrachten. Dadurch entwirren wir das Knäuel von Befürchtungen und erweitern unser Spektrum. Die Früchte dieses Bemühens erleben wir als Verringerung der Unsicherheit und als Ausbrechen aus alten Mustern im Denken, Fühlen und Handeln. Dieser Prozess ist kognitiv gelenkt: Wir nutzen unsere Erfahrungen und Kenntnisse, um die Pros und Kontras abzuwägen und Gefühle und Gedanken voneinander zu unterscheiden. Wir »klären« un-

Unterschiedliche Blickwinkel erweitern das Spektrum und klären Situationen.

sere Situation. Da wir hier die unterschiedlichen Lösungsvorstellungen klar voneinander differenzieren, tragen wir unserem Anspruch Rechnung, komplizierte Sachverhalte rational zu durchleuchten. Je überzeugter wir davon sind, dass uns das gelingt, desto eher trauen wir unseren intuitiven Eingebungen. Unsere Bereitschaft wächst, unserer Intuition zu trauen und sie als mitentscheidende Instanz zuzulassen. Denn da die Unbestimmtheiten im Kognitiven und Affektiven durch die Perspektivenvielfalt geklärt sind, spüren wir deutlicher, womit wir einverstanden sind und womit nicht. Diese Klärungsarbeit können wir uns als Bereinigung von Nebengeräuschen vorstellen. Am Ende hören wir klare Töne ohne ein Rauschen. Diese Klarheit verleiht uns Zutrauen in die Verlässlichkeit des intuitiven »Stimmt für mich/Stimmt für mich nicht«. Die Intuition wirkt somit als Gradmesser des authentischen Einverständnisses.

Die Multiplikationsstrategie

1 Um welche Veränderung geht es genau?
2 Was will ich für die Veränderung tun?
3 Wie würden die Personen a)–d) diese Veränderung betrachten?
4 Welche Pros und Kontras ergeben sich aus den Perspektiven?
5 Welche Argumente werden für mich handlungsanweisend?

Diese Strategie macht sich zunutze, dass wir in der Lage sind, die verschiedensten Perspektiven einzunehmen. Es ist diese Vielfalt möglicher Sichtweisen und Argumente, die uns befähigt, unsere vagen oder »gemischten« Gefühle und Vorstellungen zu sondieren. Wie erwähnt, gebrauchen wir für diese Sortierung unseren Verstand. Auf diese Weise »entwirren« wir uns selbst und gewinnen einen klareren Blick. Zudem können wir »entdecken«, worauf wir selbst den Schwerpunkt legen und was unsere Sympathie genießt. Ähnlich wie das Brainstorming (eine Kreativitätstechnik für Gruppen) vereinigt die Strategie zwei wesentliche Aspekte, wenn es um innovative Vorhaben geht: Ideenvielfalt und systematische Auswahl. Erst nachdem wir alle kreativen Einfälle »losgeworden« sind – und damit »frei« –, wählen wir zielgerichtet und strukturiert aus, welcher Einfall es wert ist, verfolgt zu werden.

Die Umdeutungsmethodik

Bereits Epiktet erkannte: »Es sind nicht die Dinge, die uns beunruhigen, sondern unsere Deutung der Dinge.« Auch Shakespeare war dieser Ansicht: »An sich ist nichts gut noch böse, erst das Denken macht es dazu.« Was diese Klassiker der Philosophie und Literatur meinen, floss in die »Rational Emotive Therapie«, deren Begründer der amerikanische Psychotherapeut Albert Ellis ist, ein und erlebt eine wissenschaftliche Renaissance in der konstruktivistischen Kommunikationstheorie sowie im soziologischen Sozialen Konstruktivismus.

Ich werde Sie keinesfalls mit wissenschaftlichen Ausführungen behelligen. Dennoch möchte ich Ihnen eine Grunderkenntnis vermitteln, die dieses Buch wie einen roten Faden durchzieht. Diese Grunderkenntnis lautet: Alles kann ganz anders sein, als wir denken, fühlen, meinen, dass es ist. Die Welt ist kontingent! Das bedeutet: Alles kann anders sein, als es ist; es gibt immer mehr als nur eine Möglichkeit.

Strategie: Ich deute um.

Wir interpretieren, sobald wir Reize aufnehmen. Wir nehmen wahr, wir nehmen für wahr. Da alles Wahr-Nehmen Interpretieren, das Belegen mit Bedeutung ist – schaffen wir uns unsere Wirklichkeit selbst. Wenn das, was wir wahr-nehmen, von unserem Akt des Deutens abhängt, dann entscheidet unsere Deutung über das, was (für uns) ist. Und wenn wir deuten können, dann können wir auch umdeuten, also neu und anders definieren, was (für uns) der Fall ist oder eben nicht. Und weiter: Wenn wir durch unsere Deutung Wirklichkeit schaffen – dann können wir doch versuchen, unsere Wirklichkeit so angenehm wie möglich zu konstruieren!

Umdenken heisst: Verändern!

Die Logik des Umdeutens ist allen Menschen zugänglich. Jede und jeder kann es. Aber nicht jeder Mensch will es. Von den Typen, die wir bisher kennen gelernt haben, haben die Dauer- und Zielorientierten die meisten Schwierigkeiten damit, Distanz- und Vernunftorientierte gehen mittelschwer und Wechsel-, Kontakt- und Erlebnisorientierte am leichtesten damit um.

Nun, der subjektive Nutzen von Umdeutungen kommt beispielsweise in Witzen zum Ausdruck:

Der 35-jährige Herr V. sitzt seiner neuen Chefin gegenüber. Diese blättert in der Personalakte von Herrn V. und meint nachdenklich: »Nun, wie ich sehe, haben Sie in den letzten sechs Monaten viermal die Abteilung gewechselt.« »So ist es«, strahlt Herr V. sie an: »Sie sehen: Man reißt sich um mich!«

Oder: »Ich lache gern über meine eigenen Dummheiten.« – »Donnerwetter! Dann müssen sie ja ein besonders lustiges Leben führen.«

Der Nutzen zeigt sich im privaten wie beruflichen Alltag. Nehmen wir ein Beispiel aus dem Geschäftsleben:

Das Verhalten neu deuten. Ein Seminarteilnehmer erzählte mir folgende Begebenheit: »Meinen Chef halte ich für extrem autoritär und rein sachorientiert. Er vertritt im Übrigen die Ethik, die allmählich salonfähig wird: die sozialdarwinistische. Und dieses Urteil hat er vor einigen Tagen wunderbar bestätigt. Es war morgens, und ich stand mit einer Kollegin und zwei Kollegen in meinem Büro herum. Die Kollegin hatte gerade berichtet, was für ein Fauxpas ihr am Vortag passiert war, und wir kugelten uns vor Lachen. Plötzlich wird die halb geöffnete Tür aufgestoßen, und bevor sie zugeknallt wird, hören wir, wie unser Chef schreit: »Am Arbeitsplatz wird nicht gelacht! Da wird gearbeitet!« – Ähnliche Vorstellungen hat er bereits andernorts von sich gegeben. Ich muss sagen, das gab mir den Rest. Ich habe angefangen, die Zeitung von hinten zu lesen.«

Der Teilnehmer deutete (bewertete) das Verhalten des Chefs als »extrem autoritär«, geradezu menschenfeindlich und gar mit sozialdarwinistischem Vorzeichen versehen. Da »alles auch ganz anders sein kann«, lassen Sie uns doch einige inhaltliche Umdeutungen formulieren. Bitte notieren Sie zwei bis drei Möglichkeiten, wie das Verhalten des Chefs auch noch interpretierbar wäre – und welchen Nutzen die Neudeutung für den Mitarbeiter hätte.

Hier einige Beispiele von mir:

❖ Der Chef hat mal wieder Krach gehabt und muss seinen Frust loswerden. (Der Mitarbeiter nimmt den Ausbruch nicht persönlich und deutet ihn auch nicht als Ausdruck einer fundamentalen Einstellung.)
❖ Von so einem humorlosen Neider lassen wir uns die Laune nicht verderben! (Trotz bis Sarkasmus; psychische Funktion wie oben.)
❖ Diese Unbeherrschtheit ignoriere ich einfach. – Ich weiß ja, von wem sie kommt. (Sarkasmus mit Schutzfunktionen; Funktion wie oben.)
❖ Der Chef ist eigentlich ein armer Typ. Scheint alle Lebensfreude verloren zu haben. (Mitleid in der Funktion der eigenen Erhebung; psychologische Funktion wie oben.)
❖ Eigentlich ein absolut lächerliches Verhalten; kindisch geradezu. (Verachtung mit den Funktionen wie oben.)

Bei der inhaltlichen Umdeutung lautet die Frage: Wie könnte ich das, was geschehen ist, oder das Verhalten einer Person auch noch anders deuten? Damit erhält der Inhalt eine neue Bedeutung.

In einigen Fällen liegt es näher, den Kontext umzudeuten, also den Zusammenhang oder die Rahmenbedingungen zu verändern, in die wir einen Inhalt stellen. Das nennen wir Kontextumdeutung.

Auch dazu einige Beispiele:

»Ich bin einfach ein Pechvogel! Immerzu läuft bei mir etwas schief.« Lassen Sie uns auf Umdeutungssuche gehen, indem wir uns auf den Zusammenhang konzentrieren. Die leitende Frage lautet: In welchen Situationen (Kontexten) wirkt ein »Pechvogel« anders, eben nicht als Pechvogel, sondern etwa als »Clown«, der belustigt, dafür sorgt, dass die Atmosphäre sich entspannt? Haben Sie schon einmal das – eben »komisch« wirkende – Gesicht eines Kollegen gesehen, der völlig verzweifelt in seinem hoffnungslos chaotischen Büro seinen Hausschlüssel sucht: sich am Hinterkopf kratzt, die Augenbrauen hochgezogen, die Stirn gekräuselt und den Kopf fassungslos schüttelnd: »Ich verstehe gar nicht, wieso ich den Schlüssel nicht finden kann!«?

Die Situationen neu deuten.

Dieses »Immerzu läuft bei mir etwas schief« können wir ebenso deuten, dass es Überraschungen geben kann. Also ist der »Pechvogel« auch für Unerwartetes eine gute Adresse! Und wo »vieles« passieren kann, kann ja auch etwas Schönes geschehen!

Eine Seminarteilnehmerin aus dem Bereich der Telefonakquisition berichtete mir von ihrer Tätigkeit und den dortigen Belastungen. Sie schloss: »Und wenn ich dagegen meinen Kollegen sehe: ein Temperamentsbündel, immer zu Scherzen aufgelegt, aber auch, wenn nötig, resolut und immer eloquent! Wir scherzten schon öfter«, sie schmunzelte, »dass man sein Mundwerk extra schließen müsste, wenn er im Grab liegt. Und bei Kunden kommt der an! – Und ich dagegen: ruhig, langsam redend, mehr zuhörend als selbst redend, rhetorisch nicht begabt, nicht schlagfertig und immer lieb. Sie wissen schon!« Ich stellte ihr einfach die Frage, in welchen Situatioen ihre Ruhe, ihr geduldiges Zuhören, ihre Zurückhaltung oder Bedächtigkeit, ihre Einfühlsamkeit denn nütze oder auf positive Resonanz stoße. Zunächst fiel ihr nichts ein. Dann aber murmelte sie: »Na ja, bei aufgebrachten Kunden, bei eitlen Kunden (weil die sich selbst gerne reden hören), in hektischen Zeiten im Büro, bei Streitereien.« Es sei ihr sogar schon gesagt worden, sie sei als ruhender Pol der Abteilung sehr wichtig. Es kommt eben auf den Zusammenhang an!

Fallsituation: »Führen und geführt werden«

In dem nun folgenden Fallbeispiel geht es darum, die Überlegungen und damit die unterschiedlichen Arten im Denken und Handeln, die wir in diesem Kapitel behandelt haben, anzuwenden.

Am Beispiel der Strategie »Umdeutungsmethodik« erhalten sie Gelegenheit, das Gelesene »auszuprobieren«. Das Verfahren der Bearbeitung läuft so, wie Sie es kennen: Lesen Sie bitte die zwei Perspektiven, und beantworten Sie die Fragen. Anschließend finden Sie wieder einige Auswertungsaspekte von mir.

Perspektive der Führungskraft F.

Beispiel:
Der Zusammenhang
von Selbstbild,
Fremdbild und
Verhaltensdeutung.

Herr F. ist seit neun Jahren im Unternehmen und seit fünf Jahren Abteilungsleiter. Er hat sieben Mitarbeiter und Mitarbeiterinnen.

Als Führungskraft fühlt er sich für alles, was in der Abteilung passiert, letztendlich verantwortlich. Außerdem muss er den »Druck von oben« aushalten, wenn die vorgegebenen Ziele nicht erreicht werden. Da also Herr F. den Kopf hinhält, wenn etwas nicht so läuft, wie geplant, kontrolliert er seine Mitarbeitenden recht stark. Beispielsweise lässt er Schriftliches, das die Abteilung verlässt, ob intern oder gar extern, nicht raus, ohne es gesehen und abgezeichnet zu haben. In aller Regel moniert er Formulierungsweisen des Verfassers. Das ist ihm zwar lästig, aber was seine Abteilung verlässt, soll so sein, dass seine Standards erfüllt sind. Es fällt ja schließlich auf ihn zurück!

Da er Aufträge gern rasch erledigt sieht, ist es ihm wichtig, dass schnell gearbeitet wird. Mit der vielen Diskutiererei, die heutzutage als »lebendiger Austausch« proklamiert wird, kann er nicht viel anfangen. Das kostet nur Zeit! Deshalb, und das weiß er sehr gut, wird er in Besprechungen, die sich seines Erachtens unnötig in die Länge ziehen, relativ schnell ungeduldig. Da unterbricht er schon einmal, reißt das Szepter an sich und formuliert Entscheidungen im Alleingang. Einer muss schließlich das Machtwort sprechen! Herr F. legt eben Wert auf Effizienz und Effektivität.

Ebenso wie reibungslose Sitzungen ist es ihm wichtig, dass Projekte zügig durchgezogen werden. Da es dafür bedeutsam ist, dass Fehler oder Risiken frühzeitig erkannt werden, legt er Wert darauf zu wissen, wer was warum wann tut und auch wie. Eine Führungskraft muss wissen, was die Mitarbeitenden tun. Und im Zweifel organisiert er personell oder die Prioritäten betreffend um, etwa wenn ihm seine Ideen – dank seiner langjährigen Erfahrung und des Überblickswissen – vielversprechender erscheinen als das, was seine Mitarbeiter meinen. So kann es beispielsweise vorkommen, das er kurz entschlossen Projektmitglieder austauscht oder eben Rangfolgen kurzfristig wechselt. Schließlich arbeiten ja alle Beteiligten im Dienst der Sache, und seine Erfahrungen geben ihm das Vorrecht, auch ohne Diskussion mit den Betroffenen Entscheidungen, und damit das, was er für richtig hält, durchzusetzen.

Insgesamt arbeiten alle im Team recht zufrieden stellend zusammen. Nur mit einer Person, mit dem Mitarbeiter M., gibt es Spannungen. M. ist seit zwei Jahren in der Abteilung. Herr F. hält ihn für renitent und hat ihn einzig und allein behalten, weil er fachlich hervorragende Arbeit leistet und Termine akkurat einhält. Als Person ist ihm Herr M. nicht so ganz geheuer. Probleme mit ihm gab es schon früh, weil sich Herr M. an die Art, wie Herr F. führt, nicht anpassen wollte – und sich damit bis heute nicht abgefunden hat. Manchmal ertappt sich Herr F. sogar bei dem Gedanken, der Mitarbeiter wolle ihn mittelfristig demontieren. Was Herrn M. stört, ist die Kontrolle sowie die Eigenmächtigkeit, mit der Herr F. Entscheidungen trifft. Das hat er ihm öfter gesagt. Herr M. möchte am liebsten alles »ausdiskutiert« haben und über alles Mögliche informiert werden. Egal, ob Herr F. das will oder nicht: Für so etwas fehlt ihm schlicht die Zeit. Und außerdem, so beruhigt er sich, begehrt kein anderer Mitarbeiter auf. Also liegt die Schwachstelle nicht bei ihm selbst!

Bitte notieren Sie Ihre Einschätzungen zu den folgenden Fragen:

---

1 Welches Selbstbild hat Herr F. von sich? Wie betrachtet, beurteilt, bewertet F. sich selbst – und damit eine »gute Führungskraft«?

✎ _____

_____

_____

2 Welches Verständnis hat Herr F. von einem »guten Mitarbeiter«?

✎ _____

_____

_____

3 Wie nimmt Herr F. den Mitarbeiter M. wahr? (Fremdbild von M.)

✎ _____

_____

_____

4 Welches persönliche Grundmotiv definiert den Spielraum, den Herr F. hat, um auf den Mitarbeiter zugehen zu können?

✎ _____

_____

_____

Perspektive des Mitarbeiters M.

Herr M. ist seit sechs Jahren im Unternehmen; davon seit zwei Jahren in der Abteilung von Herrn F.. Fachlich ist er bestens angesehen; dessen ist er sich bewusst. Herr M. mag seine Arbeit, und auch mit den Kolleginnen und Kollegen kommt er gut zurecht. Aber mit Herrn F. hat er nach wie vor Probleme. Am liebsten würde er ihm einmal völlig unverblümt sagen, was ihm den Appetit im Arbeitsumfeld verdirbt. Bisher hat sich Herr M. für seine Verhältnisse noch recht zurückgehalten.

Herr M. findet seinen Chef nämlich sehr autoritär. Herr F. lässt ihn selten ausreden, fällt ins Wort, hört kaum zu. Das erlebt Herr M. in Zweiergesprächen mit ihm genauso wie in Sitzungen. Zum Beispiel bei einer Abteilungsbesprechung vor etwa drei Wochen: Als Herr M. seinen Vorschlag zur Verbesserung der Berichtskommunikation begründen wollte, unterbrach Herr F. ihn barsch – nur, weil er zwei Minuten überlegen musste, um eine Frage zu parieren. Außerdem sucht Herr F. ständig das Haar in der Suppe; alles muss über seinen Schreibtisch gehen. Beispielsweise letzthin, vor etwa sechs Wochen, als es darum ging, dass Herr M. eine vollständige Dokumentation eines Arbeitsablaufs allein verfassen und dann anderen Abteilungen zuleiten sollte. Das tat er gern, weil er sich bezüglich des Ablaufs, um den es ging, besonders engagiert hatte. Es kam, wie es kommen musste: Er bekam seine Arbeit mit roten Strichen, vermeintlich stilistischen Verbesserungen, und ohne weiteren Kommentar zurück! So geht das immer! Egal, ob es sich um ein Protokoll, um ein zu verteilendes Memo, um einen kurzen Report oder sonst etwas Schriftliches handelt – alles muss Herrn F. vorgelegt werden, und in schöner Regelmäßigkeit kommt es rot verziert zurück. Dabei geht es selten um sachliche Korrekturen – da lässt sich Herr M. gerne belehren –, sondern um Stilfragen, Formulierungsweisen eben.

Überhaupt: Entscheidungskompetenzen, Handlungsspielräume, Verantwortungsbereiche räumt Herr F. ohnehin keine ein. Da er ständig kontrolliert, bestimmt er, was wie wann getan wird. Von wegen Führen über Ziele oder gar Zielvereinbarung!

Zum Beispiel: Vor einem dreiviertel Jahr übertrug Herr F. ihm das Projekt »XY«. Herr F. gab seinem Mitarbeiter sechs Monate Zeit und stellte es ihm anheim, sich die Leute ins Projekt zu holen. Herr M. freute sich damals sehr über diesen Auftrag, weil er eigenständiges Handeln in Aussicht stellte. Also sprach er jene Kolleginnen an, die er für kompetent hielt, und machte sich sofort an die Arbeit. Obwohl er seine Crew zusammenhatte und die Arbeit Erfolg versprechend angelaufen war, kam Herr F. nach vier Wochen, zog ohne Erklärung eine Mitarbeiterin ab und platzierte eine andere Person. Ferner: Obgleich Herr M. mit ihm vereinbart hatte, nach zwei Monaten eine Zwischenkontrolle durchzuführen und über den Stand des Projekts zu sprechen, kam Herr F. nicht nur alle paar Tage (kaum, dass die Arbeit begonnen hatte) zu ihm, um sich zu erkundigen, wie es denn laufe, sondern er redete ihm auch noch in die Methoden und Prioritäten hinein!

Herrn M. stinkt das alles gewaltig. Schließlich ist er kein Dummkopf, und außerdem will die Firma selbstständige, eigenverantwortlich handelnde Mitarbeiterinnen und Mitarbeiter haben. Das muss dem guten Manne einfach klargemacht werden!

Bitte notieren Sie wieder Ihre Einschätzungen:

1 Welches Selbstbild hat Herr M. von sich? Wie betrachtet, beurteilt, bewertet er sich selbst und damit einen »guten Mitarbeiter«?

✎ _____

_____

_____

2 Welches Verständnis hat Herr M. von einer »guten Führungskraft«?

✎ _____

_____

_____

3 Wie nimmt Herr M. die Führungskraft F. wahr? (Fremdbild von F.)

✎ _____

_____

_____

4 Was ist das persönliche Grundmotiv, das definiert, welchen Spielraum der Mitarbeiter hat, um auf seinen Chef zugehen zu können?

✎ _____

_____

_____

Auswertungsaspekte

Perspektive der Führungskraft F.

Frage 1: Selbstbild von sich	Frage 2: Idealbild »guter Mitarbeiter«	Frage 3: Fremdbild von Mitarbeiter M.
erfahren	befolgt Anweisungen genau, setzt sie sofort um	renitent
effektiv und effizient in sachlicher und zeitlicher Hinsicht	akzeptiert Entscheidungen vom Chef	unbequem
entscheidungsfreudig und durchsetzungsfähig	arbeitet schnell, präzise und zuverlässig zu	bedrohlich
zielorientiert und sachbezogen	informiert Chef über alles	zu ehrgeizig
selbstbewusst und kompetent	nimmt Kritik an	rechthaberisch
flexibel und dynamisch	fügt sich in die Abteilungskultur ein und passt sich der Kultur an	despektierlich bis unverschämt
verantwortungs- und pflichtbewusst	ist loyal, bescheiden, zuverlässig, berechenbar	fachlich kompetent
ich gebe klare Anweisungen und organisiere straff	ist fachlich kompetent und arbeitet effizient und effektiv	diskussionssüchtig
nur ich weiß letztendlich, was richtig ist, und ich gebe den Ton an	ist fleißig, pflichtbewusst und zurückhaltend	anpassungsunfähig
ohne mich läuft nichts, meine Präsenz ist notwendig, ich bin allein verantwortlich	ist flexibel im Rahmen der Zielerreichung	ist ein Nörgler
aufopfernd für Abteilung und Firma	respektiert Hierarchie	

Zu Frage 4: Grundmotive, die den Flexibilitätsrahmen definieren
Bedürfnis nach Sicherheit, Berechenbarkeit und Anerkennung durch:

❖ Überblick und Kontrolle, »Fäden in der Hand haben«;
❖ Durchorganisation;
❖ Dominanz;
❖ Selbstbild als vorbildliche Führungskraft in Bezug auf Verantwortungsübernahme und fachliche Kompetenz wie Leistungseinsatz;
❖ Normen für einen »guten Mitarbeiter«.

Der Spielraum für Vereinbarungen, in dem der Vorgesetzte dem Mitarbeiter entgegenkommen kann, fällt folglich sehr eng aus. Da das Prinzipielle, nämlich die genannten Grundbedürfnisse, unangetastet bleiben müssen, kann der Mitarbeiter ausschließlich mit Zugeständnissen in Detailfragen, also mit kleinen Kompromissen, rechnen. Denn kleine Kompromisse gefährden die Erfüllung der Grundbedürfnisse des Chefs nicht. Beispielsweise kann Herr F. zugestehen, interne schriftliche Mitteilungen nicht mehr zu kontrollieren. Oder er kann dem Mitarbeiter anbieten, ihn zu informieren, bevor er ein Teammitglied austauscht. Mit anderen Worten: Herr F. wird da Zugeständnisse machen, wo er für sich selbst keine Einbussen in seinen Grundmotiven verkraften muss.

Perspektive des Mitarbeiters M.

Frage 1: Selbstbild von sich	Frage 2: Idealbild »gute Führungskraft«	Frage 3: Fremdbild von Führungskraft F.
fachlich und sozial kompetent	fachlich und sozial kompetent	dominant
zielorientiert, effizient und effektiv	delegiert bereitwillig, überträgt Verantwortung, kooperativ	autoritär bis diktatorisch, despotisch
verfüge über Führungsqualitäten	nimmt konstrukive Kritik an und gibt fundiertes Feed-back	taktlos bis sozial inkompetent
verantwortungsbewusst und loyal zum Unternehmen	führt über Zielvereinbarung und informiert in Sinnzusammenhängen	ungeduldig bis herrisch
fähig, selbstständig zu arbeiten	lernbereit bezüglich der Entwicklung eigener Führungsfähigkeiten	rein ziel- und sachorientiert
engagiert in der Sache, zuverlässig	mischt sich nicht ins Tagesgeschäft von Mitarbeitenden ein	rechthaberisch
entscheidungsfreudig	fördert eigenverantwortliches Arbeiten	pedantisch
nimmt konstruktive Kritik an	teamfähig	geltungssüchtig
gibt konstruktives Feed-back	hält Vereinbarungen ein	will Mitarbeitende beherrschen, gängeln
selbstbewusst	respektiert Leistung und Persönlichkeit von Mitarbeitenden	hält sich für unentbehrlich und für den Fähigsten
teamfähig, kollegial	setzt Vertrauen in Mitarbeitende	überschätzt sich
lernwillig, ehrgeizig		zielorientiert

Zu Frage 4:   Grundmotive, die den Flexibilitätsrahmen definieren
Bedürfnis nach Selbstverantwortung und Entfaltung eigener Potenziale
durch:

- ❖ Mitsprache, Partizipation;
- ❖ Übernahme anspruchsvoller Aufträge;
- ❖ Ausprobieren von Neuem;
- ❖ Nutzen von Handlungsspielräumen;
- ❖ Bild einer »guten Führungskraft«.

Der Spielraum für Vereinbarungen, in dem der Mitarbeiter seinem Chef entgegenkommen kann, liegt damit sowohl im Prinzipiellen als auch in Detailfragen (als erste Schritte, als Anfang, als Übergang zum erwünschten Zustand). Mit anderen Worten: Der Mitarbeiter ist grundsätzlich flexibler in seinem Verhaltensrahmen, weil sein Selbstwertgefühl ebenso wenig in Rede steht wie seine Identität. Seine Flexibilität hängt ausschließlich von seiner Absicht, seiner Präferenz und damit von seinem Wollen ab. Ist er bereit, dem Chef eine Art Umlernzeit zu gewähren, wird er die »Strategie der kleinen Schritte« und des »Sowohl-als auch« wählen. Er begnügt sich zunächst damit, vom Chef Konzessionen in Detailfragen zu erhalten.

Hat der Mitarbeiter hingegen entschieden, dem Vorgesetzten »ab sofort« einen »kooperativen Führungsstil« abzuringen, fährt er die Strategie des »Entweder-oder«. In diesem Fall bezieht er mit ein, im Zweifel das Feld zu verlassen, also auszuscheiden.

Reformation oder Revolution – dem Mitarbeiter stehen zwei grundlegend unterschiedliche Strategien zur Verfügung, wie er dem Vorgesetzten entgegenkommen kann. Er hat den Vorteil, dass beide Strategien seine eigenen Grundbedürfnisse befriedigen. Der Unterschied liegt im zeitlichen Rahmen. Damit obliegt die Entscheidung, welche Vorgehensweise er wählt, seinem Wunsch nach Geschwindigkeit (schnelle oder langsame Veränderungen) und seiner Risikobereitschaft (Bleiben oder Gehen).

Zum Abschluss der Analyse der Fallsituation lassen Sie uns nun die zwei Umdeutungsarten durchführen und Ideen zur Inhalts- und danach zur Kontextumdeutung entwickeln. Wir nehmen als Basis Ausschnitte aus den Antworten auf Frage 3.

Inhaltsumdeutungen

Zunächst sind nun wieder Sie an der Reihe. Nehmen Sie das Fremdbild, das die Führungskraft F. vom Mitarbeiter M. hat, und versuchen Sie, dieses umzudeuten.

Welche Umdeutungen fallen Ihnen bezüglich folgender Bewertungen ein?

Bewertung »negativ«	Umdeutung »positiv«
renitent	
anpassungsunfähig	
despektierlich	
diskussionssüchtig	
Nörgler	

Damit Sie sehen, wie solche Umdeutungen aussehen können, erhalten Sie wieder einige Vorschläge von mir.

Bewertung »negativ«	Umdeutung »positiv«
renitent	Er gibt sich nicht leicht mit etwas zufrieden; ist neugierig und wissbegierig; will optimieren; hat sich Spontaneität bewahrt.
anpassungsunfähig	Er bringt frischen Wind; sucht nach Neuem; will verändern, verbessern.
despektierlich	Er ist nicht hierarchiegläubig; lässt sich durch Formalia nicht beeindrucken; ist mutig genug, sich über formale Autorität hinwegzusetzen; für ihn zählen Kompetenz und Sachbeitrag, nicht formale Stellung.
diskussionssüchtig	Er erstrebt Nachvollziehbarkeit und Verstehen; will offene Kooperation und Transparenz in der Arbeit wie in der Zusammenarbeit; legt Wert auf organisierte Abstimmung.
Nörgler	Er gibt Unzufriedenheit Ausdruck; man weiß, was er denkt, will, kritisiert; will transparent für andere sein.

Nehmen Sie nun das Fremdbild des Mitarbeiters M. von der Führungskraft F.
Welche Umdeutungen fallen Ihnen ein bezüglich folgender Bewertungen?

Bewertung »negativ«	Umdeutung »positiv«
diktatorisch	
taktlos, ungeduldig	
kommt sich unentbehrlich vor, ist geltungssüchtig	
pedantisch	
will Mitarbeiter beherrschen, nicht entwickeln	

Vorschläge von mir:

Bewertung »negativ«	Umdeutung »positiv«
diktatorisch	Er gibt die Richtung klar an; jeder weiß, was sein soll; er ist verantwortungs- und pflichtbewusst.
taktlos, ungeduldig	Es ist seine Art, gefühlsintensiv zu reagieren; er fördert Arbeitstempo und Sachorientierung; er reduziert unnötige Kommunikation.
kommt sich unentbehrlich vor, ist geltungssüchtig	Er braucht das Gefühl, gebraucht zu werden und der Kompetenteste zu sein; er hat ein hohes Verantwortungs- und Pflichtgefühl der Sache und damit dem Erfolg gegenüber; auf ihn kann man zählen, er ist zuverlässig und loyal.
pedantisch	Er gewährt einen hohen Organisiertheitsgrad; Details werden nicht vernächlässigt; korrektes und präzises Arbeiten; Nachvollziehbarkeit in der Sache wird garantiert; sein Verhalten drückt Versagungs- oder Misserfolgsangst aus.
will Mitarbeiter beherrschen, nicht entwickeln	Er ist ein guter Lehrer zum Erlernen grundlegender Fertigkeiten sowie akkuraten, zuverlässigen Arbeitens; es ist ein Ausdruck der Furcht, »überholt« zu werden, und der Unbeholfenheit im Umgang mit souveränen Mitarbeitern, also ist keine böse Absicht im Spiel.

Wenn Sie jetzt ausschließlich die inhaltlichen Umdeutungen lesen, wird sich
Ihre Betrachtungsweise der Beurteilungen (und damit die Reaktionspalette)
verändern.

Kontextumdeutungen

In welchen situativen Kontexten könnten diese »Negativbewertungen« positive, konstruktive Kraft entfalten? Notieren Sie bitte wieder Ihre Ideen. Wir beziehen uns für diese kontextuellen Umdeutungen auf das bisherige Beispiel.

Kontextumdeutungen des Fremdbilds der Führungskraft von dem Mitarbeiter M.: Welche Umdeutungsideen fallen Ihnen hier ein?

Bewertung »negativ«	Umdeutung »positiv«
renitent, anpassungsunfähig	
despektierlich	
diskussionssüchtig	
Nörgler	

Vorschläge von mir:

Bewertung »negativ«	Umdeutung »positiv«
renitent, anpassungsunfähig	Dieses Verhalten ist wertvoll bei unklarer Auftragsformulierung; bei nicht einsichtigen Veränderungsansinnen anderer; bei einem Übermaß an Harmonie, Routine; wenn sich jemand in einer Idee oder Tätigkeit »vergaloppiert«; als Sprachrohr einer Gruppe einsetzbar.
despektierlich	Diese Verhaltensweise hilft bei Arroganz des Gegenübers; wenn Durchsetzungsfähigkeit und damit verbundene mutige Offenheit nötig ist; als Korrektiv für die Überprüfung des Selbstbildes, und damit ist er als Feed-back-Geber geeignet.
diskussionssüchtig	Diese Eigenheit wirkt sich positiv aus, wo Abstimmung, hohe Kommikationsdichte, eingespielte Kooperation erforderlich sind; wo via Eloquenz Verhandlungen günstig beeinflusst werden müssen; wo Entscheidungen hinausgezögert werden sollen; wo es gilt, sich ein umfassendes und weitläufige Informationen integrierendes Bild zu machen.
Nörgler	Das Verhalten bringt »neuen Wind«, wo Initialzündungen für Veränderungen oder Neues gebraucht werden; der Mitarbeiter kann als »agent provocateur« eingesetzt werden.

Kontextumdeutungen des Fremdbilds des Mitarbeiters von der Führungskraft F.: Welche Umdeutungsideen fallen Ihnen hier ein?

Bewertung »negativ«	Umdeutung »positiv«
diktatorisch, taktlos, ungeduldig	
geltungssüchtig, kommt sich unentbehrlich vor	
pedantisch	
will Mitarbeiter beherrschen, nicht entwickeln	

Vorschläge:

Bewertung »negativ«	Umdeutung »positiv«
diktatorisch, taktlos, ungeduldig	Diese Verhaltensweise ist gefragt, wo Entscheidungen zügig fallen müssen; in Krisen-, Panik-, Hektiksituationen; unter Zeitdruck; wo straffe Führung nötig ist; wo Durchsetzungsfähigkeit und Zähigkeit erforderlich sind, um zum Ziel zu kommen.
geltungssüchtig, kommt sich unentbehrlich vor	Dieses Verhalten kann helfen, wo es auf ein souveränes und kompetentes Image ankommt; in Prestige-, PR-Hinsichten; wo eine »Galionsfigur« gebraucht wird.
pedantisch	Diese Eigenheit ist nützlich, wo es auf Genauigkeit, Zuverlässigkeit, Nachvollziehbarkeit ankommt; wo intensive Einarbeitung von sich selbst und anderen gefordert ist.
will Mitarbeiter beherrschen, nicht entwickeln	Dieses Verhalten hilft, wo es um das Erlernen des basalen Handwerkszeugs geht; zum Kennenlernen von Routinen, des regelhaften Funktionierens (etwa von Berichtswesen, Abläufen); wo andere »straffe Führung« und klare Anweisungen wollen.

Im folgenden Kapitel beschäftigen wir uns mit den wesentlichen neuen Aspekten der heutigen (und zukünftigen) Führungsrealität. Da diese Wirklichkeit Veränderungen und neue Orientierung von Ihnen erfordert, werden Sie erleben, dass es sinnvoll war, uns im Vorfeld den Themen

❖ Grundmotivationen menschlichen Verhaltens,
❖ Strategien im Umgang mit Veränderungen und damit den
❖ Charakteristika der eigenen Persönlichkeit

zu widmen. Diese Kenntnisse erleichtern Ihnen, persönliche Akzente in Ihrer Führungstätigkeit zu setzen.

Kapitel 3: Verhalten in der neuen Führungswirklichkeit

Weiter im Programm

Wir erhöhen die Komplexität und erweitern das Blickfeld.

Wie bereits erläutert, soll Ihnen dieses Buch als eine Art Kompass für Sie selbst dienen. In diesem Kapitel erhöhen wir die Komplexität der Umgebung, in der der Kompass Ihnen die Orientierung erleichtern soll. Zunächst erweitern wir den psychologischen Winkel. Wir nehmen als zusätzliche Variablen den Modus der Wahrnehmungsweise oder Informationsfilterung sowie die Grundlagen für Entscheidungsfindungen hinzu. Das bedeutet, wir beschäftigen uns damit, wie wir wahrnehmen, und damit, wie wir entscheiden. Als weitere Variablen führen wir die extra- bzw. introvertierte Haltung zur Mitwelt ein. Um diese Fragestellungen zu bearbeiten, werde ich Ihnen insgesamt acht Typen von Führungskräften vorstellen. Diese sind in vier Gruppen gegliedert. An jede Skizze schließen drei Fragen an, die Sie wieder beantworten sollen.

Darauf folgen eine vergleichende Betrachtung, die für Ihre persönliche Diagnose wichtig ist, sowie eine vertiefte Erläuterung zu der Funktion, die dieses Buch für Sie hat.

Daran schließen wir Ausführungen, die für die neuen Führungsrealitäten einen Rahmen abgeben. Wir untersuchen die populären Führungskategorien – manche titulieren sie auch als Führungsphilosophien – hinsichtlich ihren Anforderungen in der mentalen, in der intellektuellen und der behavioralen Dimension. Dabei gehen wir insbesondere auf ihre Anforderungen ein. Wir behandeln die Vorstellungen von Führungsfunktionen und erläutern ausführlicher bestimmte Führungsrollen. Zu jeder Führungsrolle biete ich Ihnen wieder einen »Fragebogen« an.

Als persönliche Quintessenz werden Sie nach dieser Etappe ein weiteres Stück Ihrer Identität kennen gelernt haben.

Welches Personenprofil bevorzugen Sie?

Stellen Sie sich vor: Sie haben einen Führungsposten im oberen Management zu besetzen (z.B. Abteilungs-, Bereichsleitung). Da es sich um eine Schlüsselposition handelt, möchten Sie die Wahrscheinlichkeit, einen Fehlgriff zu machen, möglichst gering halten. Deshalb verlassen Sie sich weder allein auf Ihren noch auf den ersten Eindruck Ihres Kollegiums, sondern erkundigen sich im Vorfeld bei einer Person, die die Kandidatinnen und Kandidaten sehr gut kennt. Erst nachdem Sie deren Beschreibungen und Einschätzungen gehört haben werden, wollen Sie sich entscheiden.

Die Auskunftsperson spiele ich. Ich stelle Ihnen nun acht Personen, Führungskraft eins bis acht, vor. Bitte beantworten Sie nach jeder Personenskizze die folgenden Fragen:

1 **Welche Führungskraft würde ich einstellen?**
2 **Hätte ich diese Führungskraft gern als Chefin bzw. Chef?**
3 **Erkenne ich mich in der Führungskraft in wesentlichen Aspekten selbst?**
   In welcher Hinsicht betrachte ich mich ihr als ähnlich? (Bitte achten Sie genau darauf, Ihre aktuelle – nicht Ihre gewünschte und nicht Ihre geforderte – Selbsteinschätzung zugrunde zu legen!)

Nun, ich fühle mich durchaus geehrt, dass Sie mich um Auskunft bitten. Gleichzeitig möchte ich betonen, dass alles, was ich tun kann, darin besteht, die Anwärterinnen und Anwärter eins bis acht so zu beschreiben und einzuschätzen, wie ich sie aus meiner Warte sehe und empfinde. Ich werde also keinerlei Empfehlungen im Hinblick auf die Besetzung der Position aussprechen.

Führungskraft eins und zwei

Beide Personen gleichen sich in zweierlei Hinsicht. Zum einen beziehe ich mich dabei auf die Art und Weise, wie sie wahrnehmen und Informationen aufnehmen. Dieser Modus bestimmt, nach welchen Kriterien wir Entscheidungen vorbereiten. Denn die Wahrnehmungsfilter definieren, was wir für wahr nehmen. Und zum anderen beziehe ich mich darauf, nach welcher Maßgabe sie Entscheidungen treffen.

Pragmatismus, Zielorientierung und allgemein gültige Gerechtigkeit.

Lassen Sie mich bei der Art, wahrzunehmen und Informationen aufzubereiten, beginnen. Beide Personen stehen sozusagen mit beiden Beinen im Leben. Sie sind insofern realistisch, als sie tatsachenorientiert sind. Das bedeutet, sie verlassen sich auf das, was sie mit ihren Sinnen direkt erfahren und binär logisch erschließen können. Sie glauben nur das, was beweisbar, »objektiv« und nachprüfbar ist. Sie nehmen ihre Erfahrung als Autorität; Erfahrungswerte genießen ausschlaggebenden Stellenwert, etwa bei anstehenden Entscheidungen oder Problemlösungen.

Aus diesen Gründen ist es ihnen wichtig, als Entscheidungsgrundlage nach Möglichkeit das komplette Spektrum an Informationen, also Daten aller Art, zu erhalten. Diese Fakten werden akribisch, ja fast pedantisch zusammengetragen. Fragmente werden gebündelt, en détail verarbeitet und in Pläne eingespeist. »Sammeln« und »verarbeiten« bedeuten hier: sequenziell, Schritt für Schritt, systematisch und strukturiert. Das hat den Vorteil, dass sie selten etwas übersehen; selbst Einzelheiten nicht; dass sie Informationen exakt, fast wörtlich (manchmal zu wörtlich, weil nicht »zwischen den Zeilen lesend«) rekapitulieren und weitergeben. Und sie irren sich selten in der Faktenlage.

Diese Fixierung birgt indes auch Risiken, insbesondere dasjenige, den Wald vor lauter Bäumen nicht zu sehen, also in einem Meer von Informationen zu ertrinken und den Gesamtzusammenhang nicht zu erkennen. Dieses Risiko verbirgt sich auch in dem induktiven Verfahren, zu Schlussfolgerungen zu gelangen, nämlich vom Einzelfall auf das Allgemeine zu schließen. Eine weitere Gefahr liegt in der Logik des »Eines-nach-dem-anderen«. Denn das erschwert es, mehrere Dinge parallel zu bearbeiten und Prioritäten sinnvoll zu setzen. Gleichzeitig hat die Konzentration auf das eine natürlich einen Vorteil: Sie können davon ausgehen, dass das, was diese Personen bearbeiten, auch pragmatisch und umsetzungsorientiert verfolgt wird.

Die Entschiedenheit, mit der Ziele verfolgt werden, die Kontinuität im Engagement und die Durchsetzung von Interessen finden da ihre Grenze, wo es um Neues geht: Wer sich auf seine fünf Sinne, seine Erfahrung und Nachprüfbarkeit verlässt, schätzt Routinen, tradierte Abläufe und bewährte Methoden, arbeitet mit Standardisierungen, Checklisten etc.. Außerdem gilt die Kenntnis aller Details als entscheidende Bedingung dafür, zielgerichtet arbeiten zu können. Dies impliziert, dass Vergangenheit und Gegenwart ins Zentrum der Aufmerksamkeit rücken. Folglich fragen beide Personen, sobald es um Veränderungen geht: Welche Daten und Fakten sprechen dafür, dass XY durchführbar ist?

Es kommt zu folgender Gefahr: Diese Ausrichtung an Tatsachen und dem, was umsetzbar ist, die pragmatische Wahrnehmungsfilterung und Informationsaufbereitung also, kann dazu führen, dass neue Informationen, Eventualitäten und dergleichen von vornherein nicht wahrgenommen oder ausgeklammert werden. Optionen können zu früh als »nicht durchführbar« abgelehnt werden. Außerdem dominiert die Tendenz, auch neuartige Probleme auf alten Lösungswegen zu verfolgen.

Bereits dies alles zeigt, dass die beiden Personen von einem Sicherheitsbedürfnis geleitet werden, das sie auf das Herstellen von Voraussehbarkeiten und Berechenbarkeit festlegt. Deshalb liegt es ihnen fern, über die Gegenwart hinaus zu planen (eben weil dies in ihrem Verständnis von Planung nicht möglich ist).

Auch in der Frage, nach welchen Kriterien und Überzeugungen die beiden Personen Entscheidungen fällen, gibt es Gemeinsamkeiten: Da es ihnen um objektive, also personen- und situationsunabhängige Handlungsgrundlagen geht, richten sie ihr Augenmerk sowohl in der Sachebene als auch bei den Instrumenten auf diejenigen, die Objektivität herstellen. Neben Daten und Fakten, Erfahrungen und Prinzipien sowie klaren Definitionen helfen ihnen dabei Regeln, Normen und Richtlinien aller Art. Sie entscheiden nach »in bewährter Manier« durchgeführten systematischen Analysen und nach Sachlagen, ohne Rücksicht auf spezifische Interessen von Personen oder situative Bedingungen. Zum Teil ist dies Ausfluss eines besonderen Gerechtigkeitssinns. Einmal getroffene Entscheidungen sind »prinzipiell« nicht nachverhandlungsfähig, weil »klar fundiert« und gemäß der Spielregel »Entschieden ist entschieden« gefällt. Flexibilität ist folglich nicht die Stärke der beiden.

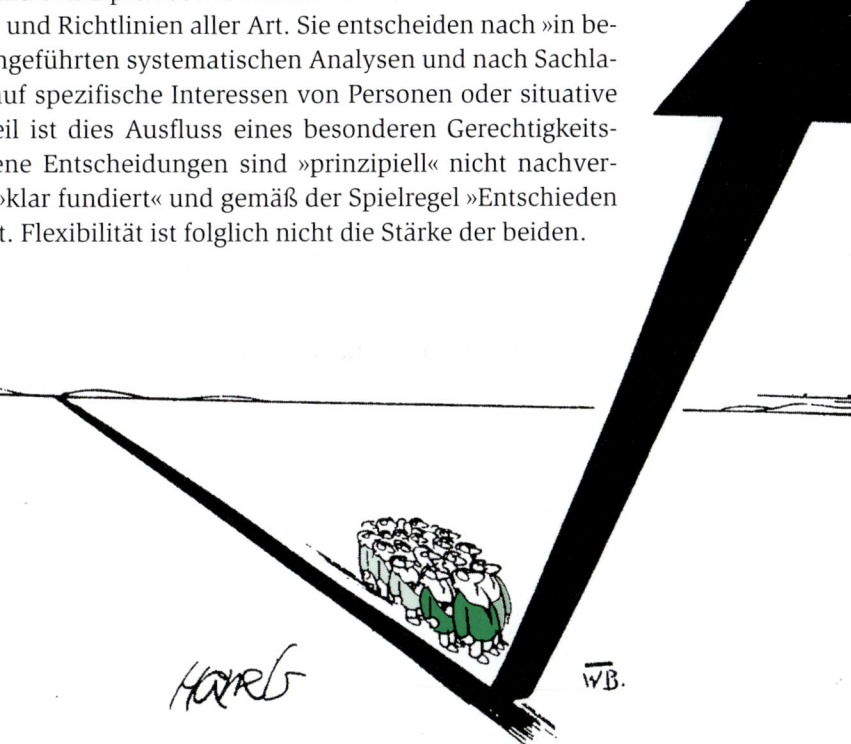

Noch einmal: Das ist weder Ausdruck von Starrsinn oder Böswilligkeit, sondern des Gerechtigkeitsgefühls. Sie können es als Ergänzung zu der angestrebten Objektivität in Sachfragen verstehen. Diese Gerechtigkeitsideologie besagt, dass für alle Personen und Situationen die gleichen Regeln gelten. Dieses Verständnis von Fairness macht die beiden Führungskräfte weitgehend unabhängig von der Zuneigung anderer, weil – ähnlich wie Objektivität auch – sie als Aspekt der Leistungsdimension begriffen wird. Deshalb finden Sie bei den zwei Personen auch kaum bis keine Günstlingswirtschaft. – Diese Art der Fairness erwarten beide übrigens genauso von den anderen ihnen gegenüber.

Die geschilderten Schwerpunkte lassen die Personen zuweilen hart, brüsk und unnachgiebig erscheinen. Dieser Eindruck wird zusätzlich genährt von der Haltung, dass jeder seine Pflicht zu erfüllen hat. So werden persönliche Umstände von Mitarbeitenden zwar zur Kenntnis genommen, aber keinesfalls als Einflüsse gewertet, die von Pflichten entbinden. Wenn sich jemand nicht wohl fühlt, dann kann er seine Rechte auf Urlaub oder Krankenstand wahrnehmen; so lautet die Einstellung. Ebenso »klar« verhalten sich die Personen in Fragen der Mitarbeiterbeurteilung. Insbesondere fachliche und sachbezogene Kritik wird eindeutig formuliert. Mit Anerkennung wird gespart, weil es zur Pflicht gehört, akkurat zu arbeiten. Letzteres gilt als Selbstverständlichkeit.

Die Vernachlässigung situativer Variablen lässt die beiden schnell als »Prinzipienreiter« erscheinen, weil sie vorzugsweise »das Grundsätzliche« sehen. Das hat zwar den Nachteil, dass Besonderheiten aus dem Blickwinkel herausfallen, aber auch den Vorteil, konkrete Situationen nüchtern aus der Distanz betrachten zu können. Die analytischen Fertigkeiten begünstigen dabei das Erkennen von Struktur, Systematik, Logik eines Ablaufs und Problems.

Zusammenfassend äußert sich die Kombination dieser zwei Steuerungskräfte etwa so: Die beiden Führungskräfte arbeiten gewissenhaft und pflichtbewusst nach Maßgabe von logischen, nachvollzieh- und nachprüfbaren sowie empirischen Kriterien und sind detailbewusst. Effizienz ist ihnen oberstes Gebot. Das sequenzielle Abarbeiten bringt sie nur dann in die Bredouille, wenn mehrere Aufträge simultan laufen. Da das »Abhakenkönnen« für die beiden ein wesentliches Erfolgskriterium ist, wiegt Effizienz (etwa das Einhalten von Terminen) schwerer als Effektivität (etwa einen Auftrag zugunsten einer strategischen Entscheidung später zu erledigen). Daher wählen sie weniger nach dem Kriterium »bedeutsam«, sondern nach dem Kriterium »dringlich« aus. Ihr Bemühen, für Ordnung und Berechenbarkeit, für Transparenz und Präzision zu sorgen, können sie in einem Umfeld am ehesten ausleben, in dem Kompetenzen eindeutig markiert sind. Beide fühlen sich in einer Umgebung wohl, in der es hierarchische Strukturen, klare Zielvorgaben und verpflichtende Regularien gibt.

Aufgrund der »Richtlinienkompetenz« von – insbesondere eigenen – Erfahrungen neigen sie dazu, unterschiedliche Facetten von Standardisierungen (beispielsweise Berichtswesen, Formulare) zu verwenden. Diese Instrumentarien nutzen sie, um Ordnung und Kalkulierbarkeit herzustellen sowie Prozesse zu optimieren. Ferner verstehen sie Planung als exakte Zukunftsbestimmung und Ordnung als Stabilität, als Alles-bleibt-wie-es-ist. Zukunft begreifen sie als Extrapolation von Vergangenheit und Gegenwart, weniger als neu zu gestaltende Zeitdimension oder als neuartigen Erfahrungshorizont. Zukunft ist für sie »alter Wein in neuen Schläuchen«. Demzufolge handeln die Personen vor allem gegenwartsbezogen: Was aktuell ansteht, muss erledigt werden.

Ich vermute, dass diese Haltung eine Konzession an das Grundbedürfnis ist, alles »im Griff« und »unter Kontrolle« zu haben. Veränderungen und Unplanbares im obigen Sinn rufen Ängste und Unsicherheit hervor. Solange beide Personen meinen, dass alles funktioniert, initiieren sie keine Innovationen.

Die markanten individuellen Unterschiede sehe ich vor allem in der Art, wie die beiden Personen ihrer Mitwelt begegnen, also auf andere Menschen zugehen, und wie sie mit ihnen umgehen.

Führungskraft eins habe ich als Person kennen gelernt, die gern mit anderen Menschen kommuniziert, gesellig ist. Häufig dominiert sie in der Weise, dass sie die Gesprächsatmosphäre bestimmt und auch das Thema vorgibt. Das rührt daher, dass es ihr ein Anliegen ist, die eigenen Ansichten zum Besten zu geben. In Sachdiskussionen, die sie bevorzugt, erläutert sie gern Dinge aus der »praktischen Sicht« und bezieht sich dabei auf ihre Erfahrung und auf Fakten.

Die Vorliebe, Aufträge schnell abzuschließen, lässt sie in Diskussionen, die ihr langatmig oder zu wenig zielorientiert und effizient erscheinen, schnell ungeduldig werden. Daher wirkt sie besserwisserisch, rechthaberisch, zuweilen gar rabiat. Im Zweifel macht sie lieber etwas selbst, als sich auf lange

Debatten einzulassen. Die Rigorosität ist dabei selten persönlich gemeint, sondern steht im Dienste der Sache. Insgesamt verkörpert Führungskraft eins den Machertypus, der Dinge rasch in Bewegung bringt und selbst mit anpackt, wenn es nötig scheint.

Führungskraft zwei scheint sich unwohl zu fühlen, wenn sie genötigt ist, mit anderen eng zusammenzuarbeiten, etwa im Team. Sie arbeitet lieber und effizienter allein und geht bestenfalls aus sich heraus, wenn es um ihr ureigenes Anliegen (z.B. ein Projekt) geht. Diese Orientierung auf sich selbst wirkt nach außen als Verschlossenheit und zuweilen Unzugänglichkeit. Die Intensität, mit der sie ihre Überzeugungen und eingegangenen Verpflichtungen vertritt, und der Mut und Ehrgeiz, dafür einzustehen und gegebenenfalls auch gegen den Strom zu schwimmen, offenbart sich in der Regel erst dann, wenn sie meint, das Ziel zu erreichen sei in Gefahr. Dann tritt sie entschlossen nach außen auf und kann beispielsweise darauf pochen, dass sie als Führungskraft es ist, die die Regeln aufstellt und Entscheidungen trifft.

Während Führungskraft eins also sich stets im Austausch mit anderen befindet und jeder weiß, was sie denkt und will, ist das bei Führungskraft zwei nicht der Fall. Sie meidet eher die direkte und offene Kommunikation und bereitet lieber »im stillen Kämmerlein« Lösungen oder Entscheidungen vor und stellt diese dann zur Diskussion (und lässt sie eben nicht in der Diskussion erarbeiten).

Hier nochmals zur Erinnerung die drei Fragen:

1 Welche Führungskraft würde ich einstellen?
2 Hätte ich diese Führungskraft gern als Chefin bzw. Chef?
3 Erkenne ich mich in der Führungskraft in wesentlichen Aspekten selbst?
In welcher Hinsicht betrachte ich mich ihr als ähnlich? (Bitte achten Sie genau darauf, Ihre aktuelle – nicht Ihre gewünschte und nicht Ihre geforderte – Selbsteinschätzung zugrunde zu legen!)

In die folgende Tabelle können Sie nun stichwortartig Ihre Gedanken eintragen.

Gründe, die für die Einstellung von Führungskraft eins sprechen	Gründe, die für die Einstellung von Führungskraft zwei sprechen
Argumente für die Führungskraft eins als »Wunsch-Chefin« bzw. »Wunsch-Chef«	**Argumente für die Führungskraft zwei als »Wunsch-Chefin« bzw. »Wunsch-Chef«**
Führungskraft eins ähnelt mir in Folgendem	**Führungskraft zwei ähnelt mir in Folgendem**

Führungskraft drei und vier

Die Führungskräfte drei und vier weisen Ähnlichkeiten mit den ersten bei- den Personen als auch untereinander auf. Die Affinität zu den Führungs- kräften eins und zwei besteht in ihrer Art, wahrzunehmen und Informatio- nen zu filtern. Das bedeutet, dass der Schwerpunkt des Filter- und Auswahlprozesses auf wahrnehmbaren, nachprüfbaren, konkreten und em- pirischen Daten beruht. Der gravierende Unterschied zu den ersten beiden Personen – und gleichzeitig die Gemeinsamkeit zwischen den Führungskräf- ten drei und vier – zeigt sich darin, wie sie mit Fakten und mit Menschen umgehen, und zwar in Bezug darauf, wie sie Entscheidungen fällen.

Pragmatismus, Beziehungsorientie- rung und individuelle Gerechtigkeit.

Die beiden Personen sind beziehungsorientiert. Sie verweben Daten mit subjektiven und situativen Besonderheiten. Das heißt, Normen, Regeln etc. interpretieren sie je nach den Umständen des Einzelfalls. Das macht sie weniger leicht durchschau- bzw. berechenbar. Individualisierung und Relativierung sind ihre Stärken. Sie möchten den individuellen Umständen Rechnung tragen, um dem Gegenüber gerecht zu werden und harmonischen Kontakt zu gewährleisten. Ein Grundanliegen der beiden ist, dem Partner Wertschätzung entgegenzubringen und natürlich auch zu erhalten.

Im Rahmen dieser praktizierten Empathie sind sie belastungsfähig und flexibel. Das heißt, sie können und wollen sich den jeweiligen Bedürfnissen anpassen. Das führt beispielsweise dazu, dass Verhandlungsprozesse so lange offen bleiben, bis alle Beteiligten zustimmen und es keinerlei Widerstände mehr gibt. Harmonisch erzielter Konsens, Angemessenheit und Akzeptanz genießen höchste Priorität. Es ist ihnen wichtig, dass Entscheidungen von allen Beteiligten mitgetragen werden. Das macht sie zu gefragten Verhandlungspartnern. Ihr Einfühlungsvermögen befähigt sie zu spüren, wann welche Entscheidung bei und mit wem durchzusetzen ist. Dank ihrer Näheorientierung fällt es ihnen leicht, sich der Unterstützung anderer zu vergewissern.

Andererseits drängt sie die Beziehungs- und Gefühlsbetonung in die Abhängigkeit von der Anerkennung anderer: Sie brauchen eine konfliktfreie bzw. -arme Umgebung, da sie unter einem schlechtem Klima leiden und sich dies auch auf ihre Leistung niederschlägt. Daher investieren sie viel Energie, um eine harmonische Atmosphäre zu schaffen. So belastet es sie, unangenehme Nachrichten zu überbringen. Sie neigen dann zu Euphemismen, beschönigen und trivialisieren die Botschaft. Beispielsweise wird eine »sehr schlechte Leistung« zu einem »Arbeitsergebnis, an dem wir noch ein wenig feilen müssen«.

Beide glauben, dass Lob und Anerkennung sowie aktive Unterstützung eher zu Leistungsverbesserungen führen als Kritik und reine Zielvorgabe. Darin klingt bereits an, dass ihre Gutmütigkeit ausgenutzt werden kann. Andere Personen haben, beispielsweise leichtes Spiel, rückzudelegieren oder eine Umverteilung von Aufgaben, Zuständigkeiten, Verantwortlichkeiten auszulösen.

Ich möchte auch diesmal zusammenfassen, wie die beiden Personen typischerweise Informationen aufnehmen und Entscheidungen vorbereiten: Die Führungskräfte drei und vier begreifen die Abteilung oder gar das Unternehmen primär als Familie, als deren »Mutter« oder »Vater« sie sich verstehen. Sie wenden ihre persönlichen Überzeugungen, Werthaltungen, Normen sowie Regeln nicht einfach an, sondern bemühen sich um personen- und sachadäquate Anwendung. Sie versuchen, gute Ergebnisse und Leistungen darüber herzustellen und beizubehalten, dass sich die Beteiligten emotional oder moralisch verbunden fühlen. Dazu gehört auch, dass über Privates gesprochen wird.

Beide pflegen ein kooperatives, auf Konsens zielendes Klima. Basis der Übereinstimmung sind allerdings – insofern autoritär – die eigenen Vorstellungen von dem, was richtig bzw. angemessen, falsch bzw. unangemessen ist. Anstatt diktatorisch aufzutreten, gießen sie ihre Richtlinien in Liebenswürdigkeit und Hilfsbereitschaft, in Verlässlichkeit und Kontinuität der Zuwendung. Dieses »prosoziale« Verhalten zeigen sie insbesondere in Form der Bereitschaft, die Bedürfnisse anderer zu respektieren und zu integrieren.

Mit Veränderungen tun sich auch diese beiden Personen nicht eben leicht. Wesentliche Gründe dafür liegen in der Art, wie Informationen aufgenommen und verarbeitet werden. Da diese mit denen der Führungskräfte eins und zwei identisch sind, muss ich mich dazu nicht mehr äußern. Ich wende mich deshalb gleich den Eigenheiten der Führungskräfte drei und vier zu. Bei ihnen fällt auf, dass sie sich schwer tun, Wandlungen mitzumachen (zum Beispiel der Wandel bezüglich der Bedeutung und Aufgaben einer heutigen Führungskraft). Diese Rigidität wirkt als Schutz: Wandel bedeutet für sie Abschied von geschätzten Dingen, wertvollen Erinnerungen, aufgebauten Beziehungen, lieb gewordenen Gewohnheiten, die Sicherheit geben. Loyalität verstehen sie als Treue zu Personen, Beziehungen und normativen Vorstellungen. Es liegt ihnen nahe, Neuerungen zu scheuen, weil Veränderungen unberechenbar sind und mit Konflikten einhergehen könnten. Sie befürchten in solchen Situationen, das Harmoniegebäude nicht aufrechterhalten zu können. Dieser drohende Kollaps gefährdet ihr Weltbild.

Als individuelle Unterschiede möchte ich wieder jene in der Orientierung auf die Mitwelt betonen. Führungskraft drei geht auf andere zu und versucht, verborgene Schwingungen aufzunehmen. Sie pflegt Beziehungsnetzwerke, integriert neu Hinzukommende oder Außenstehende und zeigt Interesse an privaten Belangen. Sie ist also zuwendungs- und kontaktfreudig.

Führungskraft vier dagegen hält sich eher beobachtend im Hintergrund und lässt andere länger auf sich einwirken, bevor sie reagiert. Insofern weiß man bei ihr nicht immer, was in ihr vorgeht. Sobald sie ihre Glaubenssätze und Ziele infrage gestellt sieht, geht sie allerdings aus sich heraus.

Gründe, die für die Einstellung von Führungskraft drei sprechen	Gründe, die für die Einstellung von Führungskraft vier sprechen
Argumente für die Führungskraft drei als »Wunsch-Chefin« bzw. »Wunsch-Chef«	**Argumente für die Führungskraft vier als »Wunsch-Chefin« bzw. »Wunsch-Chef«**
Führungskraft drei ähnelt mir in Folgendem	**Führungskraft vier ähnelt mir in Folgendem**

Führungskraft fünf und sechs

Auch die Führungskräfte fünf und sechs ähneln sich sehr in der Art, wie sie wahrnehmen und Informationen verarbeiten sowie darin, wie sie Entscheidungen finden und fundieren.

Visionen, Möglichkeiten und Zielorientierung.

Der bezeichnende Zug in ihrem Wahrnehmungsmodus ist das Intuitive, der Phantasiereichtum und das ganzheitliche, vernetzte Denken. Beide Personen sind geistig sehr rege. Sie sprühen vor Ideen; ihr Denken kreist um Möglichkeiten und Visionen. Sie experimentieren mit Neuem und »stöbern« gedanklich in großen Zusammenhängen. Ihre Logik ist nicht nur linear und binär (wie bei den Personen eins bis vier), sondern fängt Sachverhalte zirkulär ein. Das bedeutet, sie tasten Sachlagen auf Wechselwirkungen ab, sodass sie komplexe Situationen systemisch begreifen. Dazu gehört, dass sie vor allem deduktiv denken, also vom Allgemeinen zum Besonderen, vom Abstrakten zum Konkreten, vom theoretisch zum praktisch Möglichen gehen. Dabei lassen sie sich durchaus von Inspirationen, von Eingebungen des Augenblicks, leiten. Dies verleiht der gedanklichen Dynamik etwas Zufälliges, Ungeordnetes, schwer zu Durchschauendes.

Beide folgen der Leitidee, dass es außer dem sinnlich Wahrnehmbaren noch »anderes« gibt, das uns Aufschluss über Wirklichkeit und Chancen eröffnet. Aus diesem Grund ist das Denken frei, das heißt ohne nennenswerte kategoriale oder ideelle Fixierung. Alles ist möglich. Neben der rechten Hemisphäre, die geprägt ist durch das Rationale, Theoretische, aktivieren sie auch die linke Gehirnhälfte, diejenige der Phantasie, Bilder, Metaphern, der Analogien und Allegorien. In der Bearbeitung komplexer Sachverhalte – ein Steckenpferd der beiden – vertrauen sie daher sowohl auf ihren Verstand- als auch auf die Leistungen des Intuitiven, der Inspiration und Improvisation. Lösungen für Probleme suchen sie weniger in Erfahrungen, die sie bis dato gemacht haben, als in neuen Möglichkeiten, die die »Natur der Sache« ihnen bietet. So verwundert es nicht, dass sie Freude an neuen Herausforderungen haben und die »großen Würfe« konzipieren. Dabei vernachlässigen sie Details und überschreiten bedenkenlos formelle Grenzen (z.B. Kompetenzschranken). Diese Verhaltensweisen liegen nahe, weil die beiden Personen ihre Vision stets vor Augen haben.

Da sich die Gedanken um den Wald und weniger um die Bäume drehen, es ihnen also um größere Zusammenhänge geht, legen sie weniger Wert darauf, Einzelheiten zu erfahren. Deshalb kommt es vor, dass sie schnell meinen, eine Situation bereits erfasst zu haben, wenn sie die Rahmenbedingungen kennen. Es genügt Ihnen, das Ziel und dessen Einordnung in einen übergeordneten Zusammenhang zu kennen. Sie gehen davon aus, dass es reicht, sich in die notwendigen Einzelaspekte sukzessive im Zuge der Bearbeitung einer Aufgabe einzuarbeiten. Infolgedessen kann es passieren, dass sie sich relevante Details (zu) spät besorgen oder Abstimmungsnotwendigkeiten zu wenig Raum zu geben. Die Folge ist, dass sie sich im Zeitaufwand verkalkulieren. Dieses »defizitäre« Zeitmanagement ist der Preis, den sie dafür zahlen, vor allem in Möglichkeiten zu denken: Der Gesichtspunkt der Machbarkeit wird erst einbezogen, wenn »das Wesen« der Sache umrissen ist.

Beide genießen unübersichtliche Situationen, in denen sie sich bewähren und in denen sie »ausprobieren« können. Routinen, Standards, Formalia erleben sie als anstrengend, weil das ihr Denken und Handeln einschränkt, sozusagen an die Leine legt. Routineaufgaben kosten sie daher Geduld, Disziplin und Kraft. Da diese Tätigkeiten aversiv besetzt sind und daher eher widerwillig gemacht werden, schleichen sich leicht Fehler ein. Die Personen leben zukunftsbezogen, begreifen sich als Wegbereiter für Innovationen und sind daher nicht sehr zuverlässig, wenn es darum geht, Konventionen einzuhalten.

Bezüglich der Entscheidungsfindung und -fundierung fällt ihr geistiger Scharfsinn sofort auf. Die analytische Stärke befähigt Sie, wie bereits erwähnt, neben den fünf Sinnen den »sechsten Sinn« mit einzubeziehen, sodass das rationale um das intuitive Moment bereichert wird. Sie sind stets für »noch Mögliches« offen. Die sogenannten Geistesblitze und das eher sprunghafte Arbeiten rühren aus dieser Verbindung (Symbiose und Synergie) von Kognitivem und Intuitivem.

Zusammengefasst zeichnen sich die zwei Personen durch Folgendes aus: Sie sind geradezu beseelt von dem Ehrgeiz, Zukünftiges mitzugestalten. Ihre Interessen sind durch ihre Neugier breit gestreut. Sie begeistern sich für innovative Vorhaben und treten als Initiatoren und Katalysatoren für Wandel in Erscheinung. Zündet eine Idee, wird sie mit intellektueller Brillianz und rhetorischer Eleganz engagiert und zielbewusst verfolgt. Da es die »Sache an sich« ist, die reizt, nutzen die Personen die »politischen Verhältnisse und Spiele«, ohne aber als Mitspieler aufzutreten. Ihnen geht es darum, neue Wege mitzugestalten, und dabei berücksichtigen sie die Strukturen und Wechselbeziehungen. Aus ihrer Vision heraus definieren sie das Bezugssystem und bestimmen damit, welches Verhalten als »angebracht« und »unangebracht« gilt.

Personelle Verflechtungen und Rangeleien interessieren sie nicht ernsthaft. Wichtig ist ihnen die Sache. Daher lassen sie sich am ehesten als Visionäre, Entdecker, Intrapreneure (Unternehmer im Unternehmen) beschreiben.

Der Preis, den sie dafür zahlen, kann hoch ausfallen. In dem Bestreben, selbst das Unmögliche möglich zu machen, laufen sie Gefahr, andere Aufgaben zu vernachlässigen oder zu übersehen, dass sie auf die Kooperation mit anderen angewiesen sind. Der Eifer kann auch dazu führen, dass sie Grenzen, Regeln, Konventionen überhaupt missachten. Dadurch passiert es, dass sie die Unterstützung, die sie brauchen, nicht erhalten. (Dies zumal, da beide Führungskräfte an »angenehmen Beziehungen« nicht sonderlich interessiert sind. Ihre Konzentration gilt der Sache. Das wirkt mitunter elitär.) In ihren Augen handelt es sich um einen Ausdruck von Borniertheit und persönlicher Eitelkeit, wenn andere auf Traditionen und Formalia beharren. Solange der Erfolg ihrem unkonventionellen Verhalten Recht gibt, sehen sie keine Veranlassung, Standards zu beachten.

Da es den beiden Personen ein Anliegen ist, etwas grundsätzlich und ganzheitlich zu diskutieren, kommt es vor, dass Besprechungen vom operativen und pragmatischen Aspekt weg – und in philosophische Gefilde hineinführen. Infolgedessen bleibt die Verwirklichung der eigentlichen Verpflichtung, also die Zielerfüllung, zuweilen auf der Strecke.

Ein weiteres Problem ist: Für anders strukturierte Persönlichkeiten kann es schwierig sein, sich mit Führungskraft fünf und sechs auf ein gemeinsames Verständnis von »Zeit« zu einigen. Während Zeit für Führungskraft eins bis vier eine Determinante und ein notwendiges Element für eine detaillierte Planung ist, symbolisieren zeitliche Daten für Führungskraft fünf und sechs die Einschränkung von Kreativität und Freiheit und damit Leistungsvermögen. Soweit Terminierungen unvermeidbar sind, bauen sie daher in zeitliche Vereinbarungen Puffer ein, die anderen oft nicht einleuchten.

Die eigenwillig scheinende Definition von Zeit und Planung als etwas, das die Freiheit einschränkt, vereint sich mit der Abneigung gegen fixe Strukturen. Dies wird nachvollziehbar, wenn Sie bedenken, dass die beiden Personen das Unternehmen als vernetztes und dynamisches System begreifen, dessen Komplexität ausschließlich durch Mechanismen der Selbstorganisation und folglich durch flexible Strukturen zu bewältigen ist.

Beides, das hohe intellektuelle Niveau und der Mut, Eingebungen nachzugehen (und damit für andere nicht einsichtige Schwankungen zu zeigen), lässt die beiden Personen zuweilen arrogant erscheinen, zumal sie das, was sie von sich selbst verlangen, bei anderen voraussetzen. Die Sache, das Thema interessiert sie, nicht Personen und deren Bedürfnisse. Insofern verhalten sie sich sachorientiert und wirken hart.

Auch bei diesen Personen liegen die spürbaren individuellen Differenzen in der Art und Weise, wie sie ihrer Mitwelt begegnen. Führungskraft fünf sucht den kommunikativen Austausch auf hohem geistigen Niveau. Sie mag Diskussionen, lieber noch: Dispute, also eher wissenschaftlich-abstrakte Streitgespräche, als Stimulans für neue Ideen und als Korrektiv für das eigene Denken. Es geht ihr um die Sache und um Ideen, nicht um persönliche Eitelkeiten. Ihre Neugier ist damit thematisch ausgerichtet. Aus diesem Grund versperren ihr persönliche Überempfindlichkeiten nicht den Fortgang zum Ziel. Beispielsweise fällt es ihr leicht, einen Denkfehler einzugestehen oder zuzugeben, dass ein anderer das bessere Argument hat. Sie sieht darin eine Chance, sich persönlich weiterzuentwickeln und in der Sache voranzukommen. Empfindlich regiert sie lediglich auf den Vorwurf fachlicher Inkompetenz, weil sie das als Angriff auf ihr Selbstwertgefühl empfindet. Dass Führungskraft fünf souverän auftritt, muss ich nicht betonen. Übrigens ist sie auch humorvoll und zu Scherzen aufgelegt. Der Humor tendiert dazu, schwarz zu sein, und die Scherze nehmen einerseits den Charakter von intellektualisierter Blödelei, andererseits sarkastische Züge an.

Im Gegensatz dazu verschanzt sich Führungskraft sechs gern im eigenen Büro und damit auch in sich selbst. Sie redet mit anderen nur, soweit es unvermeidlich und sachlich notwendig ist. Ansonsten arbeitet sie am liebsten allein. Diese »Eigen-Sinnigkeit« wird ihr häufig als Arroganz ausgelegt, zumal sie unnahbar scheint. Von dem, was sie denkt, ist sie überzeugt, weil sie weiß, dass ihr intellektuelles Niveau ungewöhnlich hoch und alles sehr genau durchdacht ist. Wenn sie sich zu Wort meldet, verlangt sie daher Gehör und Folgsamkeit. Wenn andere ihr vorwerfen, arrogant zu sein, verletzt sie diese Einschätzung nicht sonderlich. Im Gegenteil: Auf ihre »Autarkie« ist sie stolz. Der Eindruck der Eigenbrötelei und Dominanz, ja sogar Despotie in Bezug auf das, was als »angemessen« bzw. »unangemessen« gilt, wird noch verstärkt durch ihre kompromisslose Erwartung, dass andere Ihre Ansprüche erfüllen bzw. die von ihr gesetzten Maßstäbe respektieren sollen.

Gründe, die für die Einstellung von Führungskraft fünf sprechen	Gründe, die für die Einstellung von Führungskraft sechs sprechen
Argumente für die Führungskraft fünf als »Wunsch-Chefin« bzw. »Wunsch-Chef«	Argumente für die Führungskraft sechs als »Wunsch-Chefin« bzw. »Wunsch-Chef«
Führungskraft fünf ähnelt mir in Folgendem	Führungskraft sechs ähnelt mir in Folgendem

Führungskraft sieben und acht

Visionen, Möglichkeiten und Beziehungs- orientierung.

Die Führungskräfte sieben und acht ähneln den Führungskräften fünf und sechs in der Art und Weise, Informationen aufzunehmen und zu verarbeiten. Die streng sachorientierte Ausrichtung, der intellektuelle Scharfsinn, der Ehrgeiz, an Gestaltungsentwürfen für Zukünftiges beteiligt zu sein, die ganzheitliche Denkweise (linke und rechte Gehirnhälfte) sowie die vernetzte Logik finden wir auch bei diesen beiden Führungskräften. Neu kommt hinzu, dass sich die Intellektualität mit einer ausgeprägten emotionalen Komponente paart. Diese Emotionalität schlägt sich in verschiedener Hinsicht nieder.

Für die beiden Führungskräfte ist ausschlaggebend, ob ein Projekt für sie selbst auch gefühlsmäßig »stimmt« und ob alle davon Betroffenen das Vorhaben mittragen können. Beide nehmen Unausgesprochenes, latente Stimmungen und ähnliche »Schwingungen« sensibel wahr. Sie sind bestrebt, die Bedürfnisse anderer zu berücksichtigen und in die Vereinbarungen zu integrieren. Das macht sie einerseits zu geschickten Verhandlungspartnern, andererseits kann es dazu führen, dass sie vor lauter Einbindung individueller Interessenlagen am Ziel vorbeilaufen oder von der offiziellen Vorgabe abweichen.

Diese Empathie hat grundsätzlich dort ihren Preis und wirkt dort kontraproduktiv, wo es nicht gelingt, sich gegen Bedürfnisse anderer abzugrenzen. Die beiden Personen stellen zuweilen das Wohl der anderen in den Mittelpunkt. Waren Führungskraft fünf und sechs von der Anerkennung als »außergewöhnliche Köpfe« und »Strategen« abhängig, sind Führungskraft sieben und acht darauf angewiesen, sich als ganze Person anerkannt zu fühlen. Diese Sensibilität verführt sie dazu, selbst Sachkritik persönlich zu nehmen und verletzt zu sein. Gleichzeitig bewahren sie sich aber davor, sich als »eingeschnappte Leberwurst« aufzuführen. Dies gelingt ihnen, weil sie sich häufig zum Gegenstand eigener Betrachtung machen. Das bedeutet, sie stellen sich und anderen die Frage, wie sie im Kontakt mit anderen wirken und worin der eigene Beitrag zu einem Problem besteht. Diese Fähigkeit zur Metakommunikation macht sie geeignet, bei Spannungen auf der Beziehungsebene katalysatorische Funktionen übernehmen zu können. Da sie als konfliktfähig gelten, gelingt es ihnen recht gut, einen konstruktiven Dialog anzuregen, um Spannungen ab- und Harmonie aufzubauen. (Harmonie verstehen sie dabei als etwas, das in der Auseinandersetzung hergestellt werden muss. Mit dieser Auffassung stehen sie im Gegensatz zu den Führungskräften eins bis vier. Diese begreifen Harmonie eher als Abwesenheit von Spannungen.)

Die zwei in Rede stehenden Personen lassen sich mehr als die Führungskräfte fünf und sechs auf ihre Eingebungen und spontanen Ideen ein. Sie vertrauen den »Sprüngen ihrer Gedanken« noch stärker. Wir können auch sagen: Das Intuitive ist weniger stark von rationalen Geboten diszipliniert. Aus diesem Grund fühlen sich beide Personen zu Situationen hingezogen, die unstrukturiert sind. Sie fühlen sich in Umgebungen wohl, die Abwechslung bieten, große Handlungsspielräume und Selbstorganisation zulassen. Sie können sich rasch auf veränderte Lagen einstellen und übernehmen schnell die Führerschaft. Ihre Dominanz wirkt eher begeisternd und mitreißend als überheblich oder elitär, weil sie ihre Interessen und Überzeugungen mit Einfühlung und Takt, Charme und Witz vertreten.

Es dürfte nicht überraschen zu hören, dass auch diese beiden Personen weder für Kontinuität noch für Routinen und Formalia sowie fixe Strukturen geschaffen sind. Da die affektive Seite stets mitentscheidet, tendieren sie dazu, das Lästige oder Uninteressante einfach liegen zu lassen. Dazu zählen sie auch die Detailarbeit im Rahmen einer Aufgabe.

Ebenso wie die Führungskräfte fünf und sechs laufen sie Gefahr, in die dort geschilderten Zeitfallen hineinzustolpern. Die Gründe sind im wesentlichen die gleichen. Lediglich der Akzent der Begründung fällt unterschiedlich aus. Die Führungskräfte sieben und acht sind bestrebt, anderen gerecht zu werden. Sie wollen etwas ermöglichen, das die Existenzberechtigung eines Unternehmen ihres Erachtens mit definiert: Rahmenbedingungen setzen, die die Mitglieder in die Lage versetzen, eigene Potenziale zu entdecken und zu entfalten. Diese Einstellung zu verwirklichen erfordert intensive und häufige Gespräche und damit auch Zeit. Genau dies unterschätzen die beiden zuweilen, sodass es zu zeitlichen Verzögerungen in Auftragsabwicklungen kommen kann.

Während Führungskraft fünf und sechs ihr Engagement in nüchterne, »sachliche« Ziele und Visionen investieren, legen die Führungskräfte sieben und acht ihre Ambition, gestalterisch zu wirken, in den Sinnzusammenhang »Unternehmenskultur«. Ihr Selbstverständnis ähnelt dem eines »Kulturmanagers«. Da sie sich die Welt sowohl denkend als auch fühlend aneignen, verfügen sie über ein Gespür, welche Bedeutung Werten und Normen im Zusammenleben zukommt. Im Unternehmen begreifen sie gemeinsam getragene und gelebte Werte als »Kitt« oder als Bedingung für eine effektive Zusammenarbeit. Beispielsweise messen sie den Werten »Potenzialentfaltung« oder »Verpflichtung zum eigenen Beitrag« eine große Bedeutung zu.

Gemeinsam getragene Normen und Werte verstehen sie als Voraussetzung dafür, dass alle an einem Strang ziehen: das Unternehmensschiff in befahrbaren Gewässern zu halten oder es dorthin zu befördern.

Wenn wir auch hier nach der Ausrichtung auf die Mitwelt fragen, hebt sich Führungskraft sieben von Führungskraft acht dadurch ab, dass sie Außenkontakte als willkommene Inspirationsquelle erlebt. Deshalb ist sie anderen gegenüber aufmerksam und geht sensibel auf sie ein. Diese Einfühlsamkeit kann jedoch Ausmaße annehmen, die den Eindruck erwecken, als dienten andere Personen als Medium ihrer Selbstdefinition oder Ichfindung. Es fällt ihr folglich schwer, sich von anderen zu distanzieren und abzugrenzen. Sichtbar wird das beispielsweise darin, dass sie sich – um es drastisch zu sagen – mit Verpflichtungen zuschüttet, weil sie nicht »Nein« sagen kann. Zu den Stärken dieser Führungskraft gehört es zweifellos, Beziehungsnetze zu spinnen und zu pflegen sowie Loyalitäten aufzubauen.

Im Vergleich dazu verhält sich Führungskraft acht in sich gekehrt und eher verschlossen. Sie arbeitet am liebsten und am kreativsten allein. Obwohl als zuverlässig bekannt, weiß man nicht so recht, ob und wann man von einer Idee oder Lösung überrascht wird, weil sie geselliger Kommunikation gern aus dem Weg geht. Wohnt sie Diskussionsrunden, Besprechungen und dergleichen bei, verharrt sie meistens in der Beobachterrolle. Man kann allerdings damit rechnen, dass sie dieser Rolle entschlüpft, sobald ihr etwas – um es leger zu sagen – gegen den Strich geht. In diesen Fällen durchbricht sie ihr Schweigen, weil sie von dem, was sie denkt, überzeugt ist.

Gründe, die für die Einstellung von Führungskraft sieben sprechen	Gründe, die für die Einstellung von Führungskraft acht sprechen

Argumente für die Führungskraft sieben als »Wunsch-Chefin« bzw. »Wunsch-Chef«	Argumente für die Führungskraft acht als »Wunsch-Chefin« bzw. »Wunsch-Chef«
Führungskraft sieben ähnelt mir in Folgendem	**Führungskraft acht ähnelt mir in Folgendem**

Weitere Erkenntnisse zu Ihren Präferenzen

Folgende Erkenntnisse können Sie aus der Beantwortung der drei Fragen erhalten:

Lesen Sie noch einmal Ihre Aufzeichnungen zur ersten Frage. Überlegen Sie anschließend, ob Sie Muster, Typisches oder Wiederkehrendes erkennen können. Die Antworten auf die erste Frage zeigen, wo Ihre Präferenzen liegen. Zwar fließen in Ihre Auswahl der Gründe auch situationsbedingte Merkmale ein, die Sie assoziieren, so zum Beispiel, um welche Abteilung es geht oder welche Mitarbeitenden dort tätig sind. Trotzdem können Sie Ihren Antworten entnehmen: Wen würde ich einstellen und warum.

Ihre Präferenzen

Sie können noch mehr tun, um an Selbsterkenntnis zu gewinnen, indem Sie das Warum beleuchten. Also: Warum sprechen meine Gründe für die Einstellung der Führungskraft XY? Wie sind meine Gründe motiviert? Welche Bilder, Töne, Gesprächsszenen spielen sich in mir ab bei der Vorstellung, mit ihr zusammenzuarbeiten? Welche Gefühle (!) begleiten diese Fantasien?

Sie erhalten damit Aufschlüsse über Ihre eigenen Vorlieben. Gleichzeitig decken Sie auf, welche Folgen Ihre Neigungen und Einstellungen in den vorgestellten Interaktionen haben. Sie gewinnen Einblick, welche Faktoren es begünstigen, dass Sie mit einer Person gerne und gut kooperieren und somit auch, welche es erschweren oder gar verhindern.

Von wem lasse ich mir etwas sagen – und warum?

Die zweite Frage behält diese Blickrichtung auf die eigenen Vorstellungen und Handlungen bei. Nur richtet sich hier das Augenmerk darauf, wie es wäre, wenn Sie Mitarbeiterin oder Mitarbeiter der neuen Führungskraft wären. Im Mittelpunkt steht die Frage: Von wem ließe ich mir etwas sagen? Von wem würde ich (gern) lernen? Wen würde ich als Autorität akzeptieren?

Sobald wir auf der Wippe »oben« sitzen, kann uns der oder die andere »verhungern« lassen – ein beliebtes (Kinder?-)Spiel, bei dem Macht oder Herrschaft über das physische Gewicht hergestellt wird. Im übertragenen Sinn geht es in asymmetrischen Strukturen ja auch um Gewicht! Und wir verkörpern außerordentlich ungern, im Geschäftsleben schon gar nicht, ein »Leichtgewicht«. Auch heute noch: trotz der »Lean«-Euphorie. (Als Nebenbemerkung: Die Aufweichung hierarchischer Strukturen bringt das Hierarchiebewusstsein und damit verknüpfte Verhalten ja nicht zum Verschwinden. Sie etabliert die Asymmetrie und festigt die Macht über andere, weniger offensichtliche Medien wie beispielsweise Wissen, Zugangsrechte, Kommunikationsflüsse, Kompetenz, also jenseits formaler Herrschaftszeichen.)

Nun, Hierarchien institutionalisieren Herrschaft mit all ihren Insignien. Und wer lässt sich schon gern »be-herrschen«! Da muss dann schon jemand »mit Format« oder »mit Kaliber« daherkommen, nicht wahr?

Psychologisch gesehen, verkörpern diese Redewendungen Attribute oder Persönlichkeiten, die unser Selbstwertgefühl und damit unser Selbstkonzept nicht bedrohen. Daher entscheiden wir uns entweder für Personen, von denen wir meinen, sie seien uns »hoffnungslos unterlegen«, oder für Personen, denen ein Ruf vorauseilt, der »jeden« erkennen lässt: Hier handelt es sich um eine »konkurrenzlose Kapazität«, einen Helden oder gar einen »Guru«.

Diese Situation berührt folglich Aspekte unserer Identität und unseres Wohlbefindens. Wir drücken uns aber meist davor, uns dies ins Bewusstsein zu rufen. Wir »erlauben« diese Erkenntnis nicht und rationalisieren in diesen Situationen, das bedeutet, wir begründen unsere Entscheidungen (vermeintlich) verstandesgemäß. Beispielsweise tragen wir selbstverständlich »sachliche« Begründungen vor, die unsere Personalentscheidung legitimieren. Oder wir kommen mit unserem Chef nicht zurecht, weil er »sich einfach in der Sache nicht auskennt« – und nicht, weil er beispielsweise unserer Vorstellung eines partnerschaftlichen Umgangs entgegensteht.

Die Frage zwei hilft Ihnen folglich, die Richtung Ihrer bevorzugten Auswahlkriterien zu entschlüsseln. Ihre Antworten skizzieren, wen Sie »über sich dulden«. Gleichzeitig ziehen Sie den Vorhang, der den freien Blick auf Ihr Selbstwertgefühl verhängt, ein Stück weiter auf. Die zentralen Fragen lauten: Was kann ich warum bei wem (mir übergeordnet) respektieren und was nicht? Woran spüre ich das? Welche Konsequenzen zieht das nach sich?

Die dritte Frage zeigt, was für Sie typisch oder markant ist. Selbst wenn sich Ihr gewünschtes und aktuelles Selbstbild mischen, haben Sie ein weiteres Stück Selbsterkenntnis durch die Beantwortung der Frage erhalten. Sie erkennen nicht nur, was Ihnen gefällt und was Ihnen weniger gefällt. Darüber hinaus charakterisieren Sie sich selbst, sei es als Wunschbild, sei es als Einschätzung des »Ist-Bildes«. Gewinnen können Sie sowohl aus einem »authentischen« als auch aus einem »gewünschten« Selbstbild.

Wie sehe ich mich selbst – und was möchte ich tun?

Das »authentische« Selbstbild gibt Ihnen Auskunft darüber, was Sie sich in Ihrer beruflichen Tätigkeit zumuten können, wo Sie sich wohl und leistungsfähig fühlen und wo dies weniger der Fall ist. Bei Veränderungswünschen zeigt es Ihnen, was schwierig und was einfach für Sie zu bewerkstelligen ist.

Das »gewünschte« Selbstbild kann Ihnen als Wegweiser dienen. Es malt Ihre persönliche Vision (Wie möchte ich sein? Was möchte ich tun können?). Es legt nahe, woran Sie arbeiten sollten oder müssten, um Ihren Ansprüchen zu genügen. Als Zielterminologie formuliert: Es geht um Erhaltungs-, Gestaltungs- und Entwicklungsziele. Wissen wir, von welchen Bedingungen aus wir starten, sind wir in der Lage, gezielt (und nicht zufällig) in die Zukunft zu laufen! Das impliziert: Wir kennen die Hindernisse und können uns auf sie vorbereiten. Wissen wir nur, wohin wir wollen, berauben wir uns der Chance, uns bewusst auf wahrscheinliche Hürden einzustellen. Vielleicht geben wir zu früh auf oder mühen uns mit Denk- und Verhaltensweisen ab, die uns einfach nicht entsprechen. In diesem Fall fühlen wir uns (aufgrund der mangelhaften Vorbereitung) entmutigt, sobald etwas nicht (sofort) klappt oder nicht so läuft, wie wir es uns vorgestellt haben. Gefühle völliger Vergeblichkeit wallen in solchen Momenten in uns auf und offenbaren uns eine geringe Frustrationstoleranz. So erfahren wir eine Beschränkung unserer Lebensgestaltung, die wir hätten vermeiden können, wenn wir uns unserer Stärken und Schwächen bewusst gewesen wären.

Übung: Wie sehen Sie sich selbst?

Charakterisieren Sie sich selbst.

Bevor Sie die bisher erarbeiteten Puzzleteile Ihres Selbstbildes und Selbstwertgefühls einer kritischen Prüfung unterziehen, bitte ich Sie, die folgenden Zuschreibungen durchzugehen. Ihre Aufgabe ist, jene Eigenheiten zu markieren, von denen Sie meinen, sie träfen auf Sie selbst zu. Wie bei den vorhergehenden, ähnlich angelegten Übungen geht es darum, dass Sie jene »Eigenschaften« sondieren, die geeignet sind, Sie am ehesten zu beschreiben.

- ☐ gewissenhaft
- ☐ konfliktvermeidend
- ☐ sachorientiert
- ☐ spontan
- ☐ dickköpfig
- ☐ abstrakt denkend
- ☐ klar (in Aussagen)
- ☐ personorientiert
- ☐ sparsam (mit Anerkennung)
- ☐ veränderungsfreudig
- ☐ nachgiebig
- ☐ Tendenz zu Rechthaberei
- ☐ empfindsam
- ☐ motivational schwankend
- ☐ konkret
- ☐ kritikfreudig
- ☐ wissbegierig
- ☐ umfassend loyal
- ☐ vorsichtig (in Bezug auf Fremdes)
- ☐ empathisch
- ☐ proaktiv
- ☐ eitel (in Bezug auf den Intellekt)
- ☐ charmant
- ☐ skeptisch (in Bezug auf Neuerungen)
- ☐ detailbewusst
- ☐ ordnungsliebend
- ☐ neugierig (in Bezug auf Privates)
- ☐ konventionell (im Denken und Handeln)
- ☐ wagemutig
- ☐ nüchtern
- ☐ Autarkie positiv bewertend
- ☐ dramatisierend
- ☐ erfahrungsorientiert
- ☐ optimierend (von Gegebenem)
- ☐ konziliant
- ☐ Fehlschläge als Misserfolg empfindend
- ☐ dezidiert
- ☐ flexibel (als inneres Bedürfnis)
- ☐ kognitiv gesteuert

- ☐ vertrauensvoll (in Fähigkeiten anderer)
- ☐ termintreu
- ☐ Fehlschläge als Lernchance empfindend
- ☐ korrekt
- ☐ verantwortungsbewusst
- ☐ konzessionsbereit
- ☐ traditionsbewusst
- ☐ konfliktbereit
- ☐ prinzipiell
- ☐ reaktiv
- ☐ optimierend (in Bezug auf Neuartiges)
- ☐ realistisch
- ☐ unkonventionell (im Denken und Handeln)
- ☐ transparent
- ☐ Sicherheit suchend
- ☐ resolut
- ☐ Originelles willkommen heißend
- ☐ pragmatisch
- ☐ unnachgiebig
- ☐ pflichttreu
- ☐ streng, aber gerecht
- ☐ harmonieorientiert
- ☐ phantasierend
- ☐ einfühlsam
- ☐ konsequent
- ☐ vage (in Aussagen)
- ☐ unverblümt (in Aussagen)
- ☐ Freude am Denken
- ☐ Verbundenheit suchend
- ☐ zuverlässig
- ☐ normbewusst
- ☐ initiativ
- ☐ freigiebig (mit Anerkennung)
- ☐ Freude mit Menschen
- ☐ distanziert
- ☐ chaostolerant
- ☐ experimentierfreudig
- ☐ diszipliniert (in der Sache)

Vertiefende Übung: So lernen Sie Ihr Selbstbild besser kennen

Für die folgende Aufgabe benötigen Sie Zeit und innere Ruhe. Sind Sie momentan nicht in der Lage, sich zurückzuziehen und gründlich über sich nachzudenken, bearbeiten Sie diese Aufgabe bitte erst zu einem späteren Zeitpunkt. In diesem Fall lesen Sie die Fragestellung nur aufmerksam durch. Das verleiht Ihnen zumindest einen Eindruck davon, welche Gesichtspunkte bedeutsam sind, um die eigene Entwicklung gezielt voranzutreiben.

Sie können Ihre persönliche Entwicklung gezielt vorantreiben.

Wir haben ein Stadium der Selbstschau, der Introspektion, erreicht, das es lohnenswert macht, die Ergebnisse aus den bisherigen Kapiteln des Buches zusammenzutragen und zu vergleichen. Verfahren Sie dabei chronologisch und beginnen Sie bei der »Unternehmensbesichtigung«.

Ihre Aufgabe besteht nun darin, Ihre »Puzzleteilchen« auf ihre innere Konsistenz, ihre innere Stimmigkeit, zu überprüfen. Nutzen Sie die folgenden Fragen als leitende Themen. Notieren Sie sich dazu wieder Stichpunkte.

❖ Welche Muster, wiederkehrenden Aspekte entdecken Sie?

✎ _____

_____

_____

❖ Welche Differenzen oder gar Divergenzen fallen Ihnen auf?

✎ _____

_____

_____

❖ Welche Botschaften vermitteln Ihnen die kongruenten, welche die divergenten Gesichtspunkte?

✎ _____

_____

_____

❖ Was empfinden Sie während der Zusammenschau? Womit sind Sie zufrieden – und warum? Was macht Sie nachdenklich – warum?

✎ _____

_____

_____

❖ Welche Schlüsse ziehen Sie aus der komparativen Sicht?

✎ _____

_____

_____

❖ Wie sehen und fühlen Sie sich in diesem Augenblick konzentrierter Betrachtung?

✎ _____

_____

_____

Nehmen Sie jetzt bitte das Selbstbild, das Sie mit Hilfe der vorhergehenden Aufgabe entwickelt haben, und stellen Sie es in Ihren beruflichen Zusammenhang. Visualisieren Sie konkrete Szenen aus Ihrem beruflichen Umfeld. Lassen Sie sich von den folgenden Fragen leiten. Machen Sie sich Notizen.

❖ Was und wer freut Sie?

✎ _____

_____

_____

❖ Was und wer ist Ihnen angenehm?

✎ _____

_____

_____

❖ Was möchten Sie beibehalten?

✎ _____

_____

_____

❖ Worin liegt Ihr Beitrag zu den erfreulichen Ereignissen und Abläufen, zu den Gewohnheiten, zu dem normalen Lauf der Dinge?

✎ _____

_____

_____

Gehen Sie anschließend auf die entgegengesetzten Fragestellungen ein:

❖ Wobei fühlen Sie sich unwohl?

✎ _____

_____

_____

❖ Was und wer belastet Sie – und warum?

✎ _____

_____

_____

❖ Was möchten Sie ändern – und warum?

✎ _____

_____

_____

Nun überlegen Sie sich, wie die Umsetzung stattfinden könnte. Notieren Sie Ihre Beiträge dazu.

❖ Was müssten Sie tun, um die Veränderung einzuleiten?

✎ _____

_____

_____

Lesen Sie anschließend Ihre Notizen zu den ersten Übungen nochmals durch. Gehen Sie dann zu den Ergebnissen Ihrer vergleichenden Zusammenschau, also zu den vorhergehenden Fragestellungen (s. Seite 134f. Notieren Sie sich jetzt Ihre Gedanken und Gefühle zu den Fragen:

Welche Fühl-, Denk- und Verhaltensweisen, welche Einstellungen, Glaubenssätze oder Grundüberzeugungen

❖ erleichtern bzw.

❖ erschweren

es Ihnen, Ihre Beiträge zu den gewünschten Veränderungen in die Tat umzusetzen?

Erleichterung	Erschwernis
✎ _____	✎ _____
_____	_____
_____	_____
_____	_____

Überprüfen Sie, wozu Sie sich realistischerweise verpflichten wollen. Schreiben Sie auch dies stichwortartig auf, einschließlich der Begründung. Nehmen Sie dazu diesmal eine Karteikarte, die Sie immer wieder zur Hand nehmen können. So können Sie sich Ihre Vorhaben stets vor Augen halten.

⚑ Anregung: So können Sie Ihr Selbstbild bereichern

Eine zusätzliche Anregung möchte ich Ihnen mitgeben: Bereichern Sie Ihr Selbstbild durch »Fremdeindrücke«.

Sie können Feedback einholen.

Wenn Sie daran interessiert sind, sich einen Eindruck davon zu verschaffen, inwiefern Ihr Selbstbild mit dem Fremdbild (dem Bild, das sich andere von Ihnen machen) übereinstimmt, haben Sie zwei Möglichkeiten, dies zu überprüfen. Zunächst die aufwendige Version: Nehmen Sie die Aufgaben, die Sie bearbeitet haben (oder einige von ihnen) sowie die nachfolgend genannte Fragestellung und legen Sie sie einer anderen Person oder mehreren anderen

Thema: Selbstbild &
Fremdbild
Eigenbewertung

Personen vor. Fordern Sie sie auf, die Übungen unter der Leitung der Frage durchzuführen: Wie, meinen Sie/meinst du, würde ich antworten/mich entscheiden?

Sie können ebenso eine weniger aufwendige Variante wählen. Nehmen Sie Ihr Selbstbild und stellen Sie es anderen vor: »So sehe ich mich.« Bitten Sie die Personen, Ihr Selbstbild zu kommentieren: Wie sehen die anderen Sie? Die Aufmerksamkeit richten Sie im Gespräch sowohl auf das, was übereinstimmt oder sich ähnelt, als auch auf die Unterschiede in der Wahrnehmung. Diskutieren Sie die möglichen Gründe für die Abweichungen von Selbst- und Fremdbild.

Damit verfügen Sie über zwei Möglichkeiten, sich ein Feedback darüber einzuholen, wie Sie von anderen wahrgenommen werden. Sie haben so ein weiteres Medium, Ihr Selbstbild kritisch zu beleuchten und gegebenenfalls Veränderungen in Ihrem Verhalten einzuleiten. Diese Informationen über

Erhöhen Sie die Wahrscheinlichkeit zu wissen, was Sie tun!

Ihre Wirkungen auf andere befähigen Sie, noch fundierter als vorher zu überlegen, ob Sie die durch Ihr Verhalten bewirkten Reaktionen (»Ein-Drücke«) wirklich erzielen wollen. Die Antwort darauf kann Ihnen als Sprungbrett für Entscheidungen dienen, die Ihrer persönlichen Entwicklung gelten. Mit anderen Worten: Je mehr Feedback Sie einholen, desto größer Ihre Chance, Beharren und Verändern zielgerichtet zu lenken und damit überzeugt zu dem zu stehen, was Sie wie tun und nicht tun.

»Ich habe keine Zeit zum Nachdenken!«

Vielleicht zuckten Sie mit den Schultern, als Sie die Anregung lasen, zogen die Augenbrauen hoch und dachten: »Warum sollte ich mich dieser Tortur unterziehen? Was soll es schon bringen, Nabelschau zu betreiben, wo ich doch in der Mühle drinnenstecke? Ich muss gucken, dass ich am Ball bleibe und weiterkomme, und mich nicht mit Psychospielen aufhalten!«

Okay. Wie war das noch mit dem Wald und den Bäumen? Manchmal suchen wir den Wald, laufen zwischen Bäumen umher, irren Stunde um Stunde herum, ohne zu bemerken, dass wir ihn bereits gefunden haben. – Unsere kostbare und knappe Zeit geht verloren!

Nehmen wir das Beispiel »Aktionismus«: Wir wissen zwar nicht so recht, was wir tun und wohin die Reise geht – aber wir handeln mit vollem Engagement! Kennen Sie die Situation, wenn Sie mit Ihrer Familie zusammensitzen und Sie sich plötzlich wundern, »wie groß die Kinder schon sind«? Bemerkten Sie schon einmal das Gefühl in sich aufsteigen, als Sie dachten, Ihre Partnerin oder Ihr Partner sei Ihnen »irgendwie fremd« geworden? – Dann wissen Sie um den Schmerz, den Sie empfunden haben, und um die Enttäuschung, die Ihren Körper durchfuhr. Sie erlebten die Trauer um die »verschwendete Zeit« und die »vergeblichen Mühen«.

Der Leiter des Außendienstes eines internationalen Unternehmens erzählte mir Folgendes, als wir uns am Vorabend unseres Kurses zum Abendessen trafen: Seit etwa zwei Jahren widerfährt es ihm, dass sich seine Augen mit Tränen füllen, sobald er allein im Auto oder im Flugzeug sitzt. Er weiß selbst nicht, woher das kommt. Er empfindet in jenen Situationen nur eine tiefe Traurigkeit und ertappt sich dabei, dass »etwas in ihm« in monotoner Wiederholung die Frage stellt: Wofür das alles? Wofür diese ganze Plackerei? Wir diskutierten etwa vier Stunden. Sein Fazit lautete: »Ich muss mir darüber klar werden, was ich im Leben wirklich will. Ich muss herausfinden, was mir wirklich wichtig ist, und muss lernen, mit meinen Energien hauszuhalten, damit ich sie bewusster und damit gezielter einsetzen kann.«

Häufig sind es Krisensituationen, die uns zum Stoppen veranlassen, die uns unmissverständlich befehlen: Zieh den Kopf jetzt aus dem Sand! Steig jetzt aus dem Karussell des alltäglichen Laufs aus und betrachte das Geschehen, ohne mitzuspielen!

Bestimmen Sie selbst über Ihr Leben!

Das sind im wahrsten Sinne des Wortes »einschlägige« Erfahrungen, gleich einem gewaltigen Hereinbrechen. Ihre Gewalt beziehen sie aus der Plötzlichkeit, der Unerwartetheit, dem Überraschungseffekt. Sie treffen uns unvorbereitet, prasseln (scheinbar) ohne Vorankündigung auf uns nieder und zwingen uns daher, einzuhalten, aufzusehen und hinzuhorchen. Die Kraft, die solchen Erlebnissen innewohnt, nötigt sich mit ihnen zu beschäftigen. Wir werden »gnadenlos« konfrontiert, und es gibt kein Entweichen. Wir fühlen uns ausgeliefert. Und dieses Opfergefühl lodert leuchtender in uns und wirft um so größere und grellere Flammen, je weniger wir Veränderungen als lebenswerten Aspekt, als Einladung zu Wachstum empfinden und je handlungsunfähiger wir uns fühlen. Wir stehen mit aufgerissenen Augen paralysiert vor der uns hypnotisierenden Schlange!

Steigen Sie aus dem Alltag aus.

Selbstverständlich können wir solch überfallartige Attacken nicht vollständig vorwegnehmen. Aber wir können ihre Anzahl reduzieren. In aller Regel kündigen sich Wandlungen nämlich an. Es liegt an unserer Bereitschaft, ihre Anzeichen bemerken zu wollen, und an unserer Wachsamkeit, sie tatsächlich zu bemerken. Diese Wahrscheinlichkeit wächst, indem wir uns bewusst entscheiden, dann und wann einmal aus dem Karussell des Alltäglichen auszusteigen und uns den Jahrmarkt in Gänze anzuschauen. So haben wir die Möglichkeit, in Ruhe noch andere Gefährte zu finden, in denen wir eine Zeit lang mitfahren möchten – oder auch nicht. Wir haben die Freiheit der Wahl. Wer an Erfahrungen reich ist und dafür sorgt, dass dieser Reichtum nicht versiegt, bleibt reich an Optionen, die Bewegungsrichtung zu ändern. Um ein anderes Bild zu verwenden: In diesem Fall schnürt uns das Korsett der Notwendigkeiten und Sachzwänge nicht nur nicht ein, sondern verwandelt sich in ein T-Shirt mit der Größe XXL.

Betrachten Sie sich aus der Vogelperspektive!

Von diesen Wahlmöglichkeiten, dieser Mannigfaltigkeit und Vielfältigkeit der Möglichkeiten und Perspektiven handelt dieses Buch. Es geht darum, Ihr persönliches Spektrum an Chancen zu identifizieren, und zwar bewusst und »vorsätzlich«. Wir bemühen uns, diese sowohl offen zu legen als auch die Chancen zu erweitern. Wir wollen individuelle Gestaltungskapazitäten entdecken, um absichtsvolles Handeln wahrscheinlicher zu machen. Die Einsicht in psychische Prozesse und die Übersicht über persönliche Facetten sollen Ihnen helfen, Möglichkeiten und Grenzen auszuloten. Wir üben den Panoramablick!

Dabei gehen »Psychoveranstaltungen« im Rahmen von Managementtrainings, Einzelcoaching und Bücher wie dieses unerschütterlich von dem Glaubenssatz aus, dass die Spezies Mensch zu Recht als eine ganz besondere Gattung gilt. Sie verfügt nämlich über die Chance, nicht nur aus Katastrophen zu lernen, sondern durch die Vernunft. Gelernt wird also aus »Ein-Sicht«. »Ein-Sicht« erhalten wir, wenn wir »von draußen« uns um »An-Sicht« bemühen, um einen »Über-Blick« und schließlich »Durch-Blick« zu gewinnen. Das setzt aber das Verstehenwollen voraus und realisiert es gleichzeitig prozessual, das bedeutet: Es wird gleichzeitig im Verlauf eingesetzt und umgesetzt.

Betrachten wir eine Situation, die in Ihren beruflichen Alltag gehört: die Moderation einer Konferenz, eines Meetings, einer Besprechung.

Vom Moderator wird qua Funktion erwartet, den Überblick über das Diskussionsgeschehen zu behalten. Er muss die Beiträge, obwohl er inhaltlich unparteiisch sein muss, auf die Einhaltung des Themas und Ziels abklopfen und die Gruppe auf Abweichungen aufmerksam machen. Auf der Prozessebene ist er für den Prozess der Willensbildung der Gruppe verantwortlich. Dabei sollte er das Prinzip der Gleichwertigkeit aller Teilnehmer und Beiträge beachten. Das ist für sich genommen schon nicht die leichteste Aufgabe. Wenn Sie zusätzlich noch in der Doppelfunktion sind, nämlich sowohl Interessenvertreter auf der Inhaltsebene als auch Dirigent auf der prozessualen Ebene, geraten Sie in Zielkonflikte. (Diese werden insbesondere als belastend empfunden, wenn die Diskussion in eine Richtung läuft, der Sie als Interessenvertreter nicht folgen wollen.) Sie müssen »drinnen und draußen« in Aktion treten, parteiisch und unparteiisch zugleich sein. Wie schnell aber geraten Sie in die Situation, sich nur noch auf dem Debattierfeld mit den anderen zu tummeln und ihre Moderationsfunktion zu vernachlässigen. Das Resultat spiegelt diesen Funktionsverlust meist wider. Er zeigt sich oft in einer unsystematischen wie zeitaufwendigen Annäherung ans Ziel.

Um das zu vermeiden, hilft Ihnen die »Vogel«- oder Metaperspektive. Sie treten aus dem unmittelbaren Geschehen heraus und betrachten es aus der Beobachterrolle. Das verschafft Ihnen die Möglichkeit, sich gegebenenfalls gezielt neu auszurichten.

Der ökonomische Vorteil ist evident, der »Return on investment« gesichert: Sobald wir ganzheitlich wahrnehmen, können wir die einzelnen Aspekte

einer Situation oder Aufgabe auf den übergeordneten Zusammenhang beziehen. Wir sind dann eher in der Lage, uns darüber klar zu werden, warum wir etwas tun; was wir tun können und innerhalb welcher Rahmenbedingungen wir handeln. Kurz gesagt: Wir können unser Wirken besser auf die Gesamtsituation einstellen. Wir können auf diese Weise eher »Leerlauf« vermeiden als ohne dieses Bewusstsein und Wissen. Dadurch, dass wir die Komplexität zunächst systematisch erhöhen, reduzieren wir sie letztendlich. Denn die Zunahme unserer Kenntnisse erhöht die Wahrscheinlichkeit, dass wir bewusste Entscheidungen treffen. Damit gewinnen wir Freiheitsgrade: Wir können uns absichtsvoll für oder gegen etwas aussprechen. Gleichzeitig schmälern wir die Wahrscheinlichkeit, uns »Unzumutbares zuzumuten«, das heißt, wir entwickeln ein Gespür für eine identitätsverträgliche Gestaltung der beruflichen (wie auch privaten) Zukunft.

Wesentliche Aspekte der heutigen Führungswirklichkeit

Kapitel 4: »Führen« in der aktuellen Diskussion

Kapitel 5: Anforderungen an Führungskräfte

Kapitel 6: Die Führungsrollen: Coach, Leader, Kulturmanager

Kapitel 4: »Führen« in der aktuellen Diskussion

Führen gestern, heute und morgen

Unsere Reise in die heutigen Führungsrealitäten beginnt.

Im folgenden Abschnitt überführen wir die bisherigen Erkenntnisse zusammen mit weiteren Überlegungen in einen spezifischen Führungsdiskurs. Insoweit das (mündliche wie schriftliche) Reden über »modernes Führen« die plakative Rhetorik von »alt versus neu«, »traditionell versus progressiv«, »Führung heute und morgen« hinter sich lässt, vertieft sich die Diskussion in die Frage, was genau neu ist bzw. worin der neuartige Akzent in den Anforderungen an Führungskräfte liegt.

Im Zentrum unserer Erörterungen stehen mentale und kognitive, affektive oder emotionale sowie behaviorale Anforderungen. Diese Ausführungen sowie die dazugehörigen Übungen sollen den Boden bereiten, Ihre persönliche Ausrichtung näher zu bestimmen. Sie können sich dann gegebenenfalls in dem Dreieck von Wollen, Können, Sollen neu positionieren.

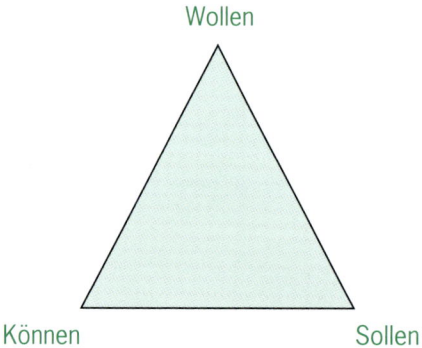

Zuerst stecken wir den semantischen Rahmen ab. Das heißt, wir zeigen auf, welche Veränderungen sich im Verständnis davon, was ein Unternehmen »ist«, ergeben haben. Es ist zweckmäßig, diesen Wandel zu klären, weil er Neuerungen im Arbeitsumfeld und in den Rahmenbedigungen von Führungshandeln induziert, also unmittelbare Auswirkungen auf das Reden über Führung und folglich auf die gegenwärtigen und zukünftigen Erwartungen an Führungskräfte hat. Es werden »neue Führungsrealitäten« definiert. Durch die erwähnte Klärung erleichtern wir, die Vorstellungen von den Anforderungen, mit denen Führungskräfte heute konfrontiert sind, in einen Sinnzusammenhang zu stellen und nachzuvollziehen. (Da ich in meinen Veranstaltungen häufig erfahre, dass bestimmte Begriffe des neuesten Unternehmenskonzepts und Führungsrahmens unklar sind, finden Sie im Anhang Erläuterungen zu den zentralen Begriffen (s. Seite 239ff.).

Die erwähnten Anforderungen beschäftigen uns anschließend. Wir schlüsseln die Anforderungen dort auf nach Geisteshaltung (mental), Intellekt (kognitiv), Emotionalität (affektiv, emotional) und Verhalten (behavioral). Anschließend übersetzen wir die Anforderungen in konkrete Führungsrollen.

»Unternehmen« im Wandel der Vorstellungen

Im Laufe der Zeit hat sich das Verständnis von der sozialen Institution »Unternehmen« gewandelt. Angeregt wurde dies zum einen durch Erkenntnisse in unterschiedlichen wissenschaftlichen Disziplinen. Zum anderen wurde der Wandel durch Vorgänge angestoßen, die sich insbesondere hinter den Begriffen »Globalisierung der Märkte«, »Wandel der Kommunikationstechnologien« und »Beschleunigung von Prozessen« verbergen. Da Sie diese Schlagworte sicher seit Jahren aus Zeitungen, Zeitschriften und aus Managementbüchern kennen, verzichte ich auf eingehende Erklärungen. Ich beschränke mich in meinen Ausführungen daher auf die wesentlichen Züge der Veränderung und stelle sie nur stichwortartig vor. Unser Schwerpunkt liegt ja auf den praktischen und vor allem den persönlichen Folgen.

Das *traditionelle Paradigma* – die althergebrachte Konzeption des »Unternehmens« also – herrschte noch bis in die Achtzigerjahre vor. Es beschreibt das Unternehmen als »einfaches System« oder »Maschine«. Als Beschreibung des Managementstils von Unternehmen lesen Sie Begriffe wie »technomorph«, »mechanistisch«, »instrumentell«, »analytisch-nomologisch«. Das bedeutet, dass das Unternehmen der Zweck-Mittel-Rationalität und dem pragmatischen Kalkül unterworfen wird. Anders formuliert: Das Unternehmen gilt als ein System, das »autonom« arbeitet, von anderen gesellschaftlichen Bereichen isoliert ist und autokratisch geführt wird. Die einzelnen

Die althergebrachte Vorstellung von »Unternehmen« und »Führung«.

Das Unternehmen ist »statisch« gegliedert.

organisatorischen Einheiten (beispielsweise Abteilungen) bilden in sich geschlossene Einheiten. (Polemisch wird noch heute von »Fürstentümern« gesprochen, die sich gebildet haben, oder davon, dass jeder »sein eigenes Süppchen kocht«.)

Mit dieser funktionalen Differenzierung und Ausrichtung geht eine modulhafte, »scheibchenweise«, Wissensorganisation einher. Sie wird in Organigramme, Funktions-, Ablaufdiagramme und Stellenbeschreibungen gegossen. Diese Strukturen erschweren es, dass interdisziplinär und über Abteilungs- und Hierarchiegrenzen hinweg kommuniziert wird. Deshalb werden Tätigkeiten und Ergebnisse zentral koordiniert und über Formalitäten (Rangordnung, Regeln, fixe Prozeduren, Berichtswesen, Zugangsrechte, festgelegte Kommunikationsverläufe) geregelt.

Die Führungskraft »weiß alles«, weist an und kontrolliert.

Mitarbeitende zu führen meint in diesem Zusammenhang vor allem, sie anzuweisen und zu kontrollieren; Tätigkeiten und Stellen werden Personen zugeordnet. Mitarbeitende sind Untergebene und Ausführende. Die Führungskraft hat Entscheidungsmacht und gilt qua Funktion und Position als allein verantwortlich für Prozesse und Resultate. Sie »muss« alle und alles »im Griff« haben. Bei ihr laufen daher auch sämtliche Informationen zusammen, sodass sie über ein Informationsmonopol verfügt. Kommunikation dient primär dem Austausch von Informationen, weniger der Diskussion. Sich zu informieren wird als »Holschuld« betrachtet. Salopp formuliert, bedeutet dies: Führen ist eine One-man-show. Der Führungskraft obliegt die Definition von Leistungskriterien, Aufgaben und Zielen, Mitteln und Ressourcen, Verantwortung und Entscheidungsbefugnissen.

Im Zentrum der Unternehmens- und Mitarbeiterführung stehen Beherrschen, Planen, Messen und Kontrollieren. Ordnung wird als stabiler Zustand verstanden. Diese Art von Ordnung muss gesichert werden, um exakte Prognosen zu ermöglichen und auf diesem Fundament effizient zu arbeiten. Zukünftiges wird als Fortschreibung von Vergangenem und Gegenwärtigem begriffen. Daher – so die Folgerung – kann sie geplant werden. Der Sicherung des Status quo dienen die genannten Stabilisierungsfaktoren (z.B. hierarchische Differenzierung, Formalitäten, Regularien). Die gesamte Organisation ist darauf ausgelegt, Ereignisse, Prozesse und Menschen »im Griff« zu halten. Da dies bestenfalls unter der Bedingung strikter Kontrolle leistbar ist und konsequentermaßen entsprechende Instrumente und »Managementsysteme« implementiert werden (inklusive der Absicherungsvorkehrungen), wird auch von einer »Misstrauensorganisation« gesprochen.

Das *systemisch-evolutionäre, ganzheitliche Paradigma* fällt konträr aus und ist »auf Vertrauen programmiert«. Deshalb wird es häufig als »Vertrauensorganisation« bezeichnet. Ein Unternehmen gilt als ein organisches soziales Gebilde, das in ständiger Wechselwirkung zu anderen gesellschaftlichen Bereichen steht, also beeinflussbar ist und selbst beeinflusst. Es ist bestrebt, sich evolutionär anzupassen, das heißt: Es muss sich ständig weiterentwickeln und sich den Gegebenheiten anpassen. Dazu muss es sich nach außen hin, zu seiner Umwelt, öffnen, sozusagen seine Fühler ausstrecken. Es ist insofern ein offenes System, das etwa Kunden, Lieferanten, Wettbewerber, Marktgeschehen und gesellschaftliche Prozesse beobachtet und integriert, um zu überleben. (Das schlägt sich beispielsweise in der »Wiederentdeckung« des Kunden und der »Shareholder-value-Manie« nieder.)

Die neuartige Vorstellung von »Unternehmen« und »Führung«.

Das System Unternehmen besteht aus Subsystemen (Teilen, Elementen), die sich selbst organisieren und untereinander in ständiger Beziehung stehen. Diese Elemente bewegen sich laufend und interagieren in einer Weise, die nicht genau kalkulierbar ist. Das Unternehmen ist mithin ein dynamisches Gebilde, dessen Teile und Beziehungsgefüge prinzipiell unvorhersehbar mit- und aufeinander wirken. Deshalb wird das System »Unternehmen« als »komplex« bezeichnet. Und aus diesem Grund lesen und hören Sie heute, dass Führungskräfte »Komplexität bewältigen« müssen.

Das Unternehmen ist »fließend« gegliedert.

Die Komplexität gilt es also zu bewältigen. Dies geschieht insbesondere dadurch, dass partizipative Führungsstrukturen und flache Hierarchien sowie interdisziplinäre Teams gebildet werden, die in hohem Maße autonom arbeiten. Ferner werden Tätigkeiten aufgabenspezifisch (und eben nicht stellen- oder positionsabhängig) vergeben. Auf diese Weise sorgen Führungskräfte dafür, dass viel und intensiv über Bereichs- und Ranggrenzen hinweg kommuniziert wird. Eine weitere Strategie, Komplexität zu bewältigen, besteht darin, dass Lernmöglichkeiten institutionalisiert, also fest eingerichtet werden. Mit anderen Worten: Führungskräfte tragen zum Lernen in der »Lernenden Organisation« dadurch bei, dass sie Möglichkeiten schaffen, um lernen zu können (beispielsweise durch Lernwerkstätten, Führungsforen, Kurse).

Mit der gesamten Situation ändert sich auch das, was unter »Führen« verstanden wird. Unternehmen und Mitarbeiter zu führen bedeutet, innerhalb dezentraler und flexibler Strukturen zu lenken, zu gestalten und zu entwickeln. Dieser Führungspraxis wird zugetraut, auf unvorhergesehene Ereignissen noch zielorientiert reagieren zu können. Das systemisch-

Die Führungskraft reduziert Komplexität.

evolutionäre Unternehmenskonzept schließt als Kriterien, die Prozesse maßgeblich beeinflussen, den Zufall und die Selektion, Variation und Eigendynamik, Innen- und Außenwelt mit ein. Folglich werden Unwägbarkeiten als normal angesehen. Damit verabschiedet sich das neue Verständnis von Unternehmen und Führung von der Ideologie der Machbarkeit und Beherrschbarkeit. Demgegenüber geht das systemische Verständnis davon aus, dass Prozesse störungsanfällig und in ihrem Verlauf nicht prognostizierbar sind. Demzufolge haben Führungskräfte es mit Möglichkeiten, nicht aber mit Sicherheiten zu tun. Aus diesem Grund kann man formulieren: Die traditionelle Autokratie mutiert hier zur »Adhocratie« und richtet sich auf optionales Prozessieren ein – darauf also, dass Entwicklungen spontan und unterschiedlich verlaufen können und es immer verschiedene Möglichkeiten des Handeln gibt.

Das bisher Ausgeführte macht verständlich, warum das System »Unternehmen« darauf setzen muss, dass sich die Personen und Einheiten selbst organisieren. Es bleibt ihm kaum etwas anderes übrig, als darauf zu vertrauen, dass sich die Personen und Gruppen eigenverantwortlich und eigeninitiativ verhalten. Das »neue« Unternehmen wird deshalb, wie erwähnt, als »Vertrauensorganisation« bezeichnet. Nicht Hierarchie und formale Regularien, sondern das »Empowerment«, die Befähigung aller Mitglieder, steht im Vordergrund. Verständlicherweise finden wir hier flache Hierarchien.

Die Führungskraft lenkt, gestaltet, entwickelt.

Mitarbeiterinnen und Mitarbeiter gelten als Agenten, als Promotoren für die Erreichung der Ziele, als Schnittstelle zu in- und externen Kunden: als »Intrapreneure«. Jeder übernimmt Verantwortung und ist dazu aufgefordert, ja verpflichtet, selbst Initiative zu ergreifen. Kommunikation dient damit nicht nur dem Austausch, sondern verteilt Verantwortung: klärt, wo Verantwortung übernommen wird. Daher genießen alle maximale Freiräume, die sich durch Bedarf, Ziel, fachliche und sachliche Kompetenz definieren. Interdisziplinäres Kommunizieren wird genauso erwartet wie hierarchieübergreifende Aktivität. Hierarchische Strukturen sind auf ein Minimum reduziert. Autorität im Sinne von Entscheidungs- und Gestaltungskompetenzen verlaufen dezentral und sind temporär. Sie sind auf verschiedene »Schultern« und Ebenen verteilt und – in zeitlicher Hinsicht – vergänglich; denn wie Zuständigkeiten und Kompetenzen organisiert sind, entscheidet der Auftrag oder die Aufgabe. Sie liegen nicht mehr fest, weil es primär um das »How to« zur Befriedigung von Nachfrage und Bedarf geht (und nicht um die Stabilisierung einmal gewonnener Zustände).

Für Führungsaufgaben bedeutet dies beispielsweise: Eine Person übernimmt dann Führungsaufgaben, wenn und solange es sach- und zielbezogen Sinn macht. »Führungskraft-Sein« verwandelt sich von einer Position in eine projektbezogene und zeitlich befristete Tätigkeit. Typische Rollenbeschreibungen von Führungskräften bringen das zeitlich Befristete und das rein auf die Tätigkeit Bezogene zum Ausdruck, so etwa: Gruppen- oder Teamleiter, Koordinator, Moderator, Coach, Trainer. Dieser Sprachgebrauch signalisiert den Wandel der Identität von Führungsperson und Führungshandeln. (Vgl. folgende Kapitel.) Führen ist weitgehend – metaphorisch gesprochen – als Staffellauf entworfen und unabhängig von der konkreten Persönlichkeit. Führen dreht sich um die Sorge, Prozesse der Selbstorganisation zu ermöglichen und effektiv zu gestalten. (Das verlagert den Akzent der Führungsfunktion auf organisatorische, soziale und individuelle Lernmöglichkeiten. Dazu unten mehr.)

»Führen« erhält eine neue Bedeutung.

Der neue Grundsatz lautet: Innovation, Flexibilität und hohe Geschwindigkeit. Ihm wird zugetraut, Unternehmen dabei zu helfen, am Markt zu bleiben. Dieses Zutrauen nährt sich aus zwei wesentlichen Gesichtspunkten: Das neue Verständnis berücksichtigt, dass Abläufe sich exakter Planbarkeit entziehen. Und es macht Ernst damit, Zukunft als eine Dimension zu begreifen, die neu zu gestalten ist. Es verlässt sich nicht mehr allein auf Erfahrungen.

Wie Sie gesehen haben, gehen die »neuen Führungsrealitäten« mit einem Umdenken einher. Da sich die Besetzung von Führungsfunktionen und die Zuschreibung von Führungsaufgaben zunehmend daran orientieren, ist es sinnvoll, die Grundbegriffe zu kennen. Diese finden Sie, wie erwähnt, im Anhang (s. Seite 239ff.).

Kapitel 5: Anforderungen an Führungskräfte

Die Anforderungen im Überblick

Führungskräfte sollen sich neu programmieren.

Mental sind Sie jetzt sicher auf die Anforderungen eingestimmt, die an Führungskräfte heutzutage herangetragen werden. Bevor wir ins Detail gehen, möchte ich Ihnen den gesamten Zusammenhang skizzieren, ganz im Sinne des systemischen Denkens. Denn das erleichtert es, sich in die nachfolgenden speziellen Betrachtungen hineinzudenken und hineinzufühlen.

Wir sahen bereits, dass sich Führungskräfte mit Umlernprozessen anfreunden sollten, weil sich die Einbettung, die Funktion und die Art ihres Handeln als auch ihre Position verändern.

Galt das Unternehmen bisher als ein hierarchisch aufgebautes, nach strikten Stabilitätsprinzipien organisiertes und zweckrational gestaltetes System, wird es heute als »Lernende Organisation« aufgefasst. Das heißt als ein System, das sich selbst entwickelt und organisiert. Es folgt dem heterarchischen Prinzip: Einzelne Teilsysteme (Abteilungen, Bereiche, Teams) wirken parallel, ohne dass einem von ihnen von vornherein eine Vorzugsstellung zukommt. Der Grundidee nach leisten alle Teilsysteme gleichberechtigt und gleichgewichtig ihren Beitrag zur Zielerfüllung.

Dieser Wandel im Verständnis eines Unternehmens verändert auch das Denken: Das Denken in Plänen, die als Vorhersage von Ereignissen, die nur noch umgesetzt werden mussten, behandelt wurden – das pragmatische Denken also wird abgelöst von einer umfassenderen Logik. Das systemische, evolutionäre, vernetzte Denken ist ein Prozess, der um Möglichkeiten, um Szenarien kreist. Es versucht, Wahrscheinlichkeiten zu erhöhen, dass bestimmte Ereignisse und Entwicklungen eintreten.

Führen: Vom Bewahren zum Gestalten.

Dementsprechend wird Führung unterschiedlich verstanden. Galt der Vorgesetzte bisher als Bewahrer einer stabilen Ordnung, als Löser strukturierter, klar erfasster Probleme sowie als »Macher«, der analytisch, fakten- und datenbezogen Entscheidungen umsetzte, wird heute von

Führungskräften »Komplexitäts«-, »Innovations«-und »Kultur«-Management verlangt.

Diese Ausrichtung des Führungshandelns bedingt, dass die Führungskraft ganzheitlich wahrnimmt und handelt, eher Fragen stellt als »Fakten« konstatiert. Es wird gefordert, dass sie Veränderungen initiiert; Ordnung als Prozess, also dynamisch, begreift, dass sie Verantwortung verteilt und folglich als Prozesskatalysator wirkt.

Damit ist klar, dass heute andere Denkfähigkeiten in den Vordergrund treten. Im traditionellen Verständnis standen rationale, analytische, nach »Objektivität« strebende Denkmechanismen und Problemlösungsmethoden im Vordergrund. Emotionale wie soziale Belange wurden ausgeklammert, weil es um »rein sachliche« Bewertungen und Betrachtungen ging. Heute erfährt diese Denkweise, die als »instrumentelle Vernunft« tituliert wird, eine Umwertung. Sie erhält eine untergeordnete Funktion. Sie wird nur bei bestimmten Phasen eines Bearbeitungszyklus eingesetzt. Gefragt ist heute eine Denkweise, die intuitive Eingebungen berücksichtigt, das Ganze betrachtet und größere Zusammenhänge und Optionen erschließt. Diese Denkweise vereinigt kognitive und affektive Komponenten synergetisch und erleichtert es, geistig flexibel zu sein. Konsequenterweise ist diese ganzheitliche Aktivität möglichkeitsorientiert. Sie öffnet sich Problemlösungsmethoden, die die rechte Hemisphäre unseres Gehirns mobilisieren. Die Annäherung an eine Lösung erfolgt über Kreativitätsmethoden, Szenarien und spielerische, erlebnisbezogene Ansätze.

Denken: Von den Tatsachen zu den Optionen.

Nach diesem Blick über den Zusammenhang gebe ich Ihnen jetzt eine Lupe in die Hand, damit Sie einzelne Facetten genauer anschauen können. Denn um die Wahrscheinlichkeit zu erhöhen, dass wir wissen, worauf wir uns einstellen wollen, können und/oder müssen, werden wir dieses »Worauf« klären.

Zu diesem Zweck habe ich Kategorien gewählt, die eine vertiefende Betrachtung nachvollziehbar machen. Selbstverständlich gibt es dabei Überschneidungen, Ähnlichkeiten und Wechselwirkungen. Nachdem wir in unserem Rundblick vom Ganzen ausgegangen sind, sozusagen von der Wolke aus das Terrain abgesteckt haben, begeben wir jetzt auf die Erde, um die Regionen von nahem zu inspizieren. Dazu müssen wir verschiedene Untergliederungen vornehmen. (Sie dienen, wie Modelle, Typologien, Theorien, als methodische Mittel, um den Gegenstand der Erkenntnis zu erschließen.)

Selbstreflexion: Mentalität, Emotionalität, Intuition

Glaubenssätze neu formulieren.

Jede Veränderung, die wir verwirklichen wollen, beginnt bei uns selbst. Am Anfang des Prozesses steht folglich die Selbstreflexion. Die Art, wie wir über uns selbst denken und empfinden, geht aus von unserer Wahrnehmungsweise. Dabei wird die »spirituelle« Seite unseres Lebens- und Ichgefühls angesprochen. Wichtige Begriffe sind hierbei »mental«, »affektiv« oder »emotional« und »intuitiv«. Diese Dimension steht im Gegensatz zu Zweckrationalität und zu reinem Vernunftwissen. In den Vordergrund rückt sie unsere Einstellung zur Welt und den Menschen. Es geht um »Glaubensfragen«. Am Ende dieses Kapitels finden Sie eine Zusammenfassung der erarbeiteten Glaubenssätze.

Dass diese Blickrichtung en vogue ist, zeigen die neuesten Unternehmens- und Führungsphilosophien sowie Bestseller wie »Emotionale Intelligenz«. Auch meine eigenen Erfahrungen mit Führungskräften bestätigen diese Aktualität von Glaubenssätzen (Was glaube ich?), Emotionalität (Wie bewerte ich Gefühle?) und Intuition (Wie behandle ich Eingebungen?). Diskussionen drehen sich sehr häufig darum, dass diese Vorzeichen über die Qualität der Zusammenarbeit oder über die Auswahl von Projekten und Personalmaßnahmen »maßgeblich« entscheiden – und damit das eigene Wohlbefinden beeinflussen. Zusätzlich nimmt die Tendenz zu, sich insbesondere mit asiatischen und indianischen Philosophien zu beschäftigen. Diese Philosophien verkörpern mehrheitlich die ganzheitliche Betrachtung und betonen das Verwobensein von Natur und Kultur, von Geist, Seele und Körper.

Glaubenssatz eins: Geben Sie Ihrer Intuition eine Chance!

Und damit sind wir bei einem der wichtigsten neuen Glaubenssätze angekommen: Führungskräfte werden aufgefordert, an die Einheit von Vernunft, Gefühl und Intuition zu glauben. Ferner werden sie ausdrücklich dazu ermutigt, die affektiven und intuitiven Fähigkeiten tatkräftig zu nutzen und einzusetzen. Sie sollen das Potenzial des Zusammenspiels von Logik, Emotionalität und Intuition bewusst entfalten und als Medien für praktische Arbeit verwenden.

Diese Einstellung kommt nicht von ungefähr. Neben klassischen Philosophien, die von dieser Dreifaltigkeit des menschlichen Wesens sprechen, ist es eine (historisch in unregelmäßigen Intervallen wiederkehrende) Erfahrung, dass die Personalität eines Menschen die genannten drei Dimensionen umfasst. Wir erleben das im Alltag in Redewendungen wie: »Also, rein rational, sachlich, objektiv betrachtet, würde ich dafür plädieren, dass … Aber – na ja –, irgendwie habe ich ein ungutes Gefühl dabei, so eine komische Ahnung. Und außerdem würde ich mich mit der Entscheidung langfristig nicht recht wohl fühlen.«

Natürlich ist die, im wahrsten Sinne des Wortes, entscheidende Rolle von Affekt und Intuition nichts Neues. Nur wurden sie oft als »unsachlich«, dem Zweck nicht dienlich abgetan, mit einem »trotzdem« versehen, und es galt als anrüchig, sie in Entscheidungen explizit einfließen zu lassen. Heute verhält es sich anders. Die beiden Dimensionen werden als »Kompetenzen« erklärt und als Kriterien für selektive Prozesse, insbesondere als Auswahlkriterien für Führungskräfte, rehabilitiert. Führungskräfte sollen intuitive und emotionale Regungen nutzen können.

Emotionalität und Intuition erhalten eine neue Bedeutung.

Ein Hauptgrund für diesen Wandel liegt darin, dass die Funktion von Emotionalität und Intuition umgedeutet wird. Das, was als »Gefühlsduselei« abgewertet wurde, mutierte zur Zuschreibung von »Charisma«. Die motivierende und anregende Ausstrahlung von Emotionalität und Intuition, von Authentizität und Inspiration wurde »entdeckt« und genießt heute Beachtung. Der Grund für diese Anerkennung liegt darin, dass ihr eher zugesprochen wird, mit den globalen Wandlungen im Unternehmen fertig zu werden, als dies mit der Zweckrationalität der Fall wäre. Zudem wird so das Am-Markt-Bleiben eher gesichert. So dürfen die »mystischen« Kräfte des Individuums das System infiltrieren und ins Management einfließen. Erst die Synergie von Logik, Emotionalität und Intuition, so der Glaube, ermöglicht eine ganzheitliche Erschließung der Dinge – und nicht zuletzt das Überleben des Unternehmens. Salopp formuliert: Sie dürfen nicht nur, sondern Sie sollen sogar Ihren Emotionen und Ihrer Intuition eine gestalterische Chance geben. (Insofern hat die »Humanisierung« zwar ein ökonomisch-kalkulatives Motiv – aber eben mit der Wirkung, dass wir Scheinrationalität und Fassaden abbauen können.)

Mit den besagten Veränderungen geht einher, dass Führungskräfte einer weiteren Forderung Genüge leisten sollen: Sie sollen »soziale Kompetenz« ausbilden. Denn mit dem Abbau von Hierarchien und anderen Insignien der Macht soll unter dem Vorzeichen gleichberechtigter Akteure partnerschaftlich kommuniziert und kooperiert werden. Dies setzt andere Vorzeichen voraus. Die herkömmlichen »Kommunikationskrücken« wie beispielsweise Rangordnung und eindeutige Positionierungen (einschließlich der Vorgaben, wer wie mit wem wo zu sprechen hat) leiden unter Arteriosklerose. Ihre Tage

Kommunikation in einem »regelfreien« Umfeld: gleichwertig und partnerschaftlich.

scheinen gezählt. Heute werden Führungskräfte zunehmend mit der Notwendigkeit konfrontiert, sich ohne offizielle »Benimmhilfen« innerhalb eines offenen Rahmens zurechtzufinden, der vielfältige Interaktionsweisen zulässt. Vielen fällt es schwer, sich in der neuen Kommunikationswelt souverän zu bewegen, weil sie die Akteure egalisiert und sie sich daher auf der gleichen Ebene befinden. Es ist das emanzipatorische Vorzeichen, das alle zu prinzipiell Gleichen macht. Und das verunsichert so manche Führungskraft. In der neuen Interaktionswelt scheint alles erlaubt zu sein. Ist es aber nicht!

Aus diesem Grund wird in zahlreichen Büchern, Artikeln usw. zum Thema Management oder Führung festgestellt, dass die soziale Kompetenz verbessert werden müsse. Ein ganzer Berufszweig verdankt sich dem Umstand, dass die Freiheitsgrade im Verhalten gewachsen sind (die Komplexität ist erhöht!), sodass die Verantwortung für gelingende Interaktionen bei den handelnden Personen und nicht mehr (vorzugsweise) bei den Strukturen liegt. Die Angebote, soziale Kompetenz auszubilden, antworten folglich auf die Verlagerung der Kontrolle im Umgang miteinander: weg von Formalien und hin zum Individuum.

Glaubenssatz zwei:
Sie sollten
Menschen mögen!

Auf allen Ebenen offen zu kommunizieren bedingt indes – zweiter Glaubenssatz –, dass Sie Menschen grundsätzlich gern haben. Denn erst eine innere Einstellung, die bewirkt, dass Sie sich selbst und andere Menschen unangesehen ihrer Person erst einmal mögen, gibt Ihnen die Freude und Energie, die Sie für konstruktive soziale Handlungen brauchen. Erst mit dieser grundlegenden Sympathie ist es Ihnen möglich, anderen zu vertrauen und ihnen etwas zuzutrauen. Zu- und Vertrauen sind psychische und soziale Funktionen. Ohne sie wären wir verdammt, lückenlose Kontrollmechanismen zu installieren und uns als Kontrolleure von allem und jedem aufzuführen. Wir deuteten bereits an, dass die so erzeugten Misstrauensorganisationen langfristig dem Untergang geweiht sind – schlicht aus Überforderung (organisatorisch, kollektiv und individuell, sachlich und psychisch). Zu- und Vertrauen zu bzw. in Bereitschaften, Fähigkeiten und Fertigkeiten sind notwendig, um Komplexität zu erfassen und lenkend zu bewältigen, weil sie Freiheit zulassen (beispielsweise in Form von Delegation, Teams mit hohen Autonomiegraden, Enthierarchisierung, Empowerment).

Glaubenssatz drei:
Glauben Sie an
sich selbst!

Das Gleiche gilt auch für die eigene Person: Sie sollen an sich selbst glauben und sich selbst vertrauen, um aus dieser Souveränität drei essenzielle Früchte zu ernten: die Bereitschaft und Fähigkeit, konstruktive Kritik hinzuneh-

men (»Ich lerne gern dazu«) sowie auch zu üben (»Ich belehre empfänger-orientiert«); die Bereitschaft und Fähigkeit, mit schwankenden Entwicklungen, Unwägbarkeiten und Risiken zukunftsgestaltend umzugehen und schließlich die Bereitschaft und Fähigkeit, mit sich selbst kritisch ins Gericht zu gehen. Dieser dritte Glaubenssatz bedeutet also: lehr- und belehrsam zu bleiben.

Mit diesen Hinweisen liefern wir das Stichwort für den vierten Glaubenssatz: »Leben heißt Lernen!« Leben wird folglich als lebenslanges Lernen begriffen, als kontinuierliche Metamorphose; die Freude an Wandlungen wird herausgestellt, und Veränderungen werden mit offenen Armen empfangen.

Glaubenssatz vier: Leben heißt Lernen!

Aus diesem Glaubenssatz lässt sich ein weiterer ableiten: »Entwickeln Sie Visionen!« Ihm zufolge ist Zukunft gestaltbar, und Sie können sie mittels Ihrer Visionen mitgestalten. Denn Visionen sind prospektive, vorausgesehene und gewünschte Entwicklungen, Handlungs-, Zielentwürfe, Orientierungspunkte. Sie spornen uns zu Bewegung an. Im Verbund mit der Freude an Gestaltung von Neuem motivieren sie zu außergewöhnlichen Handlungen.

Glaubenssatz fünf: Entwickeln Sie Visionen!

Mag sein, dass Sie das Pathos in solchen Formulierungen als störend empfinden. Bedenken Sie dabei bitte (inhaltliche Umdeutung!), dass Pathos Ausdruck von Begeisterung ist – und Euphorie verleiht bekanntlich Flügel und versetzt Berge!

Wo Freude an und mit Menschen, Begeisterung für eine Aufgabe und Vertrauen in der Kommunikation zu Offenheit und Direktheit führen, finden wir

Glaubenssatz sechs:
Lachen macht und
hält gesund!

auch Humor und Lachen. Und das ist der sechste Glaubenssatz: Lachen macht und hält gesund. Ein Tag ohne Lachen ist ein vergeudeter Tag.

Dazu noch ein paar klärende Worte: Humor (der »schwarze« genauso wie Albernheiten, intellektuelle Blödeleien, parodierende Witzeleien etc.) bzw. Lachen ist zum einen ein biophysisches Phänomen, allerdings mit enormer psychischer Wirkung: Lachen ist ein Atmungsphänomen. Während wir lachen, vertiefen und verlängern wir unser Einatmen, verkürzen das Ausatmen – und entleeren so unsere Lunge, sodass es zu einem völligen Gasaustausch kommt. Dadurch versorgen wir die Lunge mit sehr viel Sauerstoff und lösen einen reinigenden Effekt für die Blutinhaltsstoffe aus. Außerdem wird der Herzrhythmus verändert; zunächst erhöht, dann gesenkt. Das wiederum bewirkt eine Verringerung des Blutdrucks und – nach der Anspannung beim Lachen – eine völlige Muskelentspannung. Sauerstoffbad und erhöhte Blutzufuhr: Lachen mindert negativen Stress (Disstress). Bereits Lächeln signalisiert dem Gehirn (durch die Verbindung von Muskelaktivitäten und den korrespondierenden Hirnzentren) positive Emotionen und hilft, unangenehme Gefühlslagen zu vermindern.

Zweitens wirkt Lachen bzw. Humor heilsam und erleichternd, tröstend und sinnstiftend. Indem wir humorvoll reagieren, erheben wir uns über etwas. Wir schaffen Distanz, indem wir das Komische erkennen und in Worte kleiden oder in Bewegung umsetzen. Humor nimmt Problemen die Schärfe und entpuppt sich als Quelle von Mut und Energie, wenn Schwierigkeiten drohen, uns zu überwältigen. In diesem Sinn spricht Viktor E. Frankl vom Lachen als der »Trotz-Macht«, die sich über normative und rationale Konventionen hinwegsetzt, von den Regeln theoretischer und praktischer Vernunft abweicht und sich den »Man-muss-/Man-soll-/Man-darf-nicht«-Anweisungen entgegenstellt. Daher das Idiom: Humor ist, wenn man trotzdem lacht.

Die psychohygienische Funktion von Humor, Lachen, Lächeln, Schmunzeln und Grinsen erleben Sie in Unternehmen sehr oft. Etwa wenn Sie mit einer neuen Fassung der offiziellen Unternehmensphilosophie beglückt werden, die als »Leitbild« Orientierung geben soll. Wie schnell wird aus dem »Leitbild« ein »Leidbild«! – Ein Seminarteilnehmer erzählte mir, er sei gezwungen, mit einem Kollegen zusammenzuarbeiten, den er nicht ausstehen könne. »Zum Glück«, kicherte er, »hat er eine bemerkenswerte Nase! Also nenne ich ihn im Innern immer ›Harki‹ oder ›Zwerg Nase‹. Der Trick funktioniert jedes Mal: Ich muss grinsen, und so fällt es mir leichter, wenigstens das Nötige mit ihm höflich und sachlich zu diskutieren.«

Also: Verballhornen Sie! Phantasieren Sie! Parodieren Sie! Wecken Sie belustigende Situationen in Ihrer Erinnerung auf! Zeichnen Sie Karikaturen, und äffen Sie nach! Alles ist erlaubt, sich selbst zum Lachen zu bringen und in gute Stimmung zu versetzen (selbstverständlich nie auf Kosten anderer).

Und verfallen Sie bitte nicht dem Irrtum, Humor schade »dem Ernst der Sache«. Humor setzt Phantasie frei (aktiviert die rechte Gehirnhälfte), öffnet neue Gedankengänge, lässt Ideen sprießen – flexibilisiert. Zahlreiche Kreativitätstechniken ermuntern geradezu zu »absurden« und witzigen Einfällen und laden zur Inszenierung eines Kabaretts ein. Insbesondere wenn es um Innovationen (von Produkten, Strategien, Verhaltensmustern etc.) und um (Um-)Lernprozesse geht, ist Humor unverzichtbar. Er feuert an. Effektivität erscheint so als Trittbrettfahrer des Lachens. Deshalb soll Lernen ja auch Freude oder Spaß machen. (Nur sagen Sie Ihrem Kind das bitte nicht mit todernster Miene.)

Zusammenfassung der Glaubenssätze

Glaubenssatz eins: Emotionalität und Intuition sind Lieferanten guter Ideen.

»Geben Sie Ihrer Intuition eine Chance!«

Glaubenssatz zwei: Philanthropie ist eine unabdingbare Voraussetzung, Führungsaufgaben zu übernehmen.

»Sie sollten Menschen mögen.«

Glaubenssatz drei: Selbstvertrauen und Selbstreflexion garantieren Lehr- und Lernbereitschaft.

»Glauben Sie an sich selbst!«

Glaubenssatz vier: Die Anerkennung, dass Leben Lernen und Lernen Verändern bedeutet, sichert die Freundschaft mit Wandel.

»Leben heißt Lernen!«

Glaubenssatz fünf: Veränderung als »normal« zu akzeptieren motiviert dazu, Zukunft durch eigene Visionen mitzugestalten.

»Entwickeln Sie Visionen!«

Glaubenssatz sechs: Lachen und Humor fördern Gesundheit und Wohlbefinden, Einfallsreichtum und Risikobereitschaft sowie Flexibilität im Denken, Fühlen und Handeln (und erleichtern Umdeutungen).

»Lachen macht und hält gesund!«

Wie sitzen Sie eigentlich momentan auf Ihrem Stuhl? Sessel? Sofa? Zusammengeknickt über dem Buch, sodass Ihr Bauch gequetscht wird und Ihr Gürtel zwickt? Oder entspannt, in aufrechter Haltung? Oder bequem liegend? –

Und wie spüren Sie Ihre Gesichtsmuskeln? Zeigen Ihre Mundwinkel skeptisch oder missmutig nach unten? Schmollen Sie? Sind Ihre Lippen verärgert zusammengepresst? Oder schmunzeln Sie gerade? Oder spiegelt Ihr Mund einfach interessiertes Lesen?

Und was machen Ihre Augenbrauen? Ärgerlich zusammengekräuselt? Amüsiert hochzogen?

Wie fühlen Sie sich momentan? Gelangweilt? Gestresst? Genervt? Spüren Sie Verwunderung oder Erstaunen? Oder Wohlbefinden? Neugier?

Und Ihre Gedanken?! Was geht Ihnen durch den Kopf? Etwa: Was soll das denn jetzt!? Oder: Jetzt dreht sie durch! Oder: Na, mal sehen, was jetzt kommt! –

Vielen Dank fürs Mitmachen! Seien Sie bitte so nett und überprüfen Sie, ob sich an Ihrer Körperhaltung, an Ihrem Gesichtsausdruck, an Ihrer emotionalen Gestimmtheit etwas verändert hat. – Hat es? – Eben!

Jeder Mensch ist ein System.

Darum geht es: Alles ist mit allem verwoben. Wir sind ein vernetztes System. Durch Überraschungen etwa lösen wir Veränderungen in uns aus. Ebenso durch Unterbrechungen einer Tätigkeit durch eine völlig andere. Das macht beweglich, weil wir unsere Konzentration verlagern, unterschiedliche Zentren unseres Gehirns aktivieren und dies wiederum auf unsere Befindlichkeit rückwirkt. Ein Regelkreis von Deutungen, Regungen und Handlungen, kurz: von bewirkten Wirkungen also, den wir beeinflussen können.

Die kleine Übung sollte Sie genau das erleben lassen. In den vorhergehenden Kapiteln haben Sie übrigens explizit zu Glaubenssatz eins bis fünf gearbeitet – und ich hoffe, beim Lesen, Visualisieren und Assoziieren wurde auch Glaubenssatz sechs lebendig.

Übrigens: Im Schlusskapitel werde ich Ihnen ein Raster anbieten, das mentale, affektive und intuitive sowie kognitive Aspekte in sich vereinigt. Es hilft Ihnen, ganzheitlich über Veränderungen nachzudenken und Entscheidungen zu treffen, die für Sie »stimmen« (s. Seite 236ff.).

Kognition: Eine neue Art des Denkens

Die neuen Führungsgrundsätze sowie die geänderte Betrachtungsweise von Führung schaffen in den Unternehmen eine neue Realität, die auch die Anforderungen an Führungskräfte verändert. Dies erfordert, wie bereits erwähnt, einen grundlegenden Wahrnehmungswandel sowie geänderte Ansprüche an Ergebnisse. Das heißt, die Art und Weise, zu denken und zu erkennen, ändert sich ebenso wie die geforderten Resultate, die wir mit dem Denk- und Erkenntnisprozess erzielen wollen. Man sieht nicht länger die einzelnen Teile, sondern das Ganze.

Das Denken neu programmieren.

Damit Ihnen die verschiedenen Denkansätze deutlich werden, zeige ich Ihnen zuerst die Unterschiede zwischen unserem traditionellen Denken und dem systemischen, ganzheitlichen Denken auf. Genauer gesagt, handelt es sich bei dem Letztgenannten um eine Weiterentwicklung unseres Denkens. Die Zweck-Mittel-Rationalität bildet die Basis und wird durch eine neue Denkdynamik und -ausrichtung erweitert. Später fasse ich die wesentlichen Aspekte nochmals in Form von »Imperativen« zusammen. Außerdem gebe ich Ihnen durch die »Sechs Schritte im Denk- und Problemlösungsprozess« einen Einblick, wie das neue Denken eingesetzt werden kann.

Unser traditionelles Denken wird in der Regel wie folgt charakterisiert:

Das alte Denken: pragmatisch, fakten- und sicherheits- orientiert.

❖ Es ist polarisierend (entweder etwas ist so oder so),
❖ differenzierend, analysierend (zerlegend), atomisierend (in Einzelfacetten teilend),
❖ prinzipiell (grundsätzlich ist etwas so oder so), standardisierend (allgemeine Regeln gelten unabhängig vom Einzelfall und werden angewendet),
❖ instrumentell (Zweck-Mittel-Relation; Logik des Um-zu), pragmatisch (Machbarkeit als Hauptkriterium),
❖ induktiv (es wird vom Einzelfall auf das Allgemeine geschlossen),
❖ monokausal, linear (eine Ursache – eine Wirkung; in Ketten assoziierend),
❖ absolut, »objektiv« (Annahme, dass es ein vom erkennenden Subjekt unabhängig existentes Objekt gibt und Glaube an nur »eine« Wahrheit),
❖ systematisch, strukturiert, sukzessiv (schrittweises Erkennen),
❖ rational (Erkennen und Denken als reine Verstandesleistung),
❖ strukurbezogen (Strukturen aufdeckend und etablierend),
❖ ergebnisbezogen, prognostisch (es werden realistische Voraussagen über Pläne getroffen),
❖ die Zukunft wird als Fortführung von Vergangenheit und Gegenwart, also von Bewährtem, angenommen.

Das neue Denken: theoretisch, möglichkeits- und wahrscheinlichkeits- orientiert.

Der systemische, ganzheitliche Denkansatz erweitert das Repertoire rationaler Erschließung um folgende Charakteristika:

❖ Die Andersartigkeit, andere Möglichkeiten bis hin zu Gegensätzen werden bewusst akzeptiert (Logik des Sowohl-als-auch),
❖ das systemische Denken ist synthetisierend, integrativ, umfassend (Einzelaspekte werden in ihrer Verwobenheit erkannt und zusammengefügt),

❖ es ist situativ (es dominiert die Logik des »Je-nachdem«, Spezifika werden berücksichtigt),

❖ optional, theoretisierend, phantasierend (möglichkeitsorientiert),

❖ deduktiv (es wird vom Ganzen auf den Teil geschlossen),

❖ vernetzt, systemisch, multikausal (Wechselwirkungen werden erkannt und einbezogen, Ursachen werden als bewirkte Wirkungen angenommen),

❖ intuitiv, sich kreisend annähernd (der Denkprozess geschieht durch das Herantasten, Umzingeln, als Annäherung von Vagheit zu Klarheit, auch über Versuche, Irrtümer und unter Einschluss »irrationaler« Eingebungen; Gefühlsleistungen und Verstandesleistungen werden berücksichtigt, es wirken also Logik, Emotionen und »Spiritualität« zusammen),

❖ relativierend (Erkennendes und zu Erkennendes stehen in Beziehung zueinander, sind aufeinander bezogen und beeinflussen sich gegenseitig; daher werden mehrere »Wahrheiten« akzeptiert und für möglich gehalten),

❖ prozess- und wirkungsbezogen (Verläufe werden erkannt und Abläufe bewirkt),

❖ die Zukunft gilt als etwas Neuartiges.

Die uns vertraute Art, etwas kognitiv (denkend und erkenntnismäßig) zu erschließen, musste – zugespitzt formuliert – nur noch »fein« abgestimmt werden. Das neue Denken verlangt hingegen von uns, Einigung auszuhandeln! Da wir:

Das neue Denken verlangt einen herrschaftsfreien Dialog.

❖ Perspektivenvielfalt (unterschiedliche Deutungen),

❖ Wahrheitsvielfalt,

❖ Optionsvielfalt,

❖ Vielfalt der Eigenlogik und Eigendynamik der Teile (beteiligte Personen, Gruppen, Abläufe etc.) sowie die

❖ Unvorhersehbarkeit der Ereignisse

prinzipiell ins Kalkül ziehen müssen, bleibt uns nichts anderes übrig, als uns über Kommunikation auf ein Gemeinsames zu verständigen.

Dieser Aushandlungsvorgang oder Dialog erfolgt idealerweise hierarchie- bzw. herrschaftsfrei. Er soll also partnerschaftlich geführt werden. Das Wort eines Geschäftsführers gilt daher nicht schon deshalb, weil er eben Geschäftsführer ist. Aufgrund seiner Position weiß er nicht schon mehr oder hat nicht per se die geistreicheren Einfälle als etwa ein Abteilungsleiter. Es geht nicht um Gewinnen und Verlieren. Es geht darum, unterschiedliche

Ideen zu integrieren und den Zuschlag für das »beste« Argument zu reservieren. An dieser Stelle fließen mentale und kognitive Elemente zusammen: Die neuen Führungsrealitäten bedeuten, dass alle stets voneinander zu lernen haben. Jeder kann jedermanns Vorbild sein. Auch dies bekräftigt das Postulat vom herrschaftsfreien Dialog, der als Leitstern den Weg weist.

Empfinden wir diese Prozedur bereits als aufwendig, hat unsere mentale und kognitive Beweglichkeit eine weitere Herausforderung zu bestehen: Nicht das, was »wahr« ist, wird gesucht und verfolgt, sondern das, was »funktionieren kann«! Nicht ein genau definiertes Ergebnis, sondern ein Wirkungszusammenhang wird angestrebt, der beabsichtigte andere Wirkungen induzieren soll.

Beispiele:
Herstellen von
Wahrscheinlichkeiten.

Das Gesagte möchte ich Ihnen nun durch einfache Beispiele veranschaulichen:

Sie wollen für Ihre Abteilung, sagen wir: Marktforschung, eine Person einstellen. Wie schreiben Sie die Stelle aus? Bitte skizzieren Sie Ihre Anzeige, bevor Sie weiterlesen.

Wahrscheinlich haben Sie notiert: Suche Marktforscher, Betriebswirtschaftler mit speziellen Kenntnissen in der Marktforschung, Statistiker oder Psychologin/Psychologen mit Statistikkenntnissen.

Stellenangebote, die so ausgeschrieben sind, schließen vom Arbeitsgebiet auf konkrete Qualifikationen, auf die berufs- oder ausbildungsbezogene Identität, also auf Kompetenzen, die die Kandidatin bzw. der Kandidat haben sollte.

Dieser Anforderung gehorchen die meisten Ausschreibungen. Dadurch wird aber versäumt zu verdeutlichen, welche Fähigkeiten (und nicht allein Fertigkeiten!) und welche Potenziale (nicht konkretes Können, Erfahrung), kurz: welche Kompetenzen die Kandidatin bzw. der Kandidat haben und was sie bewirken sollen.

Vielleicht ist eine Ethnologin viel besser geeignet für die Aufgaben und Funktionen, die sie in einem bestimmten Bereich der Marktforschung zu erfüllen hat. Geeigneter deshalb, weil Ethnologen eher gelernt haben, sich beispielsweise in Verhaltensmotive hineinzudenken und hineinzufühlen. So können sie sich mit der Zielgruppe in einem viel breiteren Spektrum befassen, als dies vielleicht »Betriebswirtschaftler mit speziellen Kenntnissen in der Marktforschung« könnten.

Ein Seminarteilnehmer (Personalchef) erzählte mir anlässlich einer Diskussion, dass sein Unternehmen vor kurzer Zeit einen »Sinologen mit guten EDV-Kenntnissen« suchte. Auf meine Bemerkung, das sei ungewöhnlich, und auf meine Frage, wie es zu dieser Ausschreibung gekommen sei, antwortete der Personalchef: »Wir wollten eine Person, bei der wir davon ausgehen konnten, dass sie zum einen bereit und in der Lage ist, sich in etwas völlig Neues einzuarbeiten, und zum anderen Disziplin und Durchhaltevermögen beweist. Beides braucht man, wenn man Sinologie studiert.«

Ein zweites Beispiel: Nehmen wir an, Ihre Tochter oder Ihr Sohn überlegt, was sie bzw. er studieren soll. Da Sie als Elternteil nur das Beste, genauer gesagt, eine aussichtsreiche Qualifikation anstreben, die die Sicherheit erhöht, anschließend auch einen Arbeitsplatz zu finden, raten Sie Ihrem Sprössling beispielsweise dazu, doch einen Studiengang mit Multimedia oder Technologischer Kommunikation zu wählen. Ihr Vorschlag stößt leider nicht auf die gewünschte Gegenliebe. Da es zwischen ihnen unterschiedliche Auffassungen gibt, entfacht sich eine heftige Kontroverse. Zum Teil auch deshalb, weil Sie sich auf ein konkretes Ergebnis eingestellt haben! – Dabei geht es doch »eigentlich«, in erster Linie, nicht um das Durchsetzen dieser Position (Multimedia, Kommunikationstechnologie), sondern darum, dass Ihre Tochter bzw. Ihr Sohn eine Ausbildung wählt, die es ihr bzw. ihm ermöglicht, später auch eine attraktive Arbeitsstelle zu finden! – Und bekanntlich führen viele Wege nach Rom. Übertragen auf unser Beispiel, heißt das: Nicht bestimmte Ausbildungsgänge sind das Thema. Vielmehr geht es darum, dass sich Ihre Tochter bzw. Ihr Sohn auf verschiedenen Wegen Fertigkeiten aneignet, die es ihr bzw. ihm ermöglichen, sich auf dem Arbeitsmarkt der Zukunft zu bewähren.

Diese Beispiele sollen Ihnen verdeutlichen, wie das ganzheitliche Denken in Erkenntnisgewinn und Entscheidungsvorbereitung vom traditionellen Weg abweicht. Diese Art zu denken eröffnet Optionen und hängt eng zusammen mit

❖ Vertrauen (in eigene Bereitschaften wie Fähigkeiten sowie die anderer),
❖ Mut zum Risiko (Offenheit der Ergebnisse, Umgehen mit Wahrscheinlichkeiten, die sich aus der Eigenbewegung der Elemente des Wirkungsfeldes ergeben) sowie mit
❖ Wirkungsbezogenheit (über Lenkung und Entwicklung von Regelkreisen) und
❖ der Bedürfnisorientierung.

Das Wesentliche am systemischen Denken ist also ein grundsätzliches Umdenken: statt linearer Ursache-Wirkungs-Ketten werden Wechselbeziehungen wahrgenommen; und statt begrenzter »Schnappschüsse« erkennt man Veränderungsprozesse.

Aus diesem neuen Denkansatz können wir beispielsweise folgende Imperative formulieren:

Merksätze des neuen Denkens.

❖ Ich vertraue auf eigene Fähigkeiten sowie auf die Kompetenzen und den Goodwill anderer.
❖ Alles kann ganz anders sein, als ich meine, dass es ist. Deshalb bin ich daran interessiert, andere Sichtweisen und Interpretationen zu hören.
❖ Ich bin Teil eines Systems, eine bewirkende und bewirkte Variable. Darum hole ich Feedback* über meine Wirkungen ein.
❖ Ich betrachte ein Problemfeld zunächst aus der Vogelperspektive, um einen Überblick über die möglichen Auswirkungen zu erhalten.
❖ »Erkennen als Prozess« schließt meinen Verstand, meine Gefühle und meine Intuition ein. Aus diesem Grund und um flexibler zu denken, setze ich Kreativitätstechniken, Szenarien und spielerische Methoden ein, um weitere Handlungschancen zu erschließen.

---

* Anm.: Der Begriff Feedback löst manchmal Verwirrung aus, da wir ihn häufig in einem anderen Zusammenhang benutzen, nämlich wenn wir Meinungen über unser Verhalten einholen. Positives Feedback bedeutet in diesem Zusammenhang, dass wir gelobt werden und Zuspruch erhalten. Während wir uns über negatives Feedback meistens ärgern. Im systemischen Denken dagegen umfasst der Begriff Feedback viel mehr. Das Feedback ist hier ein Axiom, nach dem jeder Einfluss sowohl Ursache als auch Wirkung ist. Es gibt nichts, das nur in eine Richtung beeinflusst.

❖ Ich setze die Details in einen funktionalen Bezug zum Ganzen und frage deshalb nach den Beiträgen, die die Elemente für das gesamte System leisten.

❖ Ich überdenke die Wirkungen oder die Wirkungsverläufe, die ich erzielen möchte, und ziele nicht auf konkrete, inhaltlich exakte, punktuelle Resultate. Ich entscheide daher prozess- und wirkungsbezogen: vertraue auf die sich selbst organisierenden Kräfte.

❖ Da ich nie über sämtliche Informationen verfügen kann und die Zukunft grundsätzlich unvorhersehbar ist, rechne ich mit Unwägbarkeiten. Katastrophale Wirkungen fange ich dadurch ab, dass ich sogenannte Feedback-Schleifen installiere.

Selbstverständlich sind diese Imperative nicht in allen Situationen gleichermaßen anzuwenden. Wir sollten sie uns insbesondere dann ins Gedächtnis rufen, wenn eine Entscheidungssituation folgenreich ist und mehrere Handlungsmöglichkeiten zulässt. Das ganzheitliche Denken bezieht sich ja, wie wir unterstrichen haben, auf komplexe Situationen, in denen wir mit dem systemischen Denken Kurzschlüsse vermeiden können.

Wann brauchen wir das neue Denken?

An dieser Stelle ist es sinnvoll, wenn wir uns vergegenwärtigen, was wir unter »einfachen«, »komplizierten« und »komplexen« Entscheidungs- oder Problemsituationen verstehen.

Einfache Situationen zeichnen sich dadurch aus, dass wir, ohne lange zu überlegen, wissen, wie wir uns verhalten sollten. Vorzugsweise handelt es sich um Routineangelegenheiten oder um häufig wiederkehrende Situationen. Wenn Sie beispielsweise die Erfahrung gemacht haben, dass Sie mit Ihrem Kollegen immer dann, wenn er empört ist, kein vernünftiges Wort sprechen können, sondern erst zwei Stunden warten müssen, dann werden Sie in solchen Situationen »ganz automatisch« darauf verzichten, ihn »zur Räson« bringen zu wollen, und das Gespräch mit ihm erst nach Ablauf der Mindestfrist von etwa zwei Stunden suchen.

Einfache Situationen sind übersichtlich.

Komplizierte Situationen empfinden wir in der Regel als schwierig, weil sie neu sind oder weil sie zahlreiche zu berücksichtigende, nicht auf einen Blick zu überschauende Faktoren enthalten. Die Situation mutet uns unübersichtlich an. Per definitionem sind wir indes in der Lage, die Unübersichtlichkeit aufzulösen und die Situation zu beherrschen. Dies können wir, indem wir uns das nötige Wissen aneignen und/oder Experten zu Rate ziehen. Komplizierte Situationen gelten als lösbar, weil ihre Lösung von Informationen, Wissen und Können abhängt. Kompliziert in diesem Sinn ist beispielsweise,

Komplizierte Situationen gelten als schwierig, aber lösbar.

einen Vortrag zu einem noch fremden Themengebiet vorzubereiten und zu halten.

Komplexe Situationen verbinden »einfache« und »komplizierte« Lagen mit der Dynamik ihrer Elemente und Beziehungen zwischen den Elementen, also mit Wechselwirkungen und Wirkungsverläufen. Das bedeutet, dass sich die Situation in sich stets verändert und damit auch Veränderungen im Umfeld bewirkt (werden). Die Folge ist, dass wir das, was wir für eine »sichere« Entscheidung benötigen (etwa Informationen, Know-how, Ressourcen), zu dem Zeitpunkt, in dem wir entscheiden sollen, nicht vollständig vorliegen haben können. Damit verschließen sich komplexe Situationen standardisierten Lösungen. Konventionelle Prognose-, Planungs- und Analysemethoden können nicht eingesetzt werden. Denn die Ausprägung der Situation ist, eben wegen der immanenten Dynamik, jeweils einmalig – auch wenn das Problem an der Oberfläche identisch geblieben zu sein scheint. (Der HIV-Virus ist ein populäres und besonders tragisches Beispiel.)

Ein Beispiel: Nehmen wir an, in den letzten vier Wochen ist es sechsmal zu verzögerten Zulieferungen gekommen. Das Problem lautet also »sechsmal: Zulieferverzögerung«. Spätestens, wenn sich ein Ereignis häufig wiederholt, sollten wir es einer genaueren Betrachtung unterziehen. Wenn eine Lieferung zu einem Zeitpunkt auf einen ungewöhnlich langen Stau vor dem Zoll zurückzuführen ist, werden Sie vermutlich noch nichts weiter unternehmen. Eventuell werden Sie das aktuelle Verkehrsgeschehen näher beobachten, um Wiederholungen aus Verkehrsgründen vorzubeugen. Taucht zu einem anderen Zeitpunkt das gleiche Problem noch einmal auf, kann es andere Gründe haben. Beispielsweise kann es auf Streiks bei den Zulieferfirmen zurückgehen. In diesem Fall werden Sie vermutlich das Umfeld auf Streikanfälligkeit untersuchen und gegebenenfalls in Zusammenarbeit mit den Zulieferfirmen nach Vermeidungsstrategien suchen. Taucht das gleiche Problem zu einem dritten Zeitpunkt auf und entdecken Sie dabei, dass der Verzögerung innerbetriebliche Schwierigkeiten zugrunde liegen, etwa Liquiditätsprobleme oder Missmanagement, werden Sie vermutlich nach Alternativen Ausschau halten.

Komplexe Entscheidungs- oder Problemsituationen können wir am ehesten durchdringen, wenn wir diese im Hinblick auf sechs Aspekte untersuchen. Diese Aspekte bearbeiten wir zwar nacheinander, aber alle haben das gleiche Gewicht und sind aufeinander bezogen. Das sequenzielle Arbeiten ist eine Konzession an die Unmöglichkeit, ein Nebeneinander oder eben Simultanität im Denken zu verwirklichen. Dieses Defizit unserer psychischen Disposition fängt die Methodik der sechs Schritte auf, indem wir den Problemlösungsprozess interaktiv bewältigen: Jede »Lösung« ist eine Zwischen- oder eine Etappenlösung und wird an das bis dahin gewonnene Wissen angebunden. Diese Feedback- oder Konzept-Schleifen bieten den Vorteil, dass wir frühzeitig korrigierend eingreifen können.

Ich möchte Ihnen diese sechs Schritte kurz vorstellen, weil sie das Paradigma des systemischen Denkens auf der Handlungsebene umsetzen und damit das tun, was »operationalisieren« genannt wird.

Die sechs Schritte im Denk- und Problemlösungsprozess

1 Ziele werden definiert, und die Situation wird modelliert

Alte und neue Ziele, Ist und Soll werden gegenübergestellt. Es wird ausgewählt, was verfolgt werden soll, und vermerkt, aus welchen Gründen das geschieht. Dabei ist zu fragen, welche Zielsetzungen welche Maßnahmen erfordern und welche Wirkungen (Haupt- und Nebenwirkungen) dadurch ausgelöst werden können bzw. sollen. Es sollte hier unbedingt interdisziplinär gearbeitet werden, um eine möglichst große Vielfalt der Ansichten zu erhalten.

Das neue Denken in Aktion: sechs Schritte.

Im Einzelnen bedeutet dies:

❖ Zielgrössen bestimmen, das heißt, die zu verändernden Faktoren definieren, zum Beispiel Absatz, Qualität von Leistungen.
❖ Einflussfaktoren auflisten: Welche Faktoren oder Ereignisse bewirken etwas – und was wird bewirkt?
❖ Netzwerke skizzieren: Welche Faktoren wirken auf andere Faktoren in Bezug auf die Zielgröße ein? In welchen wechselseitigen Beeinflussungsprozessen stehen diese Faktoren: Was bewirken die Zielgrößen in Bezug auf die Einflussfaktoren und umgekehrt?

2 Wirkungsverläufe werden analysiert

Hier werden die Wirkungen, die Eingriffe auslösen, aus verschiedenen Perspektiven beleuchtet.

❖ Die Art des Einflusses muss ermittelt werden. Das heißt, gleich- und entgegengerichtete Verläufe werden hinsichtlich des Zieles, der Zielgrößen identifiziert (etwa: je höher – desto höher; je höher – desto niedriger).

❖ Auch die Intensität der Wirkungen muss eingeschätzt werden: In welcher Weise verläuft die Beeinflussung und Beeinflussbarkeit (reaktiv, träge, aktiv, kritisch)?

❖ Die Zeitverläufe spielen ebenfalls eine wichtige Rolle: Welche Zeit benötigen welche Wirkungsverläufe? (Zum Beispiel Preisveränderung im Hinblick auf den Absatz, Veränderung des Sortiments in Bezug auf Absatz, Veränderung der Produktpositionierung in Bezug auf den Absatz.)

3 Die zukünftigen Veränderungsmöglichkeiten müssen erkannt und integriert werden

Wichtig ist bei diesem Schritt, dass der Zeithorizont des Vorhabens definiert wird.

❖ Jene Einflussfaktoren müssen festgelegt werden, auf die wir keinen großen Einfluss ausüben (vgl. 1.).

❖ Die Schlüsselfaktoren, deren Einfluss auf unser Vorhaben groß ist, müssen erkannt werden (vgl. 2.: die aktiven Faktoren!).

❖ Auch der Szenarienbereich wird umrissen: Alle relevanten Einflussgrößen plus Umweltfaktoren werden einbezogen (beispielsweise die Veränderung von Gesetzgebung, Ressourcenausbeutung, Zugang zu Unternehmen, zu Staaten).

❖ Wahrscheinliche Szenarien werden entworfen.

❖ Genauso müssen auch unwahrscheinliche Szenarien ausgearbeitet werden: Extremvarianten, einschließlich veränderter Schlüsselgrößen: Was wäre, wenn …?

❖ Simulationsmodelle sind zu erstellen: Wie entwickelt sich unser Vorhaben, wenn sich die Rahmenbedingungen in der angenommenen Weise und im anvisierten Zeitraum ändern? (Basis: vgl. 2.)

4 Die Lenkungsoptionen werden abgeklärt

Die Lenkungsebenen bestimmen Personen, Gruppen, Abteilungen, Abläufe etc. Das bedeutet:

❖ Lenkbare und nicht lenkbare Parameter sind zu trennen: Was kann ich als Problemlöser beeinflussen; was nicht (zum Beispiel: Aus-, Weiterbildung; Kundenspektrum; demographische Entwicklung, Zeitgeist)?

❖ Indikatoren werden definiert, die Veränderungen der Gesamtsituation in Bezug auf Vorhaben anzeigen. (Beispielsweise ist ein Indikator für wachsende Zufriedenheit der Angestellten die Reduktion von Fehlzeiten.) Diese Indikatoren müssen entsprechend in den Lenkungsprozess eingebunden werden. Daraus ergibt sich, ob weitergemacht oder korrigiert wird.

❖ Mögliche Lenkungsmaßnahmen und ihre (vermutlichen) Wirkungen werden analysiert und simuliert. Die aktiven und kritischen Faktoren werden nachempfunden (vgl. 2.). Aus dieser Simulation kann gegebenenfalls in das Realgeschehen eingegriffen werden (beispielsweise werden Abläufe geändert, Beziehungsnetze neu organisiert: Regelkreise verändert).

5 **Aus den viel versprechenden Optionen werden jene ausgewählt, die umgesetzt werden sollen**

Am leichtesten ist es, wenn Sie per Kreativitätsmethoden alternative Strategien zur Umsetzung suchen. Gelangt man dann zu einer Entscheidung, und eine Strategie wird »auserkoren«, muss Folgendes noch beachtet werden:

❖ Die gewählte Strategie muss in ihrem Umfeld (Mittelbedarf, vorhandenes Leistungspotenzial, Schulungsbedarf etc.) bewertet werden (Rückgriff auf Szenarien, um zu sehen, welche Auswirkungen die Strategien wahrscheinlich zeitigen).

❖ Die zu realisierenden Strategie wird anschließend definiert. Das heißt, die Strategie wird in konkrete Projekte und Maßnahmen umgesetzt. Dabei ist es wichtig, dass erstens eine hohe Kommunikationsdichte gewährleistet ist. Denn wie wir gesehen haben, ist diese notwendig, um die Komplexität der einzelnen Situationen bewältigen, um also vernetzte Wirkungsverläufe in die Tat umsetzen zu können. Zweitens muss das Verhalten der einzelnen Elemente (vgl. 2. und 3.) beobachtet werden. Beispielsweise muss man fragen: Welche Maßnahmen werden im System unterstützt? Welche werden boykottiert? Wo entstehen Synergieeffekte (etwa: Lernbereitschaft allgemein fördern durch Lernwerkstätten oder vorhandene Probleme in Schulungen behandeln)?

❖ Es gilt die Autonomie kleiner Einheiten. Die Lern- und Entwicklungsfähigkeit der Akteure und Einheiten soll mit jeder Problemlösung erhöht werden. Das heißt, es müssen Mechanismen und Strukturen eingerichtet werden, die ein Gedächtnis haben, sodass die Selbstanpassung an Veränderungen wächst. In Bezug auf das Personal heißt dies, es werden Kompetenz-Kompetenzen ausgebildet. (Beispielsweise werden bei Schulungen neben Inhalten auch Lern- und Lehrmethoden vermittelt.)

6 Das Vorhaben bzw. die Problemlösung wird verwirklicht

Die Umsetzung eines Vorhabens bzw. einer Problemlösung erfolgt via Projektorganisation. Dabei wird folgendermaßen vorgegangen:

❖ Ein Kontrollinformationssystem wird eingerichtet: Alle Indikatoren (vgl. 4.) müssen erfasst werden.
❖ Dabei wird das Maß der Selbstlenkung bzw. Selbstorganisation erhöht (zum Beispiel wird der Freiheitsgrad erhöht via Delegation oder durch Einrichtung autonomer Gruppen). Zudem werden Lernmöglichkeiten installiert (beispielsweise Projekte zu den Themen »Unternehmenskultur«, »Führungsphilosophie«, »Selbstmanagement«, »Systemisches Denken«).

Ich habe diese sechs Schritte für Sie zusammengefasst, damit Sie einen Eindruck von den Anforderungen gewinnen, die durch das Systemdenken auf mentaler, kognitiver und der Verhaltensebene verlangt werden. So können Sie prüfen, inwiefern Ihnen diese Art des Denkens und Handelns liegt. Ihre Antwort hat Auswirkungen auf das, was Sie sich in Ihrer Position zumuten wollen und können.

Neubestimmung der Führungsfunktion und Anforderungen an das Verhalten

Handeln bei komplexen Sachverhalten.

Inzwischen werden Sie sich gewiss gefragt haben, ob das Handeln nach den neuen Unternehmens- und Führungsparadigmen »immer und überall« erwartet wird oder notwendig ist. Das ist es selbstverständlich nicht. Es sei noch einmal betont: Das systemisch-evolutionäre Führungshandeln wird insbesondere dann eingesetzt, wenn es erstens um komplexe Sachverhalte geht und zweitens Sie sich für eine Führungstätigkeit qualifizieren wollen, die über die operative Ebene hinausgeht.

Lassen Sie uns der Einfachheit halber die Führungsfunktionen in drei Kategorien gliedern: operativ, strategisch und normativ.

Im *operativen Bereich*, der meist die untere Führungsebene umfasst, dominieren dispositive Tätigkeiten wie das Bestimmen, Delegieren und Kontrollieren laufender Aktivitäten. Aufgaben, Ressourcen, Aufträge etc. werden hier konkret und kurzfristig zugeordnet. Wir können von »unmittelbarer Lenkung« sprechen.

Der *strategische Bereich* ist grundlegend und auf einen längeren Zeitraum angelegt. Diese Ebene legt die langfristige Ziel- ausrichtung eines Unternehmens bzw. seiner Schlüsselbereiche fest. Die adäquate Ausstattung der Unternehmenseinheiten geht von ihr aus. Das heißt, es wird dafür gesorgt, dass die einzelnen Abteilungen die Möglichkeit haben, grundlegende Aktivitätsfelder und Vorgehensweisen selbst zu definieren. In Strategiefragen geht es folglich darum, Voraussetzungen dafür zu schaffen, dass die zielorientierten Aktivitäten eines Unternehmens bzw. seiner Einheiten auch dann gewährleistet sind, wenn sich die Rahmenbedingungen ändern. Der Betrieb muss jederzeit durch eine effiziente operative Führung leistungsfähig sein. Dafür müssen die Voraussetzungen geschaffen werden.

Die höhere Führungsebene bedeutet, dass *normativ* gewirkt wird. Das heißt, der Wertekanon eines Unternehmens wird festgelegt. In der Führungsliteratur finden Sie zu dieser Dimension des Führungshandelns die Begriffe »Symbolisches Führen« und »Kulturmanagement«.

Wir werden auf diese drei genannten Führungsfunktionen später noch einmal zu sprechen kommen. Im Augenblick legen wir das Augenmerk auf die Konsequenzen, die den »neuen Führungsrealitäten« bezüglich des Selbstverständnisses und der Verhaltensanforderungen innewohnen.

Wenn Sie die aktuelle Literatur zur Führungspraxis lesen, wird Ihnen ein Szenario vermittelt, das formelle Führungshierarchien auf das absolut Notwendige reduziert und gleichzeitig »Führen« auf viele (idealiter: alle) Schultern verteilt. Die Devise lautet: »Jede und jeder trägt Führungsverantwortung, denn es wird wenig passieren, wenn wir davon ausgehen, dass nur das Topmanagement denkt und entscheidet.« Die Zielrichtung ist – ganz im Einklang mit dem systemischen Denken – klar: Jedes Unternehmensmitglied übernimmt Verantwortung für sich selbst, für andere, für die Kooperation und damit für die ganze Zielverfolgung. »Intrapreneurship« lautet ein weiteres Schlagwort in diesem Kontext. Damit hört »Führen« auf, (u.a.) eine Prestigefrage zu sein. Begehrlichkeiten werden (mitsamt ihren subversiven Folgeerscheinungen) eingeschränkt, insofern sie mit der traditionellen Führungsidentität verknüpft waren.

Die Vision neuer Führungsrealitäten: Alle können Führungskräfte sein.

Die »temporäre« Führungskraft.

Abgesehen von den wenigen Führungspositionen, die unangetastet bleiben (wie etwa das Topmanagement) steht am Beginn des Wandels folglich eine fundamental neue Deutung des Selbstbildes: Führungskraft zu sein, zeichnet sich nicht mehr durch eine Position, eine »stationäre Identität« aus, sondern durch funktions-, projekt-, aufgaben- und zielorientierte Tätigkeiten. »Führungskraft-Sein an sich« wird rein situativ begriffen. Es gibt – zugespitzt formuliert – keinen Anspruch mehr darauf, formell Führungskraft zu bleiben. Das neue Verständnis bezeichnet damit sowohl eine »episodische Identität« als auch ein prozessuales Geschehen. Führen bzw. die Identität einer Führungskraft geht auf in Handeln, wird entpersonalisiert und funktionalisiert.

Ein einfaches Beispiel illustriert die Botschaft: Sie sind Mitglied eines Projektteams und leiten dieses Team als Projektleiter. Ihre Führungsrolle und damit Ihre Identität als Führungskraft entfällt spätestens, wenn das Projekt beendet ist. Sie können bereits innerhalb des Projekts die Führungsrolle abgeben »müssen«, nämlich dann, wenn eine andere Person für einen Projektabschnitt geeigneter als Sie erscheint.

»Empowerment« lautet die Forderung.

Als zentrale Aufgabe und Funktion einer »temporären« Führungskraft ergibt sich so die Aufforderung, »Empowerment« zu betreiben. Eine Führungskraft soll dafür sorgen, dass andere in der Lage sind, eigenverantwortlich und unternehmerisch, letztlich selbstorganisiert zu handeln.

Dieses Führungshandeln verbietet Menschen via Anweisungen zu führen. Es hebt vielmehr hervor, dass Führen bedeutet, Verhaltens- und Wirkungs-, Lehr- und Lernabläufe zu ermöglichen. Damit wandelt sich der Begriff »Führen« vom direkten zum indirekten Führen (Gestalten, Lenken). Führungskräfte tragen die Verantwortung dafür, Rahmenbedingungen zu schaffen, die in Aussicht stellen, dass das Unternehmen zu einer lernenden Organisation wird. Deren Vision sind Menschen und Gruppen, die eigenverantwortlich, sich selbst organisierend und vernetzt arbeiten.

Indirektes oder »vermitteltes« Führen heißt die Devise.

Um dies zu erreichen, kann die Führungskraft die Norm »Unternehmerisch denkende und handelnde Mitarbeitende sind gefragt« aufstellen und anschließend so genannte »Intrapreneur-Teams« etablieren. Diese arbeiten in Konkurrenz zueinander und bieten ihre Dienstleistungen anderen Abteilungen im Unternehmen an. Beispielsweise denkt nicht nur die Ausbildungsabteilung über Konzepte der innerbetrieblichen Weiter- und Fortbildung nach, sondern auch einzelne Crews aus anderen Abteilungen. Diese erheben ihren aktuellen Trainingsbedarf, etwa zum Arbeiten in Teams, entwerfen einen

Schulungsplan und bieten ihn anderen Abteilungen an. Des Weiteren gibt es zahlreiche ebenfalls funktionsbezogene »Führungsrollen«, die Führung in dem Sinne realisieren, dass die Mitarbeiter autonomes Verhalten lernen und umsetzen.

Diese Rollen bzw. Funktionen visieren drei Zielrichtungen an. Sie sollen die Chancen erhöhen, dass ein Unternehmen sich langfristig am Markt behauptet. Führungskräfte sollen in dieser Hinsicht beitragen:

❖ zur Wegfindung (Vision, Mission);
❖ zu Kongruenz bzw. Kompatibilität (der Vision des Unternehmens. Abteilungen, Gruppen und Mitarbeitern);
❖ Empowerment (Herstellen und Fördern synergetischer Effekte zwischen den Visionen, Interessen und Potenzialen durch Befähigung zu selbstständigem Handeln).

Was Führungskräfte leisten sollen.

Entsprechend diesen Zielrichtungen ist von der Führungskraft als »Coach«, als »Leader« oder als »Kulturmanager« die Rede. (Falls Sie bei dieser Aufzählung die Rolle der Führungskraft als »Visionär« vermissen, hängt das damit zusammen, dass sowohl der »Leader« (Leadership als Führungskonzept) als auch der »Kulturmanager« (Führen durch Symbole als Konzept) von Visionen geleitet werden und somit beide das »Visionäre« vertreten.)

Bevor wir auf diese speziellen Führungsrollen und -philosophien ausführlicher eingehen, empfiehlt es sich, einem Missverständnis vorzubeugen, nämlich dem, dass eine Führungskraft »nur« eine bestimmte Führungsrolle verkörpert. Die Rollenentwürfe gehorchen nicht dem Ausschlussprinzip des Entweder-oder, sondern dem integrativen Prinzip des »Sowohl-als auch«.

Mit anderen Worten: Die drei Führungsrollen haben einiges gemeinsam, es gibt Überschneidungen und natürlich auch Unterschiede. Ihnen ist gemeinsam, dass sie, wenn auch in unterschiedlicher Gewichtung, folgende Funktionen abdecken:

Das Gemeinsame von Coach, Leader und Kulturmanager.

❖ *Integrieren:* Moderationsfunktion. Es sollte auch zwischen den Zeilen gelesen und hinter die Worte gehört werden. Motive und Interessen sind abzuklären und zu verbinden. Kommunikativer Austausch wird angeregt.
❖ *Vermitteln:* Aufgabe als Diplomat bzw. Botschafter. Angestrebt wird, die Zusammenarbeit auch bei unterschiedlichen Interessenlagen zu gewährleisten.

❖ *Auslösen:* Animations-, Katalysationsfunktion. Innovative Ansätze werden initiiert, zu ihnen wird ermutigt. Sie müssen erkannt und mitgestaltet werden.

❖ *Handeln:* Macherfunktion. Das heißt, es muss der Mut aufgebracht werden, Vorhaben pragmatisch und auch unkonventionell umzusetzen.

Um die eben genannten Funktionen erfüllen zu können, müssen Führungskräfte insbesondere folgende Verhaltensweisen zeigen:

Günstige Voraussetzungen, um die Anforderungen zu erfüllen.

❖ Selbstkritisch und beweglich, lehr- und lernbereit sein;
❖ eigene Denk- und Deutungs- sowie Verhaltensmuster kritisch beleuchten und diese erweitern, indem sie sich anderen öffnen;
❖ sich und anderen das Umlernen ermöglichen;
❖ von der Idee Abstand nehmen, Führen sei Aufgabe einer einzelnen Person, und zwar derjenigen, die diese Position bekleidet;
❖ stattdessen in der Überzeugung leben, dass die Führungsrolle durch eine »natürliche Autorität« untermauert wird, nicht durch eine »hierarchische Autorität« (Eine gewisse Macht ist notwendig, um Handlungen zu initiieren und in die Realität umzusetzen. Diese Macht sollte aber nicht missbraucht, sondern weise eingesetzt werden. In der Fachliteratur findet man dafür auch den Begriff der »transformativen Führung«.);
❖ dem einzelnen Mitarbeiter die berufliche Kompetenz sichern, indem eigenverantwortliches Arbeiten ermöglicht wird. (Dies kann zum Beispiel im Verkauf über den Leitsatz erfolgen: »Machen Sie das, was Sie gern für die Kunden tun.«);
❖ und sie sollten auch klar kommunizieren; deutlich sagen, was sie wollen; was sie von anderen erwarten und worin ihr eigener Beitrag besteht.

Die Unterschiede zwischen Coach, Leader, Kulturmanager.

Die Unterschiede in den drei genannten Führungsrollen ergeben sich daraus, dass der Schwerpunkt verschieden gelagert ist: Der Coach ist direkt auf Mitarbeiterführung bezogen und findet sein primäres Aktionsfeld in der individuellen Betreuung von Mitarbeitenden und Teams. Der Leader sorgt sich in erster Linie darum, Beziehungsnetzwerke zu spinnen, und legt das Fundament dafür, dass alle Beteiligten und Betroffenen an einem Strang ziehen. Der Kulturmanager kümmert sich vorzugsweise um die kulturellen Rahmenbedingungen, um Werte und Normen, Rituale und Symbole, nach denen im Unternehmen gehandelt wird. Wie schon gesagt, wird von den Letztgenannten visionäre Kraft erwartet und damit eine strategische Handlungsorientierung auf Zukünftiges.

Im nächsten Abschnitt setzen wir uns mit diesen Führungsrollen detaillierter auseinander. Vorher erläutere ich Ihnen jedoch kurz den Begriff der Rolle. Das erscheint mir sinnvoll, weil es sich um einen Terminus technicus handelt, dem Sie häufig begegnen werden.

Exkurs: Der Begriff »Rolle«

»Rolle« ist ein soziologischer Terminus. Er symbolisiert ein Bündel an Verhaltensanforderungen, an Erwartungen, Rechten und Pflichten, Erlaubnissen und Verboten. Wer eine Rolle übernimmt (»spielt«), muss sich – will er als Träger einer bestimmten Rolle erkannt werden – an Regeln halten. Eine Rolle lebt von Konventionen. Die Rolle definiert, welche Erwartungen an den Rollenträger »selbstverständlich« herangetragen werden und wozu er sich seinerseits verpflichtet. Eine Rolle bündelt Optionen und Obligationen.

Eine »Rolle« ist ein Bündel von Übereinkünften.

Jeder Mensch »spielt« unterschiedliche und mehrere Rollen, etwa die Rolle als Elternteil, als Vereinsmitglied, als Partner. Nehmen wir als erstes Beispiel die Elternrolle:

Von Trägerinnen und Trägern der Elternrolle wird beispielsweise erwartet, dass sie die Verantwortung für ihre Kinder übernehmen, fürsorglich sind, sich um das Wohl, die (Aus-)Bildung und die wachsende Selbstständigkeit der Kinder bemühen. Diesen rollenkonformen Übereinkünften als Geboten (und Erwartungen, die Kinder an ihre Eltern stellen können) stehen Verbote gegenüber, etwa Kinder auszusetzen, zu verkaufen oder zu misshandeln. Die Elternrolle verlangt heute ferner, dass Kindern das Spielen, das Sich-schmutzig-Machen etc. erlaubt wird, und sie nicht, wie es noch im 19. Jahrhundert Usus war, Kinder als kleine Erwachsene zu kleiden und zu behandeln. Wir verpflichten uns mit der Rollenübernahme, ein mehr oder minder präzise definiertes Set an Verhaltensregeln zu befolgen. Insofern vollziehen Rollenträger rollenspezifische Erwartungen.

Beispiel: Die Rolle »Eltern«.

Gleichzeitig begründet eine Rolle Erwartungs-Erwartungen, das heißt: Die Rollenträger selbst erwarten von den komplementären Rollenträgern (also Eltern von ihren Kindern), dass mit der Rolle zusammenhängende Ansprüche auch erfüllt werden – und rechnen damit, dass diese wiederum etwas Bestimmtes erwarten. Etwa erwarten Eltern von ihren Kindern Folgsamkeit, das Erhören elterlicher Ratschläge. Gleichzeitig kalkulieren sie mit ein, dass die Kinder genau dies erwarten (nämlich, dass Eltern Gehör zu schenken ist, dass elterliche Autorität zu suchen und zu finden ist). Eltern und Kinder pflegen also qua Rollenbeziehung wechselseitig Ansprüche und orientieren sich an »Spielregeln«, die den Rollen innewohnen.

Diese »Spielregeln« können sich im Lauf der Zeit ändern. Insbesondere im Verlauf unseres Jahrhunderts hat sich das Gefüge der »Erwartungs-Erwartungen« oder Verpflichtungen der Eltern-Kind-Rollenbeziehung inhaltlich gravierend gewandelt. Die Konfiguration von Eltern als alles bestimmenden, nicht kritisierfähigen Erziehungssubjekten und – ergänzend – von Kindern als gehorchenden, sich dem elterlichen Wollen unterwerfenden Erziehungsobjekten hat sich verändert. Heute dominiert das Bild einer eher freundschaftlichen Beziehung von gleichgestellten Personen, in der Eltern ideell als Primi inter Pares erscheinen und Kindern eine eigene Persönlichkeit zugestanden wird, die es zu entfalten gilt.

Die Bedeutung einer »Rolle« verändert sich im Laufe der Zeit.

Kurzum: Das inhaltliche Verständnis, wie eine Rolle ausgefüllt wird und welchem Zweck sie dient, unterliegt historischen Veränderungen. Dabei wird das Alte nicht notwendig durch das Neue ersetzt, sondern existiert neben ihm. Wir erleben dies als Diversifikation des Rollenverständnisses und als Vervielfältigung der Rolle. Die Folge ist, dass die Mannigfaltigkeit und Verschiedenartigkeit einer Rolle erhöht werden.

Wir beobachten aber regelmäßig, dass diese Zunahme an Wahl- und Handlungsmöglichkeiten als Verlust und nicht als Bereicherung empfunden wird. Dieses Verlustgefühl rührt daher, dass »ein-deutige« Orientierungen verloren gehen und wir nicht mehr genau wissen, was wir tun sollen. Seit Jahren wird diskutiert, dass unsere Zeit unter einem »Werteverlust« leidet. Dieser angebliche »Werteverlust« beschreibt das subjektive Gefühl der Desorientierung. Dieses wiederum hat seine Quelle in der »Wertepluralität«: Uns sagt nicht mehr nur eine Norm, was zu tun, was anzustreben und was ungebeten ist, sondern wir müssen aus einer enormen Vielfalt selbst herausfinden, wonach wir leben wollen. Es geht also nicht um einen Verlust der Werte, sondern um einen Verlust an Orientierung und Verhaltenssicherheit.

Kapitel 6: Die Führungsrollen: Coach, Leader, Kulturmanager

Gewiss haben Sie bemerkt, dass es sich mit der Rolle »Führungskraft« sehr ähnlich verhält. Auch diese Rolle erfuhr und erfährt Wandlungen, die direkt auf jene rückwirken, die die Führungsrollen übernehmen.

Schlagwortartig haben wir die Wandlungen in der Rolle »Führungskraft« bereits in den vorangegangenen Kapiteln skizziert. Dort umrissen wir bereits die Auswirkungen, die die inhaltliche Neubesetzung der Rolle hervorruft. Die Führungsrolle hat sich seit den Zwanzigerjahren sehr verändert. Unter Führung werden nun verschiedene Verhaltensweisen verstanden. Ferner werden ihr unterschiedliche Rechte und Pflichten zugeordnet. Je nach Führungsphilosophie!

Das bedeutet: Die Führungsrolle ist in sich heterogen. Es gibt unterschiedliche Verständnisweisen, je nach Konzept und Funktion. Genau genommen geht es nur um eine einzige Rolle. Deshalb dürften wir nicht von mehreren »Führungsrollen« sprechen, sondern nur von unterschiedlichen »Führungsfunktionen«.

Diese Funktionen haben Namen erhalten, beispielsweise »Coach«. Im Führungsdiskurs genauso wie in der Praxis wurden diese Namen zu Konzepten oder gar Philosophien überhöht. Damit Irritationen unterbleiben, schließen wir uns diesem Sprachgebrauch insofern an, als wir von den Rollen »Coach«, »Leader« und »Kulturmanager« sprechen. Die drei Rollen werde ich Ihnen nun ausführlicher erläutern und zur Verdeutlichung Ihrer eigenen Haltung für Sie jeweils einen »Test« anschließen.

Coach

Die Coach-Rolle entspricht am ehesten dem, was bis dato »Mitarbeiterführung« genannt wurde. Sie stellt das Individuum ins Rampenlicht und verpflichtet sich zu einer individualisierten Mitarbeiterführung. Die Aufgabe des Coaching-Prozesses liegt darin, den Mitarbeiterinnen und Mitarbeitern eigenverantwortliches und selbstständiges Arbeiten zu ermöglichen. Coaching bedeutet: Lern- und damit Wachstumprozesse in Gang zu setzen – mit dem Ziel, Mitarbeitende unternehmerisch denken und handeln zu lassen. Das Ziel ist also »Empowerment«.

In diesem Prozess muss die Führungskraft zahlreiche Facetten im Blick haben und diese miteinander vernetzen:

❖ das Aufgabenumfeld (Tätigkeit, Ziele, Normen der Leistungserbringung, Ressourcen),
❖ das personelle oder soziale Umfeld (Kolleginnen, Kollegen, Mitarbeiterinnen und Mitarbeiter, Führungskräfte, Kundinnen und Kunden etc.),
❖ Fachkompetenz,
❖ soziale Kompetenz,
❖ Wünsche, Visionen von Laufbahn und Entwicklungsrichtungen,
❖ Weiter-, Fortbildungsmöglichkeiten.

Diese Aspekte setzt die Führungskraft in Beziehung zu den einzelnen Mitarbeitenden: Sie wendet sie also personenspezifisch an. Das verlangt von der Führungskraft, sich jeder und jedem individuell zu widmen und in einem ständigen Austausch mit allen zu stehen.

In der klassischen Terminologie gesprochen, bewegt sich die Führungskraft in ihrem Handeln in der Spannbreite vom patriarchalischen bis hin zum Laisser-faire-Führungsverhalten. Der Coach »betreut« bedürfnis- und bedarfsorientiert. Seine Betreuungsakzente bestimmt er je nach Person, Aufgabe und Ziel sowie Leistungsumfeld. Danach richtet er die dritte Führungsdimension aus: das Dürfen. Das heißt, die Handlungsspielräume der einzelnen Mitarbeitenden fallen spezifisch aus.

Vereinfacht formuliert, bedeutet dies: Mitarbeiter, die mit ihrer Tätigkeit noch unvertraut sind oder ihr »Handwerkszeug« erst noch erlernen, »unterweist« der Coach. Er unterstützt sie, indem er ihnen das Was-wann-wo-wie erklärt. Jenen Teammitgliedern, die zwar fachlich firm, aber unmotiviert sind, bietet der Coach erweiterte Handlungsspielräume an, um sie durch attraktive Arbeitsmöglichkeiten wieder zu motivieren und damit zu reaktivieren. Sind Mitarbeitende zu eigenverantwortlichem Handeln motiviert und auch fähig, delegiert der Coach. Er gibt Aufgaben und Verantwortung ab und steckt den Handlungs- und Entscheidungsspielraum weitläufig ab.

Die Handlungsmaximen eines Coachs können selbstverständlich auch anders formuliert werden. Etwa als Zielvereinbarungsprozess. Der Coach ist mit seinen Mitarbeitern ständig darüber im Gespräch, welche Zielerreichung welchen Bedarf an Qualifizierung, Ressourcen, Freiräumen und Unterstützung erfordert.

Der Coach fungiert also gegenüber Einzelnen wie Gruppen als jemand, der:

❖ beim Erkennen beruflicher Ziele, Qualifikationen, Laufbahnausrichtung unterstützt und für eine offene Diskussion sorgt;
❖ Normen für Leistung und Verhalten definiert, Zusammenhänge zwischen ihnen herstellt;
❖ Feedback darüber im Rahmen von Karriereperspektiven (auch außerhalb der eigenen Firma) anbietet;
❖ Optimierungs-, Verbesserungsvorschläge im Sinne von Initialzündungen gibt;
❖ die Zusammenhänge zwischen Unternehmenskultur, -philosophie, -politik und der Tätigkeit der Einzelnen und Gruppen transparent macht;
❖ Sinnzusammenhänge herstellt sowie
❖ Entwicklungsplanung betreibt.

Vom Coach wird damit neben analytischen und kombinatorischen Fähigkeiten eine ausgeprägte Sensibilität für andere verlangt. Es wird erwartet, dass er bereit und kompetent ist, sich auf sein Gegenüber einzustellen. Aufgaben und Ziel des Coachs liegen darin, individuell dosiert Empowerment zu betreiben. Folglich muss er Rahmenbedingungen schaffen, in denen Mitarbeitende eigenverantwortlich arbeiten und lernen können. Insofern hat er in erster Linie die Funktion eines Analytikers, Koordinators und Integrators, eines Planers und Organisators sowie Beraters.

Was es erleichtert, »ein guter Coach« zu sein.

Die Rolle des Coachs kann insbesondere von Personen wahrgenommen werden, die gern mit anderen und für andere arbeiten und diesbezüglich zuverlässig sind. Ein Coach sollte Menschen mögen. Ein zusätzliches Faible für psychologische Zusammenhänge wäre gut, denn das hilft, den analytischen Blick zu schärfen. Auch das Interesse für wirtschafts- und bildungspolitische Entwicklungen sollte vorhanden sein, denn es erhöht das Beratungsniveau im Hinblick auf Karriereperspektiven.

Test: Coachen – aber wie?

Wie verstehen Sie »Coachen«.

Im Folgenden erhalten Sie zehn Situationen, mit denen Sie als Führungskraft konfrontiert werden. Jeder Situation sind vier mögliche Reaktionsweisen zugeordnet. Bitte lesen Sie die Antwortmöglichkeiten, und erstellen Sie eine Rangfolge Ihrer möglichen Reaktionen. Bedenken Sie dabei, dass die Reaktionsweisen Ihre persönliche Präferenz nur annäherungsweise und tendenziell beschreiben. Geben Sie jener Antwort, die Ihre Tendenz am ehesten wiedergibt, eine 1, der zweitbesten eine 2, der drittbesten eine 3 und derjenigen Antwort, die am wenigsten für Sie in Frage kommt, eine 4.

---

1 Im Zuge der Zusammenlegung von zwei Abteilungen sind Sie seit einem Jahr Vorgesetzte bzw. Vorgesetzter einer Gruppe von acht Personen. Nach etwa drei Monaten des »Zusammenraufens« können Sie inzwischen behaupten, dass die Kooperation sehr gut klappt. Nur mit einem Mitarbeiter haben Sie Schwierigkeiten. Er ist etwa zehn Jahre älter als Sie und gehört dem Unternehmen auch länger an als Sie. Er verkörpert eine Schlüsselperson in der Abteilung insofern, als er über ein nur äußerst schwer ersetzbares Know-how verfügt. Das hauptsächliche Problem, das Sie mit ihm haben, liegt darin, dass er Ihre Zielvorgaben nicht annimmt. Die Zielvereinbarungsgespräche geraten fast jedes Mal zu Neuverhandlungen. Mit den Kompromissen sind Sie selten zufrieden. Sie wollen das ändern und haben ein Gespräch mit ihm vereinbart.

☐ D Sie versuchen in dem Gespräch, dem Mitarbeiter verständlich zu machen, dass Sie ihm zwar völlig freie Hand lassen, wie er die Zielvorgaben erreicht. Die Zielvorgaben selbst hingegen sind nicht diskutabel.

☐ A Sie verdeutlichen den Zusammenhang zwischen Ihren Zielvorgaben, dem Unternehmensinteresse und den mangelhaften Kompromissen. Sie sind entschlossen, dem Mitarbeiter keine Verhaltensvorgaben zu machen, da er lang genug im Unternehmen und in verantwortlicher Stellung ist, um den Sinn der Vorgaben selbst einzusehen.

☐ B Sie bemühen sich, zu dem Mitarbeiter eine bessere Beziehung aufzubauen. Deshalb wollen Sie von ihm erfahren, womit er unzufrieden ist, was ihn an Ihnen stört und warum Ihre Zielgespräche fast immer in Neuverhandlungen münden.

☐ C Sie haben Ihres Erachtens die »Schacherei« lange genug mitgemacht. Jetzt, meinen Sie, ist es an der Zeit, ihm klipp und klar zu sagen, dass Sie die Ziele bestimmen. Hält er sich nicht daran, so muss er die Konsequenzen ziehen.

2 Sie haben eine neue Mitarbeiterin erhalten. Bereits in dem ersten ausführlichen Gespräch über ihre künftigen Aufgaben und Zuständigkeiten teilt sie Ihnen offen mit, dass sie gewohnt sei, eigenverantwortlich, selbstständig und ergebnisorientiert zu arbeiten.

    ☐ C   Sie wollen sich zunächst einmal von der vorgeblichen Selbstständigkeit und Kompetenz überzeugen und werden Sie sehr genau kontrollieren.

    ☐ A   Sie schenken ihrer Aussage Glauben und werden ihr lediglich die Ziele, die sie zu erreichen hat, mitteilen und das Ergebnis kontrollieren.

    ☐ B   Sie werden ihr mitteilen, dass Sie von Ihrem Können überzeugt sind. Trotzdem würden sie ihr in der nächsten Zeit besondere Unterstützung bieten, damit sie sich in das neue Team schnell einleben könne.

    ☐ D   Sie werden mit ihr ausführliche Zielvereinbarungsgespräche führen und auch die Methoden, mit denen sie die Ziele erarbeitet, diskutieren.

3 Die Abteilung, in der Sie bis dato sechs Jahre in einer Stabsfunktion arbeiteten, wurde reorganisiert. Zu Ihrer Überraschung wurde Ihnen die Teamleitung der neu entstandenen Gruppe übertragen. Sie freuen sich über diese neue Verantwortung. Gleichzeitig ist Ihnen ein wenig unwohl, weil Sie zum ersten Mal Führungsaufgaben übernehmen und Sie darauf nicht vorbereitet sind.

    ☐ C   Um möglichst wenig Fehler zu machen, nehmen Sie sich vor, die Zielerreichung zum Primat zu erheben, alles genau zu planen und Ihren Sachverstand zu nutzen. Sie nehmen außerdem an, dass dies der beste Weg ist, um sich Respekt zu verschaffen.

    ☐ B   Sie werden anregen, sich in den ersten Wochen öfter zu treffen, um einander besser kennen·zu lernen und persönliche Beziehungen aufbauen zu können.

    ☐ D   Sie werden in der ersten Teamsitzung Ihre Unsicherheit offen gestehen und die Teammitglieder um Feedback und Unterstützung bitten.

    ☐ A   Sie gehen davon aus, dass die Teammitglieder kompetent genug sind, um selbstständig zu arbeiten, und beschränken sich vor allem darauf, die Ziele vorzugeben und die Resultate zu kontrollieren.

4 Seit zwei Jahren führen Sie die Programmierabteilung, fünfzehn Personen. Die Zusammenarbeit funktioniert auf der sachlichen Ebene hervorragend. Ihr Problem bewegte sich seit jeher ausschließlich auf der zeitlichen Ebene. Es war Ihnen nie möglich, alle Mitarbeiter dazu zu bringen, in der Kernzeit von neun Uhr bis sechzehn Uhr anwesend zu sein. Sie haben damit leben gelernt, weil es nur drei Programmierer sind, die mehr oder minder kommen und gehen, wann sie wollen. Bei den drei Personen handelt es sich um »echte Originale«, die fachlich als Genies gelten. Sie arbeiten manchmal auch nachts und erledigen ihre Aufträge zeitlich korrekt und exzellent. Nun ist Ihre großzügige Anwesenheitskontrolle im Unternehmen bekannt geworden, und Ihr Chef fragte Sie vor ein paar Tagen, ob Sie Ihre Mitarbeiter »nicht im Griff« hätten.

    ☐ C   Sie werden die drei Personen zu einer Unterredung bitten, um ihnen klarzumachen, dass die Kernzeiten ab sofort auch für sie gelten. Sie werden sich dabei auf den »Druck von oben« berufen, um Ihrer Aufforderung Nachdruck zu verleihen.

☐ A   Da die Ergebnisse des Trios hervorragend sind und nicht beanstandet werden können, lassen Sie alles, wie es ist.

☐ B   Sie werden die drei um ein Gespräch bitten und ihnen erzählen, dass ihr Verhalten »oben« unangenehm auffällt. Sie werden ihnen nahe legen, um ihrer eigenen Ruhe und Sicherheit willen doch die Kernzeiten einzuhalten.

☐ D   Sie werden Ihre ganze Gruppe zusammenrufen, ihr die Sachlage erläutern und beraten, was zu tun ist.

5 Sie haben die Leitung eines Bereichs mit dreizehn Personen übernommen, weil Ihr Vorgänger das Unternehmen wechselt. Dieser war für seine väterlich-autoritäre Führung bekannt. Der Bereich hatte aufgrund seiner Resultate einen guten Ruf. Sie führen die Gruppe seit drei Monaten und setzten bisher auf eigenverantwortliches Arbeiten. Da aber die Ergebnisse zu wünschen übrig lassen und die Abstimmung in der Arbeit unter den Mitarbeitenden nicht funktioniert, überlegen Sie, was Sie tun sollten.

☐ A   In einer gemeinsamen Besprechung werden Sie das Resultat, das der Bereich zu erzielen hat, sowie seinen Stellenwert zum Unternehmensziel erläutern. Wenn das von allen verstanden ist, werden Sie sich zurückziehen, weil Sie davon ausgehen, dass die Transparenz genügen sollte, um Aufgaben und Zuständigkeiten in eigener Regie innerhalb der Gruppe abzuklären.

☐ C   Sie entschließen sich, das zu bearbeitende Projekt exakt zu planen und die Arbeit auf die einzelnen Mitarbeiterinnen und Mitarbeiter zu verteilen. Sie werden allen Ziele vorgeben und fixe Termine nennen. Die Koordination der Einzelbeiträge übernehmen Sie ebenfalls selbst.

☐ D   Sie werden mit der Gruppe in einer ausführlichen Diskussion die zu bearbeitenden Ziele und Zeitrahmen besprechen und anbieten, individuelle Zielvereinbarungsgespräche zu führen. Ferner legen Sie fest, dass Sie die Koordinationssitzungen moderieren.

☐ B   Sie beschließen, in Einzelgesprächen die Probleme der Mitarbeitenden herauszufinden, Ziele zu setzen und jedem Hilfe anzubieten. In einer anschließenden Teamsitzung werden Sie die Gesamtaufgabe und die Verantwortung hervorheben, die jede und jeder für das Gruppenklima und Teamergebnis trägt.

6 Einer Ihrer Mitarbeiter hat darum gebeten, einen Kurs zum Thema »Soziale Kompetenz« besuchen zu dürfen, um sich persönlich weiterzuentwickeln. Daraufhin ließen Sie seine fachliche Leistung Revue passieren und kamen zu dem Schluss, dass er eigentlich viel dringender »Arbeitsorganisation« und »Persönliche Arbeitstechnik« lernen müsste.

☐ C   Sie werden ihn mit seinen Mängeln konfrontieren und ihn auffordern, einen Kurs zur Verbesserung seiner Arbeitsorganisation zu besuchen, um seine Effizienz zu erhöhen.

☐ B   Sie werden mit ihm seine Defizite diskutieren und ihm anbieten, dass Sie seinem Wunsch gerne entsprechen, wenn er diese Defizite beseitigt.

☐ D Sie werden ein Beurteilungsgespräch mit ihm durchführen, in dem er sich selbst und anschließend Sie ihn beurteilen. Danach werden Sie ihn bitten, seine Prioritäten für Kursthemen zu nennen. Sollte er auf seinem Wunsch beharren, vereinbaren Sie mit ihm, dass er Ihnen nach dem Kurs berichtet, was er gelernt hat und was er in Zukunft bei sich verändern möchte.

☐ A Sie werden mit ihm zunächst über seine Defizite sprechen und ihm empfehlen, im ersten Schritt seine organisatorischen Fertigkeiten zu verbessern. Stoßen Sie auf Widerstand, können Sie auch damit leben und erlauben ihm, einen Kurs seiner Wahl zu besuchen.

7 Eine Mitarbeiterin trägt an Sie das Anliegen heran, ein Projekt eigenständig leiten zu dürfen. Die Mitarbeiterin hat bisher sehr gute Arbeit geleistet, aber noch nie eigenverantwortlich einen ganzen Auftrag erledigt.

☐ A Sie gewähren ihr den Wunsch, weil Sie der Auffassung sind, dass sich die Mitarbeiterin bisher sehr gut selbst einschätzen konnte. Daher vertrauen Sie auch diesmal darauf. Außerdem gibt es ohne Experimente keinen Fortschritt.

☐ B Sie versuchen, ihr das Anliegen auszureden, indem Sie die Verantwortung deutlich machen, die auf ihr lasten würde. Gelingt es Ihnen nicht, sie von Ihrem Wunsch abzubringen, sagen Sie zu, machen aber zur Bedingung, dass Sie häufige Zwischenkontrollen durchführen würden und über alles stets informiert sein wollten.

☐ C Sie geben dem Wunsch nur zum Teil statt: Sie gewähren ihr, einen Teilbereich allein zu bearbeiten. Schafft sie die Vorgaben, sind sie bereit, ihr das nächste Mal ein ganzes Projekt zu geben.

☐ D Sie führen mit der Mitarbeiterin ein grundlegendes Gespräch darüber, wie sie sich selbst sieht und was sie sich selbst zutraut. Ferner geben Sie ihr Rückmeldung über Ihre Einschätzung. Sie streben an, mit ihr zu vereinbaren, dass sie ein Projekt erhält und Sie in abgestimmten Intervallen über den Stand und die Schwierigkeiten informiert.

8 Ihnen wurde infolge einer Umorganisation der Abteilung die Leitung eines neu zusammengestellten Teams übertragen. Sie arbeiten mit den Personen in dieser Konstellation seit fünf Wochen zusammen. Während dieser Dauer haben Sie registriert, dass ein Mitarbeiter viel Energie dafür aufbringt, Ihre Entscheidungen und Anweisungen zu torpedieren. Außerdem haben Sie gehört, dass er sich hinter Ihrem Rücken lustig über Sie macht.

☐ D Sie vereinbaren mit dem Mitarbeiter eine Aussprache. Darin streben Sie an, mit ihm die wechselseitigen Erwartungen zu klären und gemeinsam Ziele zu vereinbaren.

☐ A Sie unternehmen nichts, weil Sie davon ausgehen, dass sich der Mitarbeiter spätestens dann besinnen wird, wenn er keine guten Resultate vorweisen kann. Außerdem vertrauen Sie darauf, dass sich Gerüchte leer laufen, wenn ihnen der Nährboden fehlt.

☐ C Sie stecken dem Mitarbeiter hohe Ziele und enge Termine, um ihn auf diese Weise zur Räson zu bringen.

☐ B Sie laden den Mitarbeiter zu einem Gespräch ein. Ihr Ziel ist es, zu ihm eine gute Beziehung zu entwickeln und ihm zu versichern, dass Sie ihn gern bei seinen Tätigkeiten unterstützen.

9 Vom obersten Management wurde der Abteilung, die Sie leiten, aufgetragen, eine bedürfnisorientierte Arbeitszeitregelung zu entwerfen. Sie haben völlig freie Hand und können Ihrer Phantasie freien Lauf lassen. Die einzige Auflage, die Ihnen gemacht wurde, besteht darin, Ihren Entwurf in Ihrer Abteilung als Pilotprojekt auszuprobieren. Das Topmanagement hat Ihre Abteilung als Pilot gewählt, weil sie bisher Veränderungen stets aufgeschlossen mit entworfen und unterstützt hat. Zudem sind Ihre Mitarbeiterinnen und Mitarbeiter dafür bekannt, verantwortlich und selbstständig zu arbeiten.

☐ D Angesichts der Brisanz dieses Pilotprojekts werden Sie mit der Gruppe ein Brainstorming für die Ideengewinnung durchführen, ausgiebig über die Richtlinien der Aufgabe und des Entwurfs diskutieren, die Steuerung des Projekts diesmal allerdings selbst übernehmen.

☐ B Sie bereiten einen Vorschlag vor, mit dem Sie in die erste Projektsitzung gehen. Sie ermutigen Ihre Abteilungsmitglieder dazu, auch eigene Ideen zu formulieren, achten indes darauf, dass der Rahmen, den Sie sich vorstellen, nicht gesprengt wird.

☐ A Sie besprechen mit der Gruppe die Zielsetzung und vertrauen darauf, dass sich diese auch diesmal selbst organisiert und die Aufgabe verantwortungsbewusst und kompetent durchführt.

☐ C Sie entschließen sich, dieses Mal das Projekt straff zu führen, sich genau um die Planung zu kümmern und den Prozess eng zu kontrollieren.

10 Die Geschäftsführung hat eine neue Unternehmensphilosophie in Form von Führungsrichtlinien erlassen. Dieses Regelwerk an Verhaltensweisen fordert Führungskräfte dazu auf, mehr als bisher auf das selbstverantwortliche und eigeninitiative Arbeiten zu setzen und damit: Aufgaben und Verantwortung verstärkt an Mitarbeitende abzugeben. Propagiert wird das »unternehmerische Denken und Handeln aller Firmenmitglieder«.

☐ A Sie informieren in einer Besprechung mit Ihrer Gruppe über die Leitlinien und diskutieren, was sie für das Verhalten in der Gruppe und für Sie als Führungskraft bedeuten. Da Sie den philosophischen Ansatz unterstützen, sehen Sie in den Leitlinien eine Chance, Freiraum für weitere (und nicht nur personbezogene) Führungsaufgaben zu gewinnen. Folglich teilen Sie Ihren Mitarbeiterinnen und Mitarbeitern mit, ab sofort im Sinne der Philosophie führen zu wollen.

☐ D Sie besprechen mit Ihrer Gruppe, was unternehmerisches Denken und Handeln für alle, einschließlich Sie selbst, bedeutet, und bitten Ihre Mitarbeiterinnen und Mitarbeiter, dass sich jede und jeder Gedanken darüber macht, worin Ihre Unterstützung in diesem Lernprozess individuell und im Team bestehen soll.

☐ C Sie halten die Leitlinien wie auch das Postulat vom »unternehmerischen Denken und Handeln« für eine hohle modische Phrase und kündigen an, dass sich weder an der Arbeit noch daran, dass Sie die Gesamtverantwortung tragen, grundsätzlich etwas ändern wird.

☐ B Sie diskutieren mit Ihren Mitarbeitenden die neuen Richtlinien und ermutigen zu Anregungen, wie sie diese leben wollen. Gleichzeitig vermitteln Sie unmissverständlich, dass Sie nicht darauf bestehen, dass jede und jeder danach handeln muss und Sie selbstverständlich nach wie vor mit Rat und Tat zur Seite stehen.

Tragen Sie nun in die folgende Tabelle bitte jeweils die Rangfolge Ihrer Präferenzen ein und summieren Sie diese unter A, B, C und D.

	A	B	C	D
Situation 1				
Situation 2				
Situation 3				
Situation 4				
Situation 5				
Situation 6				
Situation 7				
Situation 8				
Situation 9				
Situation 10				
Total				

Die Spalte, die die höchste Punktzahl aufweist, zeigt Ihr primäres Führungsverhalten.

Auswertung

Führungsverhalten unter A

Haben Sie mehrheitlich diese Kategorie von Führungsverhalten gewählt? Dann verstehen Sie Coachen vor allem als »**Machenlassen**«. Sie vertrauen weitgehend darauf, dass sich Ihre Gruppenmitglieder selbst organisieren wollen und dies prinzipiell auch können. Diese »Selbstorganisation« umfasst für Sie den gesamten Bereich verantwortungsbewussten Handelns, also die Bereitschaft und Fertigkeit aufseiten der Mitarbeiter:

Coachen als: »Die Mitarbeiter selbst machen lassen«.

❖ grundsätzlich eigenverantwortlich zu handeln;
❖ den individuellen Status der fachlichen Entwicklung kritisch zu beleuchten;
❖ eigenen Qualifikationsbedarf anzumelden;
❖ gern Neues auszuprobieren und zu lernen;
❖ Kooperation als Chance für die persönliche Entwicklung sowie auch für das Team zu begreifen;
❖ Teamarbeit als Möglichkeit zu verstehen, Synergien zu erzielen.

Ihre eigene Rolle als Coach sehen Sie vorzugsweise in der Funktion, als Katalysator zu wirken und die Eigendynamik der Gruppe in Gang zu setzen. Sie stellen sich nicht in den Vordergrund, »kehren die Chefposition« nicht heraus. Sie bevorzugen es, Ihre Führungstätigkeit darauf zu beschränken, die Ziele bekannt zu geben, sie in den Gesamtzusammenhang mit dem Unternehmensinteresse einzuordnen und die Ergebnisse zu kontrollieren.

Die »positiven« Wirkungen, die Ihr Verständnis von Coaching haben, liegen vor allem darin, dass Sie Ihren Mitarbeiterinnen und Mitarbeiter einen breiten Raum für die persönliche Entwicklung lassen. Durch Ihr Vertrauen, das Sie Ihren Mitarbeitern schenken, »verpflichten« Sie diese gleichzeitig dazu, ihr Bestes zu geben. Ihres Erachtens fördert die Möglichkeit, eigen- und ergebnisverantwortlich zu handeln, das Engagement Ihrer Teammitglieder.

Dieses Verständnis von Coaching birgt aber auch Risiken. Hervorzuheben ist die Gefahr, dass sich einzelne Mitarbeiter überfordert und auch allein gelassen fühlen können. Denn Sie konfrontieren diese mit hohen Erwartungen, und das kann dazu führen, dass Sie übersehen, wenn ein Mitarbeiter oder eine Mitarbeiterin mehr Betreuung braucht, als Sie (stillschweigend) annehmen. Ihre Wahrnehmungsfilter sind auf solche Hilferufe prinzipiell nicht eingestellt, da Ihre Führungsphilosophie Kompetenz und Eigenständigkeit als selbstverständlich voraussetzt.

Sollten Ihre Antworten überwiegend in diese Rubrik fallen, empfehle ich Ihnen in Zukunft, im Gespräch mit Ihren Mitarbeiterinnen und Mitarbeitern sensibler zu sein. Damit Sie herausfinden können, wem Sie Ihre Führungsphilosophie zumuten können und bei wem Sie Ihr Coaching-Verständnis abwandeln müssen. Wichtig für Sie ist, dass Sie empfänglich werden für zaghafte Andeutungen, mit denen Mitarbeitende ihren Bedarf an Unterstützung äußern. Es mag Ihnen vielleicht nicht ganz leicht fallen, diese Sensibilität zu entfalten, da Sie vom Prinzip Selbstverantwortung ausgehen. Dennoch liegt es in Ihrer Verantwortung als Führungskraft, Ihren Mitarbeitern im Rahmen eines von Ihnen mitgetragenen Lernprozesses zu ermöglichen, nach diesem Grundsatz handeln zu lernen. Frei nach dem Motto: »Es ist noch kein Meister vom Himmel gefallen.«

Führungsverhalten unter B

Sollten Ihre Antworten vor allem in diese Rubrik fallen, verstehen Sie Coachen vorzugsweise als »Helfen«. Ihre Hilfsbereitschaft tendiert jedoch dazu, »des Guten zu viel« zu sein. Sie neigen dazu, Ihren Mitarbeiterinnen und Mitarbeitern zu schnell und zu viel abzunehmen. Sie lassen Rückdelegation problemlos zu. Sie sind bereit, für alles »geradezustehen«, was in der Abteilung oder im Team passiert. Daher übernehmen Sie Arbeiten, die eigentlich Ihre Kollegen erledigen sollten. Durch dieses Verhalten tragen Sie zu zweierlei bei: Zum einen leisten Sie Ihren Beitrag dazu, das herzustellen, was Ihnen ein großes Anliegen ist, nämlich ein angenehmes, fast familiäres Arbeitsklima. Es ist Ihnen wichtig, dass sich alle wohl fühlen. Dieses väterliche oder mütterliche Schutzverhalten stillt Ihr Harmoniebedürfnis am ehesten und sichert Ihnen die Loyalität Ihrer Mitarbeiter (so lautet Ihre Auffassung). Zum anderen tragen Sie aber gleichzeitig dazu bei, dass Ihre Teammitglieder unselbstständig bleiben. Denn diese verlassen sich darauf, dass Sie ihnen den Rücken stärken und »schlimme« Ereignisse abwehren. Ihr Verständnis von Coaching setzt damit einen Kreislauf von Überforderung (Ihrer eigenen Person), Unterforderung sowie Unselbstständigkeit (Ihrer Mitarbeitenden) in Gang.

Hinzu kommt, dass Sie von Ihren Mitarbeitern und Kollegen Dank für Ihre Bemühungen erwarten. Das tun Sie zwar selten bewusst, und Sie fordern Dank auch selten ausdrücklich ein. Bleibt aber der Lohn für Ihre Mühsal aus, fühlen Sie sich betrogen und reagieren enttäuscht. Denn nach Ihrem Verständnis tun Sie alles, was in Ihrer Macht steht, um Ihren Teammitgliedern ein angenehmes Arbeiten zu ermöglichen.

Ihre Mitarbeiterinnen und Mitarbeiter spüren hingegen sehr wohl Ihre »sanfte Autorität«. Spätestens dann, wenn eine Mitarbeiterin in eine Richtung will, die Sie nicht für gut befinden, verdeutlichen Sie, wenn auch einfühlsam und freundlich, wer letztendlich dirigiert. So kommt es vor, dass Ihre Unterstützung als Begrenzung erlebt und deshalb nicht gutgeheißen wird. Mitarbeiter fühlen sich in diesem Fall »gegängelt« und nehmen Ihre Hilfsangebote nur widerwillig an. Diese beiden Verhaltensweisen interpretieren Sie als Undank. Ihrem Verständnis nach übernehmen Sie die Verantwortung für alles – und halten dies für Ihre zentrale Aufgabe. Außerdem teilt Ihnen Ihre innere Stimme mit, dass Sie zweifelsohne auch über mehr Wissen und Erfahrung als Ihre Mitarbeitenden verfügen. Also – so Ihre unbewusste oder bewusste Motivation – kommt Ihnen auch das Recht und die Pflicht zu, zu

Coachen als: »Den Mitarbeitern Probleme abnehmen«.

bestimmen, »wohin die Reise geht«. Beispielsweise legen Sie fest, wer welche Aufgaben übernehmen und wer welche Weiterbildungskurse besuchen sollte. Abweichung von Ihren Vorstellungen verletzen Sie schnell persönlich, oder Sie fühlen sich in Ihrer Person infrage gestellt.

Ihr Verständnis von Coaching kommt all jenen zugute, die neu oder in ihrem Aufgabengebiet noch wenig kundig und unsicher sind und folglich Ihre Federführung noch brauchen. Jene Mitarbeitenden aber, die erfahren sind und eigenständig arbeiten wollen, erleben Ihre Führung als Beschränkung eigener Möglichkeiten.

In Zukunft scheint es mir bedeutsam für Sie zu sein, dass Sie lernen loszulassen. Das heißt: Sie sollten anderen etwas zutrauen und darauf vertrauen, dass diese das auch leisten können. Vielleicht hilft es Ihnen, wenn Sie sich ins Bewusstsein rufen, dass es ohne Lernmöglichkeiten auch keine Entwicklung gibt. Geben Sie sich selbst und auch Ihren Mitarbeitern und Mitarbeiterinnen die Chance zu lernen. Sie werden erleben, dass Ihnen ein Führungsverhalten, das die Kreativität Ihrer Teammitglieder mit einbezieht, nachhaltiger Zuwendung und Respekt sichert als ein Führungsverhalten, das erwachsene Personen stets »an die Hand nimmt«. Außerdem entlasten Sie sich selbst und können sich, anstatt ständig im operativen Geschäft »mitzumischen«, Ihren eigentlichen Coaching-Funktionen widmen: Hilfe zur Selbsthilfe zu leisten oder – modern gesprochen – Empowerment zu betreiben.

Führungsverhalten unter C

Coachen als:
»Den Mitarbeitern
Anweisungen
erteilen«.

Haben Sie dieser Kategorie die meisten Stimmen gegeben, begreifen Sie Coaching als eine direktive und stark eingreifende Führungstätigkeit. Ihr Hauptaugenmerk richten Sie auf die Leistung und entsprechend auf eine effiziente Zielerreichung. Das gilt für Ihr eigenes Engagement, und das Gleiche verlangen Sie auch von Ihren Mitarbeiterinnen und Mitarbeitern. Das bedeutet, die Sache rückt für Sie in den Vordergrund. Teammitglieder zu coachen, heißt für Sie vor allem, Arbeit exakt zu planen und zu organisieren, genaue Anweisungen zu geben und straff zu kontrollieren. Da Sie – vielleicht auch unbewusst – davon ausgehen, dass Sie eigentlich nur Ihren eigenen Fähigkeiten, Erfahrungen und Ihrem Wissen vertrauen, übernehmen Sie die Verantwortung für die gesamte Arbeit. Aus diesen Gründen ist es für Sie nur folgerichtig zu beanspruchen, auch den »Ton anzugeben«.

Die positiven Auswirkungen Ihres Coaching-Verständnisses bestehen für Ihre Mitarbeiter darin, dass diese in kleinen Schritten, unter sorgfältiger Anleitung und Kontrolle lernen und arbeiten können. Außerdem haben sie die Möglichkeit, sich auf Ihre klaren Anordnungen zu beziehen, die das jeweilige Aufgabenfeld übersichtlich halten. Das Wissen, dass Sie alles zu verantworten bereit sind, was passiert, verleiht ihnen Sicherheit.

Die »kurze Leine«, an der Sie Ihre Teammitglieder führen, und Ihre direktive Führung beinhalten indes auch Risiken. Ihre imperative Art, einschließlich der Tonlage, in der Sie zu kommunizieren pflegen, wird häufig als resolut, manchmal sogar als taktlos empfunden. Ihre Anweisungen gelten als ultimativ und dulden keinen Widerspruch. Ihre Konzentration auf Leistung und Effizienz kann auf andere rücksichtslos wirken. Dies führt dazu, dass die Mitarbeiter sich nicht ganz wohl fühlen, sie spüren bisweilen sogar Furcht, wenn sie eine abweichende Meinung äußern. Das beeinträchtigt die Motivation. (»Der Chef hört mich ohnehin nicht ernsthaft an; er weiß sowieso immer alles besser – warum sollte ich mich da noch anstrengen oder mit eigenen Ideen vorwagen?« Folglich liegt der Schluss nahe: »Ich tu das, was mir gesagt wird; dann kann ich keinen Fehler machen bzw. muss ihn nicht verantworten.«) Diese Haltung wird eingenommen, und die Potenziale der Mitarbeiter liegen in aller Regel brach. Sie selbst tragen dazu bei, dass sich dieser Kreislauf der Selffulfilling prophecy in Gang setzt und beibehalten wird, nämlich durch Ihr Misstrauen Ihren Teammitgliedern gegenüber: Sie trauen ihnen viel zu wenig zu. Das führt dazu, dass Sie diese in »kleinen Häppchen« informieren, präzise anweisen, detailliert kontrollieren und keinerlei Abweichungen von Ihrer Richtung dulden. Infolgedessen erhalten Ihre Teammitglieder keinerlei Möglichkeit, selbstverantwortlich zu arbeiten und eigene Ideen beizusteuern. Also machen sie ausschließlich das, was ihnen aufgetragen wurde. Dieses Verhalten deuten Sie wiederum als Bestätigung Ihrer Ausgangsthese: »Ich kann meinen Leuten nichts Größeres an Aufgaben geben! Ich erlebe ja immer wieder, dass sie nur das tun, was ich ihnen sage – aber nicht einen Deut mehr!«

Da folglich die Kapazitäten Ihrer Mitarbeiterinnen und Mitarbeiter kaum entfaltet und genutzt werden, steht und fällt der Erfolg der Abteilung mit Ihnen selbst. Sie laufen dabei persönlich Gefahr, sich zu überfordern – zumal es nur eine Frage der Zeit ist, wann Ihnen Ihre Spezialisten im Team fachlich überlegen sind.

In Zukunft sollten Sie daher über Folgendes nachdenken: Sie würden sich selbst und Ihren Mitarbeitern helfen, wenn Sie Ihre Expertinnen und Experten weniger als Handlanger, als Exekutoren Ihrer Anweisungen betrachten würden. Stattdessen sollten Sie diese als kompetente Personen begreifen, die Ihnen zuarbeiten, deren Wissen und Erfahrung, deren Können und Wollen maßgeblich zu einem erfolgreichen Arbeiten beitragen und Innovationen erst möglich machen. Ihr Zutrauen und Vertrauen würde dazu führen, dass Sie mit »Ihrer Crew« insbesondere neue und/oder schwierige Projekte auf eine breite Kompetenzbasis stellen und Synergie verwirklichen können. Als Begleiterscheinung auf der Beziehungsebene würde sich das Arbeitsklima verbessern. Statt Furcht erhalten Sie Wohlwollen und Respekt. Das sichert Ihnen die Anerkennung, die Sie sich wünschen. Dieses Vertrauen würde Ihnen auch die Führungstätigkeit erleichtern. Sie könnten sich einem Coachen zuwenden, das Ihnen selbst mehr Flexibilität einräumt. Da Sie nicht mehr ständig überall präsent sein müssten, hätten Sie Zeit und Aufmerksamkeit, um sich den individuellen Bedürfnissen Ihrer Crewmitglieder zu widmen. Zudem entstünde ein Freiraum, der Ihnen die Möglichkeit gibt, weitere Führungsaufgaben wahrzunehmen.

Führungsverhalten unter D

Coachen als: »Mit den Mitarbeitern gemeinsam arbeiten«.

Fallen die meisten Ihrer Antworten unter D, dann begreifen Sie Coaching als ein Führungshandeln, das sich auf **die Sach- und die Beziehungsebene** einer Zusammenarbeit bezieht. Coachen bedeutet für Sie, je nach Anforderung Prioritäten zu setzen und dabei stets das Sowohl-als-Auch im Blick zu haben. Sie erfüllen zwei »Rollen«. Erstens sind Sie Primus inter Pares, indem als Sie sich auf der inhaltlichen, sachlichen Ebene gleichgestellt sehen. Hier sind Sie nicht Chefin oder Chef, sondern eine Expertin bzw. ein Experte unter anderen. Hinsichtlich der Prozesssteuerung nehmen Sie allerdings eine exponierte Stellung ein. Sie sind also zweitens dafür verantwortlich, dass der rote Faden verfolgt und zielorientiert gearbeitet wird. Der eine Hut bedeutet »Kollegin/Kollege«; der andere Hut bedeutet »Moderatorin/Moderator« (im Sinn reiner Prozesssteuerung). Setzen Sie den Kollegen-Hut auf, zählt Ihr Wort nicht mehr als das der anderen. Setzen Sie aber den Moderations-Hut auf, dann greifen Sie steuernd ein, um den Prozess voranzubringen. In dieser Funktion »bestimmen« Sie.

Ihre Vision ist eine Arbeitsumgebung, in der alle Teammitglieder ihre Potenziale entdecken, voll entfalten und auch einbringen können. Aus diesem Grund eröffnen Sie ihnen die Möglichkeit, im Arbeitsprozess weitestgehend teilzuhaben. Entscheidungen werden gemeinsam vorbereitet, Problemlösungen zusammen erarbeitet, und Ziele bzw. Prozeduren, die diese Ziele realisieren, werden vereinbart. Sie legen Wert darauf, dass sich alle offen und rege austauschen. Die Kommunikationsdichte ist also hoch.

Ihre wesentliche Funktion im Coaching sehen Sie darin, sowohl das Arbeitsklima als auch das Leistungsniveau maßgeblich zu prägen, ohne allerdings die Betroffenen auszuschließen. Im Gegenteil: Sie wollen aus Betroffenen Beteiligte machen und mit ihnen zusammen an Verbesserungen arbeiten. Dieses Coaching-Verständnis schließt ausführliche Gespräche mit einzelnen Mitarbeitern ein. Denn Sie möchten diese fordern und fördern. Deshalb nehmen Sie Mitarbeitergespräche als Chance, Feedback zu geben und zu erhalten. Da Sie davon überzeugt sind, dass Sie ebenfalls von Ihrem Team lernen können, gehören diese Feedback-Gespräche zu Ihrem Führungsalltag. Sie begreifen sie als Möglichkeit, Selbstbild und Fremdbild abzugleichen und gegebenenfalls Veränderungen anzustreben.

Ihr Verständnis von Coaching beherbergt zahlreiche Entwicklungschancen für alle Beteiligten. Ein Risiko sollten Sie sich allerdings vergegenwärtigen. Es liegt in der Verlockung, kooperatives Führungshandeln mit »Kumpelhaftigkeit« zu verwechseln. Führen Sie sich klar vor Augen, dass Sie nur auf der operativen, nicht aber auf der prozessualen Ebene eine oder einer unter Gleichen sind. Um effektiv steuern zu können, ist es notwendig, unter Umständen auch direktiv zu agieren.

Zwei damit verwandte Risiken seien ebenfalls erwähnt. Sie sollten aufpassen, dass Ihre Leistung im operativen Geschäft nicht auf Kosten Ihrer Führungsaufgaben geht. Da Sie recht stark in die operative Ebene eingebunden sind, lauert die Verlockung geradezu, sich in das Sachziel »reinzuhängen«. Ein weiteres Risiko entsteht aus der Entscheidungsfindung. Sie bemerken das an der Zeit, die benötigt wird, um zu Entscheidungen zu kommen. Mit anderen Worten: Ihr Bemühen, die Mitarbeitenden an allem teilnehmen und mitsprechen zu lassen, kann dazu führen, dass Diskussionen und damit Entscheidungsvorbereitungen viel zu viel Zeit in Anspruch nehmen. Dieses »viel« entsteht durch die Unsicherheit, die entsteht, wenn Sie nicht genau wissen, wann Sie in Diskussionen einen Punkt setzen dürfen. Trainieren Sie sich in Moderationsmethoden, um zielorientiert und trotzdem integrativ führen zu können.

Ähnlich ausgeprägte Verhaltensrubriken

Sollten sich Ihre Antworten in mindestens zwei Rubriken die Waage halten, weist dies darauf hin, dass Sie bemüht sind, sich je nach Person und Situation speziell auf diese einzustellen. Diese Flexibilität können Sie insbesondere dann wirksam nutzen, wenn sie Ihnen bewusst ist. Das heißt, wenn Sie wissen, wann Sie warum dazu tendieren, sich so oder so zu verhalten.

Vergegenwärtigen Sie sich dabei aber auch, dass Synergien, funktionierendes Kooperieren und effektives Arbeiten voraussetzen, dass Ihr Verhalten einschätzbar, also transparent und nachvollziehbar ist. In diesem Fall sollten wechselseitige Erwartungen nicht frei im Raum schweben, sondern müssen klar ausgesprochen werden. Wenn Sie sich dieser Abstimmung unterziehen, ist unwahrscheinlich, dass Ihr Verhalten als flatterhaft oder sprunghaft gedeutet wird. Sie sollten klar vermitteln, unter welchen Bedingungen Sie welches Führungs- oder Coaching-Verhalten für opportun halten. Dadurch ermöglichen Sie Ihren Mitarbeitenden, sich auf Sie einzustellen.

Rangfolge der Ausprägungen

Die Rangfolge der Ausprägungen sagt etwas über Ihre Bereitschaft aus, sich in bestimmten Weisen zu verhalten. Die höchste Ausprägung offenbart Ihnen, wie Sie sich spontan und typischerweise verhalten. Die zweitstärkste Ausprägung zeigt Ihnen, dass Sie fähig sind, mit wenig Mühe auf diese zweite Verhaltensart zurückzugreifen. Dies geschieht besonders dann, wenn Ihre erfolgreiche, also die Ihnen typischste Strategie, mit Personen und Situationen umzugehen, nicht funktioniert oder Ihnen als wenig aussichtsreich erscheint.

Je größer der Abstand zwischen den Ausprägungen ist, desto größer ist der psychische Einsatz, sich anders als nahe liegend zu verhalten. Es kostet auch mehr Anstrengung und Konzentration. Die dritte und vierte Ausprägung markieren in der Regel Reaktionstendenzen, die Ihnen wenig bis gar nicht liegen. Sollten Sie der Ansicht sein, dass eine Situation gerade eine dieser Verhaltensweisen verlangt, müssen Sie sich mehr als sonst um diese bemühen.

Die am wenigsten ausgebildete Tendenz signalisiert Ihnen zweierlei. Erstens die Option: »Ich kann, wenn ich muss, auch so«. Zweitens »Ich kann gerade eben noch so«, also eine Dehnungsgrenze. Sie demonstriert Ihnen, was Sie sich gerade noch zumuten können, ohne gegen sich selbst zu entscheiden.

Leader

In der Philosophie von Leadership rückt der Aspekt der Veränderung in den Mittelpunkt. Man könnte sagen, dass Leadership das Change Management von der organisatorischen Ebene in den Bereich des Verhaltens übersetzt. Der Kerngedanke »Veränderung« oder »Innovation« macht nachvollziehbar, warum – polemisch formuliert – diese modern aufgepeppte Version innerbetrieblichen Unternehmertums so hohe Popularität genießt: Die volks- und betriebswirtschaftliche Situation verlangt dringend nach neuen Ideen und dem Mut, diese auch durchzusetzen. Damit werden Leute gebraucht, die kreative Impulse geben und sich zutrauen, sie auch zu verwirklichen. Das Konzept des Leadership zeigt, wie diese »Not-Wendigkeit« von den Mitgliedern eines Unternehmens umgesetzt werden kann.

Der Leader begeistert, spornt an und zieht alle ins Boot.

Meiner eigenen Erfahrungen zeigen, dass dem Konzept des Leadership in der Praxis noch ein großes Fragezeichen anhaftet. Daher werde ich erst einmal zusammenfassen, was ich unter Leadership verstehe.

In erster Linie zeichnet sich die Leader-Rolle durch Folgendes aus: das »Talent« oder die Fähigkeit, Personen zusammenzubringen, sie dazu zu motivieren, sich aufeinander zu verlassen und gegenseitig zu vertrauen, damit sie effektiv kooperieren, um ein gemeinsames Ziel zu erreichen.

Die Bedeutung von »Leadership«.

Der Begriff »Leadership« wird oft mit »charismatischer Führung« gleichgesetzt. Das heißt, diese Fähigkeit wird in den Mythos einer charismatischen Persönlichkeit gekleidet, als gleichsam magnetische Kraft einer Person begriffen und als angeborenes Charakteristikum gehandelt. Diesen Mythos gilt es zu entmystifizieren.

Ich sehe Leadership eher als einen Prozess, der darauf abzielt, anderen eine Richtung und ein Ziel vorzugeben, das sie bereitwillig verfolgen. Aus dieser prozessualen Definition ergibt sich zweierlei: Erstens gibt es keine Anweisung, wie dieser Führungsprozess realisiert wird, also wie ein Leader führt, um seiner Funktion gerecht zu werden. Und zweitens betont diese Definition, dass es sich um eine relationale Funktionsausübung handelt. Das heißt: Um als Leader wirken zu können und akzeptiert zu werden, muss man sich ständig um die Kommunikation mit anderen bemühen. Man muss es sich sozusagen immer wieder erarbeiten und verdienen.

Im Unternehmensbereich sprechen wir von »managerial leadership«. Dieser Kontext legt eine spezifische Kombination von Anforderungen (Kompetenzen, sozialen und fachlichen Fertigkeiten, Verantwortlichkeiten) und Zielen fest. Da wir durchaus lernen können, diesen Anforderungen Genüge zu leisten, ist Leadership also nicht angeboren.

Das Konzept »Leadership« steht und fällt mit der Idee der Gemeinsamkeit. Es geht folglich nicht um Führende und Folgende, sondern um eine synchrone Vorwärtsbewegung. Deshalb wird in diesem Zusammenhang soziale Kompetenz groß geschrieben. Denn neben sachlichen oder fachlichen Fertigkeiten soll der Leader ja eine Gruppe von Menschen dazu bewegen, gemeinsam eine Richtung einzuschlagen. Damit ist er dafür verantwortlich, ein Team so zusammenzusetzen und zu gestalten, dass die vorgegebenen Resultate gemeinsam erzielt werden. Gleichzeitig muss er die Teammitglieder dazu motivieren, auch mit Personen ausserhalb des Teams Kontakt aufzunehmen, um die gemeinsamen Ziele besser verfolgen zu können. Der Leader muss selbst auch nach außen blicken, »über den eigenen Tellerrand« hinausgehen, um Beziehungsnetzwerke zu knüpfen, die der Zielverfolgung dienen.

Dabei muss der Leader nicht nur seine Rolle in dem Sinn beherrschen, dass er weiß, was er zu tun und zu unterlassen hat, sondern zusätzlich so handeln, dass andere Vertrauen gewinnen. Glaubwürdigkeit wird damit zu einem wichtigen Bestandteil der Rolle und zu einer notwendigen Komponente, die Rolle ausüben zu können. Zudem entsteht aus der Glaubwürdigkeit mit der Zeit die natürliche Autorität.

Wodurch kann der Leader Glaubwürdigkeit herstellen?

Diese Frage lässt sich nicht mit einem Satz beantworten, da sie verschiedene Aspekte beinhaltet. Im folgenden Text gehe ich auf die sieben Aspekte ein, die meines Erachtens die Glaubwürdigkeit besonders beeinflussen.

Erster Aspekt: Ein Leader kann **Glaubwürdigkeit herstellen** durch die Art, wie er spricht, wie er **Worte und Ideen äußert**. Höchstes Gebot kommt dem Verzicht auf Phrasen zu, auch wenn sie noch so klug klingen. Stattdessen benutzt er eine empfängerbezogene Sprache. Seine Aussagen sind durch Wissen, Erfahrung und zielorientierte Gedankenführung gekennzeichnet, beziehen aber immer den Menschen mit ein. Was er sagt, hat »Hand und Fuß«. Sein Ziel besteht darin, Nachvollziehbarkeit und Verständigung zu sichern. Geht es beispielsweise um die Frage, wie eine Statistik aufgebaut werden soll, wird der Leader sich nicht in einer abstrakten Diskussion über Objektivität, Sinn und Zweck oder Modellhaftigkeit von Statistiken verzetteln, sondern pragmatisch an der Architektur der Statistik mitarbeiten.

Leader kommunizieren ziel- und empfangsbezogen.

Der **zweite Aspekt** gilt den **Komponenten »Motivation« und »Werte«**. Der Leader soll sich auch durch Motivationsgeschick auszeichnen. Er ermutigt und stimuliert seine Mitarbeiter, indem er ihnen Anreize bietet. (Wobei diese Anreize nicht nur materiell zu verstehen sind, denn Geld allein motiviert nicht. Als Hauptmotivator gelten vor allem Varianten persönlicher Anerkennung.) Diese motivationale Absicht verbindet der Leader mit einer individuellen Werteorientierung. Das heißt, er eröffnet anderen die Chance, Aktivitäten zu entfalten, die bei ihnen einen hohen Wert genießen. Der Leader übersetzt also Fragen der Motivation in Fragen, die individuelle normative Orientierungen betreffen. Denn Motivation bedeutet: etwas für wertvoll befinden und es aus diesem Grund mit Elan verfolgen.

Leader motivieren über individuelle Wertvorstellungen.

Die Leader-Rolle verpflichtet daher dazu, die Wertorientierung der Mitstreitenden ebenso wie ihre Kompetenzen einzuschätzen, den Beteiligten zu ermöglichen, eigene Fähigkeiten und Vorstellungen einzusetzen. Der Leader muss dabei darauf achten, dass alle wissen, welche Kriterien »gute« und »effektive« Arbeit bestimmen. Und er muss erreichen, dass diese Werte auch gelebt werden. Denn solange »Lug und Trug«, »Tarnen und Täuschen« eher zum Ziel führen, so lange werden die Menschen diesen anscheinend kürzeren Weg wählen. Erst wenn es ihm gelingt, dass jeder erkennt, dass diese ethischen Werte dem gemeinsamen Vorwärtskommen und der eigenen

Selbstverwirklichung dienen, erst dann werden sie auch nach diesen Werten leben und arbeiten. Das Postulat, Mitarbeitende zu befähigen (Empowerment), wird hier also verwirklicht. Denn durch »Leadership« lernt jeder, den eigenen Beitrag zu beurteilen und die Verantwortung dafür zu übernehmen.

Leader sorgen für Lernmöglichkeiten.

Der **dritte Aspekt** der Glaubwürdigkeit thematisiert den **Zusammenhang zwischen Wissen und Fertigkeiten**. Wissen gilt als verfügbarer Vorrat an Kenntnissen (von Fakten, Daten, Modellen, Verfahren etc.); Fertigkeiten gelten als das Geschick, Wissenskomponenten nutzen, also zweckgebunden anwenden zu können. Fähigkeiten und Fertigkeiten sollen mühelos zusammenlaufen. Das gilt für den Leader genauso wie für die Mitarbeitenden. Der Leader hat daher dafür zu sorgen, dass alle Teammitglieder geeignete Bedingungen vorfinden, die es ihnen ermöglichen, sich nötiges Wissen und Fertigkeiten aneignen zu können. Der Leader hat diese Lernmöglichkeiten zu gewährleisten.

Leader spielen Auswirkungen gedanklich durch.

Als **vierten Aspekt** finden wir den Terminus »**Weisheit**«. Mit dem Begriff Weisheit wird eine spezifische Art des Verstehens und Verständlichmachens verknüpft. Der Akzent liegt darauf, dass Urteile und Entscheidungen, Überlegungen und Handlungen gut begründet und nachvollziehbar sind. »Weisheit« äußert sich insbesondere darin, mögliche Wirkungen, die bei Personen oder Gruppen durch Maßnahmen eintreten könnten, gedanklich vorwegzunehmen und auszumalen, wie diesen Wirkungen begegnet werden könnte. (Sie erkennen darin sicher die Grundlagen des systemischen Denkens, auf die wir bereits eingegangen sind. Wenn Sie es sich noch einmal verdeutlichen möchten, dann schlagen Sie auf Seite 152ff. nach.) Dem Leader obliegt es, diese »Weisheit« selbst zu verwirklichen und auch zu vermitteln bzw. Lern- optionen zu schaffen. »Weisheit« in diesem Sinn unterstützt das Funktionieren zielbezogener Prozesse und hilft, dass Störungen frühzeitig erkannt und ihnen entgegengewirkt werden kann.

Leader leben Selbstdistanz und Souveränität.

Als **fünften Aspekt**, Leadership glaubwürdig und effektiv zu praktizieren, wird häufig »**Persönlichkeit**« genannt. Es geht hier allerdings nicht um spezielle Persönlichkeitszüge, sondern um psychische und mentale Vorzeichen (»Grundmotivationen«). Neben den Elementen, die wir in den Abschnitten »Mentalität, Emotionalität, Intuition« und »Kognition« diskutierten, finden wir »Selbstkontrolle« und »Fairness« gefordert. Mit anderen Worten: Das Kompetenz- und Glaubwürdigkeitsattribut »Persönlichkeit« verlangt von dem Leader, Gefühlsregungen (einschließlich eigener Eitelkeiten und Überempfindlichkeiten) in konstruktiver Weise zu äußern. Dabei sollten weder andere Personen noch Beziehungen verletzt noch die Leistungsqualität herabgewürdigt werden. Das Ziel ist ein bewusstes und angemessenes Verhalten.

Zur Verdeutlichung dazu ein Beispiel: Wenn Sie in Ihrer Leader-Rolle bemerken, dass ein Teammitglied wesentlich geschickter und damit erfolgreicher mit Kunden verhandelt als Sie und infolgedessen etwa Rivalität empfinden (Angst vor Prestigeverlust, Ausbootung etc.), dann wird von Ihnen erwartet, dass Sie Ihre Gefühle entweder klar äußern oder verbergen können. Auf jeden Fall sind Sie verpflichtet, dieses Teammitglied besonders zu fördern und die Kundenkontakte von ihm herstellen und pflegen lassen. Sie müssen sich zurücknehmen!

Der Leader sollte diese Fähigkeit des Selbstmanagements – und dazu gehört eben auch die offene Aussprache! – beherrschen und vermitteln. Im ganzen Unternehmen sollte diese Umgangs- und Lernkultur eine Selbstverständlichkeit sein.

Mit dem bisher Genannten steht der **sechste Aspekt** in enger Verbindung, nämlich **Potenziale** zu **erkennen und Reifungsprozesse** zu **ermöglichen**. Im Vordergrund steht das kognitive Potenzial. Der Leader muss sich selbst um eine Weiterentwicklung seiner Erkenntnismöglichkeiten bemühen, um komplexe Zusammenhänge besser beurteilen und lenken zu können. Zudem sollte er diese Fähigkeiten bei anderen herausfinden und – etwa durch einen Talent-Pool – für ihre Entfaltung sorgen.

Leader arbeiten auch an sich selbst.

Um diesen sechsten Aspekt verwirklichen zu können, sind Rahmenbedingungen notwendig. Damit rückt im **siebten Aspekt** die individuelle Entwicklung in den Mittelpunkt: **Reife, Wachstum, Fortschritte eröffnen**, das Versorgen mit Gelegenheiten, **Wissen und Fertigkeiten zu entwickeln** und den **Stellenwert der eigenen Arbeit** zu **diagnostizieren**. Dies verlangt dem Leader spezifische Funktionen ab, dazu gehören: Coaching, Teaching, Training, Mentoring, Counseling.

Leader unterstützen andere in der Weiterentwicklung.

❖ Das *Coaching* thematisiert »Weisheit«. Es wird als Prozess verstanden, anderen zu helfen, die Spannbreite der Funktionen und Aufgaben zu verstehen sowie Stärken und Schwächen zu erkennen.
❖ Das *Teaching* fokussiert Wissen. Der Leader gibt Wissen weiter und vermittelt Gelegenheiten, sich Wissen über Lektüre, Diskussionen, Kurse und durch die Praxis anzueignen.
❖ Das *Training* widmet sich vor allem den Fertigkeiten. Der Leader hilft, Kenntnisse anzuwenden, indem er On-the-job-Gelegenheiten anbietet.

❖ Das *Mentoring* stärkt die individuelle Entwicklung. Der Leader hilft dem Mitarbeiter, eigene Potenziale zu entdecken, und zeigt, wie die Fähigkeiten sinnvoll in die weitere Laufbahn integriert werden können.

❖ Das *Counseling* bezieht sich auf Situationen, in denen eine Person um eine Beratung bittet.

Bereits die bisherigen Ausführungen lassen erkennen, dass die Leader-Rolle Coach-Rollenfunktionen einschließt und gleichzeitig (aus den genannten Gründen) darüber hinausgeht.

Persönliche Merkmale eines Leaders. Da dieses Buch Ihnen helfen soll, die eigene Vision Ihres zukünftigen Tuns zu konkretisieren – und damit Ihre weitere Entwicklung zu intensivieren –, möchte ich im Folgenden näher auf persönliche Merkmale eingehen, die der Leader-Rolle zugeschrieben werden.

Fragen wir nach den Zielen, die dem Leader zugeschrieben werden, antworten Literatur und Praxis: Ein Leader soll in einem innovativen Umfeld für positive Veränderungsstimmung sorgen. Dies geschieht dadurch, dass er Bilder und Erwartungen in anderen Menschen hervorruft. Für den Arbeitsprozess bedeutet dies, dass er vorzugsweise damit beschäftigt ist, neue Ansätze zu entwickeln, komplizierte oder komplexe Probleme zu lösen und Optionen zu eröffnen. Er ist folglich in zukunftsweisenden Aufgaben engagiert. Um andere Personen zu Mitstreiterinnen und Mitstreitern zu machen, muss er diese Ideen in Bilder und Analogien, in Visionen, übersetzen. Die Vorstellungen müssen konkret sein, weil sie die Adressaten begeistern und dazu motivieren sollen, mit ihm an einem Strang zu ziehen.

Leader leben zukunftsorientiert. Aufgrund dieser Zukunftsbezogenheit wird der Leader häufig als »Neuerer«, »Veränderer« oder »Visionär« beschrieben. Da er sein Handeln auf Zukünftiges bezieht und dies immer mit einem gewissen Risiko einhergeht, wird er auch als »Abenteurer« bezeichnet. Sein Engagement gilt stets dem Besseren, Neuen und Anderen.

Das Handeln eines Leaders gleicht folglich nicht selten einem Hindernislauf. Denn die Erfahrung zeigt, dass Unternehmen oder Abteilungen sich zwar Innovation auf ihre Fahne geschrieben haben, sich aber oft dennoch gegen Neues wehren. Auf diesem häufig steinigen Weg zu zukunftsträchtigen Leistungen muss sich der Leader mit zweierlei wappnen, um ihn unbeirrt gehen zu können: Er sollte sich stets selbst motivieren können und eine besondere Art der Selbstgenügsamkeit beherrschen. Die intrinsische Motivation macht ihn weitgehend unabhängig von dem Urteil anderer. Das heißt: Ob andere seine Handlungen begrüßen oder nicht, ob sie ihn belohnen oder nicht, hat wenig Einfluss auf seinen Ehrgeiz. Diese generelle Unabhängigkeit von anderen gelingt ihm, da es ihm vorzugsweise um die Sache, um das Ziel, um die Verwirklichung von Ideen geht. Ferner erklärt sie sich daraus, dass es für ihn eine persönliche, insofern selbst bestimmte Herausforderung ist, eine Vision zu realisieren. Der Leader ist mehr den Ideen als den Menschen verbunden. Daraus entspringt auch seine Art der Selbstgenügsamkeit. Er erlegt sich auf, Ansprüche an sich selbst zu erfüllen. Erwartungen und Erfolge sind an ihn gebunden, daher bezieht er sich stets auf sich selbst. Sein Selbstwertgefühl nährt sich also nicht primär aus der Anerkennung anderer, aus prestigeträchtigen Indikatoren oder Symbolen und auch nicht aus der Identifikation mit einer Organisation. Hohes Selbstwertgefühl zieht er vielmehr daraus, Gelegenheiten für Veränderungen selbst zu schaffen oder Gelegenheiten am Schopfe zu packen und umzusetzen.

Leader sind intrinsisch motiviert.

Beide Eigenheiten machen ihn zu einem »Überzeugungstäter« (weniger zum Moderatoren). Deshalb ist er auch bereit, Konflikte einzugehen und diese resolut und wenn nötig auch turbulent auszutragen. In der Auseinandersetzung geht er eher direkt und offen vor; er lässt sich stärker von Intuitionen als von Reflexionen leiten. Er scheut auch das Risiko nicht, »es sich mit jemandem zu verderben«. Er pokert durchaus auch einmal hoch. Diese Konfliktfreudigkeit resultiert zu einem Großteil aus dem Glauben an seine Vision.

Leader gehen Konflikte ein.

Da die Leader-Rolle dem Veränderungsprozess verschrieben ist, muss der Leader ferner eine ausgeprägte Chaos-Toleranz leben. Das heißt: Für ihn ist es selbstverständlich, mit Antworten, die sich in der Schwebe befinden, umzugehen. Es bereitet ihm keine Magenschmerzen, wenn Ordnung, Planung und Kontrolle lückenhaft ausfallen oder wenn sich Schlussfolgerungen daraus hinauszögern.

Die Charakterisierung der Leader-Rolle, wie wir sie in der Literatur beschrieben finden, berechtigt zu dem Fazit, dass es sich bei dem Konzept nicht um eine Technik oder Methode des Führens handelt. Vielmehr verkörpert Leadership eine Mentalität oder (Lebens- und Führungs-Philosophie). Deren zentralen Aspekte fasse ich übersichtlich im Folgenden nochmals zusammen.

Leadership ist eine »innere Haltung«.

Leadership als Ausdruck einer Mentalität

❖ Leader suchen, finden und verkünden visionäre Ziele, die andere begeistern können.

❖ Sie wissen, dass Freude an der Arbeit und die Anerkennung des Einzelnen motiviert und den Ehrgeiz anstachelt, Aufgaben optimal zu erledigen.

❖ Sie sehen sich als inspirierender und proaktiver Teil eines Teams, das Veränderungen anstrebt.

❖ Sie begreifen sich als Promotoren dafür, dass andere ihre Fähigkeiten einbringen können, und zwar sowohl zu ihrem persönlichen als auch zum Wohl des Unternehmens.

❖ Leader wollen Rahmenbedingungen schaffen, damit Mitarbeitende als unternehmerisch Denkende handeln können (zu Intrapreneuren werden).

❖ Sie ermutigen dazu, Eigenverantwortung zu übernehmen (Empowerment).

❖ Sie begreifen Führen nicht als Solopart, sondern als gemeinsame Aufgabe.

❖ Sie agieren unter dem Vorzeichen prinzipieller Gleichwertigkeit und Partnerschaft aller Akteure; daher denken und handeln sie hierarchieunabhängig.

❖ Leader respektieren Andersdenkende und versuchen, Widersacher mit ins Boot zu ziehen; gleichzeitig tragen sie Konflikte offen aus.

❖ Sie halten sich nicht für unersetzbar.

❖ Sie wollen ihr Verdienst nicht in den Mittelpunkt stellen. Sie handeln »namenlos«.

❖ Sie drängen nicht nach Statussymbolen.

❖ Leader beziehen ihre Autorität weder aus Status (Hierarchie) noch aus ihrer Position, sondern aus den Wirkungen, die sie bei anderen Personen erzeugen, sowie aus den Resultaten, die sie dem Ziel näher bringen.

❖ Sie begünstigen ein Wettbewerbs- und Dienstleistungsdenken.

❖ Sie streben nach kontinuierlicher Verbesserung und handeln nach der Devise: Man kann alles noch besser machen.

Selbstverständlich äußert sich das Führungsverhalten gemäß der Leadership-Philosophie auf den verschiedenen Ebenen und Arbeitsfeldern eines Unternehmens unterschiedlich. Führen Sie beispielsweise auf der operativen Ebene, ermutigen Sie als Leader Ihre Mitarbeiterinnen und Ihre Mitarbeiter dazu, den täglichen Arbeitsablauf zu optimieren, um einen Beitrag zur Unternehmensvision zu leisten.

In Projektgruppen engagieren sich Leader dafür, Vorstellungen von Produkten, Vertriebswegen, Marketingstrategien etc. zu modifizieren und auch organisatorische Veränderungen zu initiieren. In den Bereichen Unternehmensphilosophie, -politik und -strategie regen Leader an, das gesamte Umfeld des Unternehmens in den Blick zu nehmen und sich den Erfordernissen schnell anzupassen (beispielsweise »Credibility Management« zu betreiben, um nach innen und nach außen ein gewünschtes Image glaubwürdig zu vertreten). In jedem Fall suchen Leader auch außerhalb des innerbetrieblichen Wirkungsfeldes Impulse.

Abschließend werde ich Ihnen einen Überblick über die Leader-Rolle geben, in dem zwei Aspekte in den Mittelpunkt gestellt werden: die primäre Funktion, die der Leader in der Visionsverfolgung ausübt, sowie die damit verbundenen Aktivitäten.

Die Leader-Rolle im Überblick.

1 *Die Richtung festlegen:* Eine Vision wird entwickelt, und Strategien werden erarbeitet, diese zu verwirklichen.
Primäre Funktion: Der Leader trägt dazu bei, dass die angestrebte Veränderung ins Leben gerufen wird (beispielsweise werden neue Produkte oder Dienstleistungen entwickelt, neue Netzwerke eingerichtet).
Aktivitäten: Die Richtung wird durch einen konkreten Entwurf der Vision und Strategien angegeben; alle relevanten Informationen inner- und außerhalb des Unternehmens werden gesammelt, alternative Wege durchdacht und mit unterschiedlichen Möglichkeiten experimentiert (Szenario-Technik). Erst am Schluss dieser Tätigkeiten fällt die Entscheidung für die Richtung und das weitere Vorgehen.

2 *Zusammenführen von Personen*, die an einem Strang ziehen: Netzwerke bilden.
Primäre Funktion: Beziehungsnetze müssen zwischen Personen innerhalb und ausserhalb der Firma geknüpft werden. Gleichzeitig muss der Leader sicherstellen, dass alle bedeutsamen, zielführenden Personen in die gleiche Richtung wollen.

Aktivitäten: Die Richtung, die Vision und die Vorgehensmöglichkeiten werden durch Worte und Taten klar geäußert. Beteiligte Personen werden so von dem Vorhaben überzeugt, und es werden Teams und Koalitionen gebildet, die die Vision und Strategien unterstützen und umsetzen helfen; Schlüsselpersonen, informelle Leader etc. werden identifiziert, um Multiplikatoren zu haben.

3 *Personen und Gruppen »mobilisieren«:* Begeisterung und Mut zu Grenzüberschreitungen erzeugen.

Primäre Funktion: Andere werden motiviert. Auch politische, bürokratische Hürden sowie Grenzen (Ressourcen, Kompetenzen) werden überwunden, um »am Ball zu bleiben« und das Niveau des Engagements hoch zu halten.

Aktivitäten: Über Gespräche und Einfühlsamkeit wird geklärt, welche Werthaltungen die Beteiligten und Betroffenen vertreten. Es ist wichtig zu wissen, was ihnen wertvoll ist. Nur so kann man Möglichkeiten schaffen, um Bedürfnisse (z.B. nach Zugehörigkeit, hohem Selbstwertgefühl, Zufriedenheit, Anerkennung, Erfolg) sowie Werthaltungen (Selbstbestimmung und -verwirklichung, Beitrag zu Verbesserung innerhalb und außerhalb des Unternehmens wie beispielsweise Gesundheit) zu befriedigen.

4 *Inganghalten der Bewegung:* Den fortdauernden Wandel lebbar machen.

Primäre Funktion: Veränderung wird als Normalität bestimmt, um die Sensibilität, die Wachsamkeit und das Durchhaltevermögen für den Veränderungsbedarf zu erhöhen.

Aktivitäten: Um den Wandel als Chance fühlen und betrachten zu lernen, müssen vorhandene Möglichkeiten genutzt und gegebenenfalls neue geschaffen werden. (Dies gilt beispielsweise für den Umgang mit Fehlern; diese müssen zugelassen werden, denn gemachte Fehler ermöglichen, etwas gezielt zu verbessern.) Konkrete Verbesserungsmöglichkeiten werden gezielt eingeholt. (Zum Beispiel: Kundenzufriedenheit via Kundenbefragung; Reflektieren über neue, andere, weitere Netzwerke, die der Wettbewerbsfähigkeit von Teams, Abteilungen, ja der ganzen Firma dienen; Umorganisation des Unternehmens via Informieren über Literatur und Erfahrungen anderer Firmen.)

Test: Leadership – Konflikte behandeln

Ich glaube, es wurde deutlich, dass eine Führungskraft, die sich zu der Philosophie Leadership bekennt und diese »Rolle« zu übernehmen bereit ist, über Konflikttoleranz in einem besonderen Ausmaß verfügen muss. Darunter verstehen wir die Bereitschaft, sich konfliktschwangeren Situationen zu stellen und sie offen und direkt auszutragen. Dieser speziellen Verhaltensweise ist dieser Test gewidmet. Seine Funktion ist (wie diejenige aller vorhergegangenen Tests und Übungen), Ihr Selbstbild ein weiteres Stück weit kennen zu lernen. Ich bitte Sie nun wieder, Ihre Antworten schnell und intuitiv zu geben.

Wie »leaden« sie in Konfliktsituationen?

Im Folgenden finden Sie zehn Situationen, in die Sie als Führungskraft geraten können. Geben Sie jener Antwort, die Ihrer Neigung am ehesten entspricht, die Wertung 1; eine 2 geben Sie jener Antwort, die Ihnen als zweitbeste Möglichkeit erscheint; eine 3 geben Sie der Antwort, die Sie persönlich als drittbeste klassifizieren; eine 4 erhält jene Antwort, die in Ihren Augen die viertbeste Option darstellt, und die 5 geben Sie jenem Antwortvorschlag, der Ihnen am wenigsten geeignet erscheint.

---

1 Sie arbeiten mit Ihren Teamkolleginnen und Teamkollegen bereits seit dreieinhalb Wochen für einen Kunden. Sie leiten das Team während des gesamten Auftrags. Ihnen selbst wie auch zwei Kolleginnen ist aufgefallen, dass ein gemeinsamer Kollege sein eigenes Arbeitspensum nicht schafft. Zusätzlich – das haben Sie drei wiederholt beobachtet – spielt er leidenschaftlich gern Videospiele, anstatt sich mit seinen Daten zu beschäftigen. Er ist so sehr in seine Spiele vertieft, dass er Anfragen vom Kunden mit Sätzen abspeist wie: »Tut mir leid. Dazu habe ich jetzt keine Zeit.« Nachdem Sie jetzt zum vierten Mal Arbeiten von ihm erledigen müssen, weil er sich diesen Arbeiten entzogen bzw. sie mangelhaft erledigt hat, beschließen Sie, auf sein Verhalten zu reagieren.

☐ A   Sie bieten ihm an, dass er, wenn er seine Aufgaben korrekt und in der vorgegebenen Zeitspanne erledigt, die verbleibende Zeit mit Videospielen verbringen könne.

☐ B   Sie machen ihm unmissverständlich klar, dass er mit dem Risiko leben müsse, dass sein Drückebergertum »nach oben« weitergeleitet werden könnte, wenn er nicht endlich seine Aufgaben abarbeite und seine Kolleginnen und Kollegen pflichtgemäß unterstütze.

☐ C   Sie reden mit ihm insbesondere über die Frage, welche Möglichkeiten er denn sehe: sowohl seine Arbeiten korrekt zu erledigen und sich verantwortungsvoll gegenüber den Teammitgliedern zu verhalten, als auch seiner Leidenschaft, Videospiele zu spielen, nachzukommen.

☐ D   Sie beschließen, das Verhalten zu ignorieren.

☐ E   Sie vereinbaren mit Ihren Teamkolleginnen, dass Sie drei die vom gemeinsamen Kollegen nicht oder nur mangelhaft bearbeiteten Aufgaben übernehmen.

2 In Ihrem Außendienstteam ist seit einigen Wochen eine erhebliche und offensichtlich hartnäckige Unruhe die Regel. Aus Gründen, die Ihnen nicht bekannt sind, haben sich zwei Fraktionen gebildet, die nicht mehr miteinander konkurrieren, sondern gegeneinander rivalisieren. Es ist ein Kampf entbrannt, der Teamsitzungen in ein konfliktgeladenes Chaos verwandelt. Beide Gruppen haben einen »Anführer«. Ihnen geht es darum, einen Commonsense herzustellen, der ermöglicht, wieder »vernünftig« zu arbeiten.

- ☐ A Sie ergreifen für eine der Fraktionen Partei und sorgen mit ihr dafür, dass die andere Gruppe sich fügen muss.

- ☐ B Sie tun so, als gäbe es keinen Konflikt und tun nichts Außergewöhnliches. Irgendwann, so denken Sie, wird sich das schon wieder legen.

- ☐ C Sie beschließen für sich, dass Ihnen der Konflikt keine Magenschmerzen bereitet (»Ist ja wie im Kindergarten – lächerlich!«) und warten gelassen auf Besserung.

- ☐ D Sie organisieren einen eintägigen Workshop, um den Konflikt in seinem ganzen Umfang aufzuarbeiten und gemeinsam mit beiden Fraktionen Lösungswege zu finden, die den Bedürfnissen aller gerecht werden.

- ☐ E Sie führen ein Gespräch mit den beiden »Anführern« und bitten sie, sich auf einen Minimalkonsens zu einigen.

3 Sie leiten eine Abteilung von acht Mitarbeiterinnen und Mitarbeitern. Seit einigen Wochen versuchen Sie bereits, einen Termin bei Ihrer eigenen Chefin zu erhalten. Sie verstehen zwar, dass diese viel beschäftigt ist und daher selten Zeit für ausführliche Gespräche hat. Sie haben sich inzwischen sogar damit abgefunden, dass Sie für jedes Gespräch, das länger dauern könnte als zehn Minuten, einen Termin mit ihr abmachen müssen. Doch auch diese Termine platzen in etwa neunzig Prozent der Fälle. – Von ruhigen Gesprächen kann ohnehin nicht die Rede sein; denn Ihre Chefin nimmt nicht nur jeden Anruf während eines Gesprächs entgegen, sondern ruft ihrerseits noch Personen an, wenn es ihr in den Sinn kommt.

- ☐ A Sie bitten Ihre Chefin um ein Gespräch außerhalb ihres Büros. Sie legen ihr Ihre Interessenlage offen auf den Tisch und bitten sie, das Gleiche zu tun. Ihr Ziel ist, einen gemeinsamen Weg zu finden, »wirklich wichtige« Termine einzuhalten und für diese Unterredungen etwa eine halbe Stunde Zeit anzuraumen.

- ☐ B Sie streben an, mit ihr zu vereinbaren, dass wenigstens jeder zweite Gesprächstermin von ihr eingehalten wird und dass Sie das Gespräch eröffnen, um Ihre Anliegen, die Ihnen besonders dringlich und wichtig erscheinen, vorbringen zu können.

- ☐ C Sie sagen sich: »So ist sie halt« und suchen so wenig Gesprächstermine, wie es Ihnen nur möglich ist.

- ☐ D Sie lassen Ihrerseits Termine platzen.

- ☐ E Sie verändern Ihre Bedürfnislage (»Ich muss ja eigentlich gar nicht unbedingt mit ihr reden«) und richten sich in den Gegebenheiten ein.

4 Seit etwa zwei Monaten ist ein neuer Kollege ins Team gekommen. Sie finden ihn recht sympathisch; bis auf eines: Er führt sich als »Neunmalkluger« auf. Zu allen Problemfällen, mit denen sich das Team beschäftigt, hat er sofort eine »tolle Lösung« parat; Fragen, die besonders schwierig sind, kommentiert er lapidar und nimmt nur das wichtig, was er selbst einbringt. Außerdem strotzt er vor neuen Ideen. Das ist ja okay. Aber: Bevor er sie dem Team mitteilt, konsultiert er die Abteilungschefin! Durch diese Verhaltensweisen der Selbstprofilierung droht er, das schwarze Schaf zu werden.

- ☐ A   Sie beschließen, das Verhalten zu übersehen und nichts zu unternehmen.

- ☐ B   Sie versuchen, sich damit abzufinden, dass Ihr Kollege die »Lieb-Kind-Strategie« fährt, und lassen auch seine klugen Kommentare unkommentiert.

- ☐ C   Sie sagen ihm, wie sein Verhalten auf Sie und die anderen wirkt, und versuchen, mit ihm einen gangbaren Mittelweg zwischen Eigen- und Teaminteresse zu finden.

- ☐ D   Sie diskutieren mit ihm seine Motivlage, teilen ihm offen die Interessen des Teams mit und suchen mit ihm nach Handlungsmöglichkeiten, die seine persönlichen Bedürfnisse und die der Gruppe gleichermaßen zum Zuge kommen lassen.

- ☐ E   Sie gehen auf ihn zu und sagen ihm in aller Direktheit, dass er mit heftigem Gegenwind zu rechnen habe, wenn er mit seinem Verhalten fortfahre.

5 Sie gehören einer interdisziplinären Projektgruppe an, die sich aus sieben Führungskräften zusammensetzt. Sechs Personen aus der Gruppe fällt zunehmend unangenehm auf, dass sich ein Kollege »im Ton vergreift«. Auch Sie fühlen sich (ebenso wie Ihre fünf Kolleginnen und Kollegen) von ihm autoritär behandelt. Beispielsweise tendiert der Kollege dazu, Befehle auszusprechen (anstatt Vorschläge oder Aussagen zu machen); über die Arbeiten der anderen will er im Detail informiert werden und sogar die Häufigkeit und Länge der Teambesprechungen definieren. Sie bemerken sehr wohl, dass Sie diese Art der Kommunikation nicht sonderlich schätzen.

- ☐ A   Sie versuchen, mit ihm außerhalb der Firma ein offenes Gespräch zu führen. Ihr Ziel ist es, herauszufinden, welche Bedürfnisse und Erwartungen Ihr Kollege ins Team bringt. Ferner werden Sie ihn darüber informieren, wie er auf Sie wirkt und wie Sie sich die Kommunikation mit ihm vorstellen. Sie möchten (idealerweise mit den Teamkolleginnen und -kollegen) »Spielregeln« festlegen, die alle Beteiligten unterschreiben können.

- ☐ B   Sie beschließen, sich eine »dicke Haut« zuzulegen und Ihre Aufmerksamkeit auf den sachlichen Gehalt seiner Botschaften zu lenken.

- ☐ C   Sie werden ihm vorschlagen, dass er von Ihnen alle Detailinformationen erhält, die er wünscht. Dafür solle er Ihnen entgegenkommen und etwa auf die Bestimmung von Länge und Frequenz der Sitzungen verzichten.

- ☐ D   Sie werden seine Wünsche künftig überhören und ihm mitteilen, was von ihm im Projektteam erwartet wird.

- ☐ E   Sie entschließen sich, wenn auch schweren Herzens, seinen Wünschen Rechnung zu tragen und sich mit seiner schroffen Art zu arrangieren.

6 Sie arbeiten in einer Gruppe von insgesamt acht Personen. Im Großen und Ganzen läuft die Zusammenarbeit gut. Ihnen ist indes während der nunmehr viermonatigen Zusammenarbeit aufgefallen, dass sich ein Kollege ausschließlich zu Sachthemen äußert, hingegen schweigt, wenn die Gruppe über Spannungen oder die Art der Zusammenarbeit spricht. Auch wenn der Kollege direkt angesprochen wird, gibt er als Feedback standardmäßig die Antwort, für ihn sei alles in Ordnung. Allmählich baut sich Reserviertheit gegenüber dem Kollegen auf, und es besteht die Gefahr, dass er nicht mehr wirklich integriert bleibt.

☐ A Sie fordern den Kollegen auf, sich den Verhaltensregeln des Teams anzupassen, und signalisieren ihm eindeutig, dass er andernfalls mit Konsequenzen zu rechnen habe.

☐ B Sie sehen keinen Handlungsbedarf, weil die Kooperation in sachlicher Hinsicht klappt.

☐ C Sie versuchen, die Gruppe dazu zu bewegen, den Kollegen so zu akzeptieren, wie er sich gibt. In einem Gespräch mit ihm bemühen Sie sich, ihm das Zugeständnis abzuringen, doch wenigstens in krassen Stimmungskrisen seine Meinung zu äußern.

☐ D Sie plädieren in der Gruppe dafür, die Eigenheit des Kollegen zu respektieren und sich mit seiner Art zu arrangieren.

☐ E Nach einiger Überlegung halten Sie es für angebracht, im Team Einigung darüber zu erzielen und sich Zeit zu nehmen, um Spielregeln zu erarbeiten, die den unterschiedlichen Bedürfnissen und Ansichten, was »gute Kommunikation« sei, Rechnung tragen.

7 Die Geschäftsleitung hat Sie für die Mitarbeit in einem Projektteam freigestellt. In dem Team sind weitere sechs Personen. Die Aufgabe der Gruppe ist, eine Managemententscheidung vorzubereiten. Die Gruppe soll binnen sechs Monaten zwei unterschiedliche Vorschläge für ein neues Logistikkonzept erarbeiten. Die Arbeit erfordert enge Kooperation und offene Kommunikation. Bereits während der ersten zwei Wochen bemerkten Sie, dass Sie auf eine Kollegin innerlich »irgendwie« ablehnend reagieren. Sobald sie etwas sagt, meinen Sie, sie wolle sich profilieren, und ertappen sich dabei, sie widerlegen zu wollen. Zuweilen artet dies in einen heftigen Schlagabtausch aus.

☐ A Sie wollen sich damit nicht näher auseinander setzen und lassen es einfach laufen.

☐ B Sie gestehen sich und der Kollegin zu, dass sie beide bestrebt sind, optimale Beiträge zu einem erfolgreichen Projekt beizutragen, und entschließen sich daher, die Kontroversen sachlich zu halten und Ihre eigenen Eitelkeiten in den Hintergrund zu stellen.

☐ C Sie versuchen, Ihre abwehrenden Gefühle »in den Griff« zu kriegen, und greifen die Kollegin nicht mehr an.

☐ D Sie nehmen sich vor, die Verhaltensweisen, die Sie an der Kollegin stören, positiv umzudeuten.

☐ E Bei der nächsten Gelegenheit werden Sie das Verhalten, das Sie provoziert, offen ansprechen und dies zum Anlass nehmen, das Thema »Selbstprofilierung« oder »Imponiergehabe« im Team allgemein zu diskutieren.

8 Sie haben im Mitarbeitergespräch mit Ihrem Vorgesetzten vereinbart, ein Projekt, das auf sieben Monate angelegt ist, vollständig in eigener Regie durchzuführen. Als Kontrollintervalle haben Sie sich auf alle vier Wochen geeinigt. Trotzdem fragt er wöchentlich mindestens zweimal nach, wie der Stand sei, mit welchen Methoden Sie welchen Teilschritt bearbeiten etc. Außerdem schaut er zusätzlich täglich vorbei.

☐ A Sie teilen ihm Ihre Beobachtung mit und versuchen auszuhandeln, dass Sie alle zwei Wochen eine gemeinsame Überprüfung durchführen.

☐ B Sie versuchen, das Projekt abzugeben.

☐ C Sie finden sich mit der Situation ab. (»So ist er nun einmal.«)

☐ D Sie bestehen energisch darauf, dass er sich an die Vereinbarungen zu halten habe.

☐ E Sie versuchen, die Bedürfnisse, die Ihren Chef zu seinem Verhalten veranlassen, zu erfassen und einen Vorschlag zu skizzieren, der diese Bedürfnisse sowie auch Ihren Wunsch, eigenverantwortlich arbeiten zu können, aufnimmt.

9 Ihre Chefin verschiebt häufig die Prioritäten der Aufträge, die sie Ihnen gibt. So kommt es, dass Sie, kaum, dass Sie mit dem einen begonnen haben, schon wieder etwas anderes in Angriff nehmen müssen. Sie kommen auf diese Weise nur ausnahmsweise dazu, einen Auftrag seriös zu bearbeiten. Hinzu kommt, dass Sie terminliche Absprachen, die Sie mit internen und externen Kunden treffen, manchmal nicht einhalten können.

☐ A Sie wollen Ihrer Chefin eine Lehre erteilen. Entweder werden Sie sie bei dem nächsten Anlass »auflaufen« lassen, oder Sie werden Ihr bescheinigen, dass sie ihr Führungsgeschäft offensichtlich nicht versteht.

☐ B Sie vermitteln nach außen klar, wer die Verantwortung für Fehlleistungen trägt: Ihre Chefin.

☐ C Sie wollen mit Ihrer Chefin ein Mindestmaß an Kontinuität und Planung aushandeln.

☐ D Sie führen eine Aussprache mit ihr über ihrer beider Vorstellungen von effizientem und effektivem Arbeiten und klären die gegenseitigen Erwartungen ab.

☐ E Sie »vergessen« Ihre Standards für gute Arbeit und passen sich dem Zickzackkurs halt an.

10 Immer wieder kommt ein Kollege zu Ihnen, um Ihnen sein Leid zu klagen. Es sind ständige Wiederholungen der Klagen darüber, wie schlimm er von der Reorganisation des Unternehmens betroffen sei, wie viel mehr Arbeit er dadurch hätte und wie schwierig die Umstellung für ihn sei. Heute hören Sie die Jammertirade bereits zum vierten Mal innerhalb einer Woche.

☐ A Sie reden mit ihm »Klartext« und raten ihm, sich endlich zusammenzureißen.

☐ B Sie schlagen ihm vor, alle zwei Wochen über seine Schwierigkeiten zu reden.

☐ C Sie gehen Ihrem Kollegen aus dem Weg.

☐ D Da er diese Jammerstunden offenkundig braucht, lassen Sie sie halt über sich ergehen.

☐ E Sie bieten ihm an, einmal in Ruhe über seine Probleme zu diskutieren und gemeinsam nach Auswegen zu suchen.

Auswertung

Nehmen Sie jetzt Ihre Antworten pro Situation und vergleichen Sie, welche Rangfolgen Sie eingesetzt haben.

Situation 1:				Situation 2:		
	☐	a)	Kompromiss		☐	a) Kampf
	☐	b)	Kampf		☐	b) Flucht
	☐	c)	Integration		☐	c) Unterdrückung
	☐	d)	Flucht		☐	d) Integration
	☐	e)	Unterdrückung		☐	e) Kompromiss

Situation 3:				Situation 4:		
	☐	a)	Integration		☐	a) Flucht
	☐	b)	Kompromiss		☐	b) Unterdrückung
	☐	c)	Flucht		☐	c) Kompromiss
	☐	d)	Kampf		☐	d) Integration
	☐	e)	Unterdrückung		☐	e) Kampf

Situation 5:				Situation 6:		
	☐	a)	Integration		☐	a) Kampf
	☐	b)	Flucht		☐	b) Flucht
	☐	c)	Kompromiss		☐	c) Kompromiss
	☐	d)	Kampf		☐	d) Unterdrückung
	☐	e)	Unterdrückung		☐	e) Integration

Situation 7:				Situation 8:		
	☐	a)	Flucht		☐	a) Kompromiss
	☐	b)	Integration		☐	b) Flucht
	☐	c)	Unterdrückung		☐	c) Unterdrückung
	☐	d)	Kompromiss		☐	d) Kampf
	☐	e)	Kampf		☐	e) Integration

Situation 9:				Situation 10:		
	☐	a)	Kampf		☐	a) Kampf
	☐	b)	Flucht		☐	b) Kompromiss
	☐	c)	Kompromiss		☐	c) Flucht
	☐	d)	Integration		☐	d) Unterdrückung
	☐	e)	Unterdrückung		☐	e) Integration

Nun summieren Sie wieder Ihre Ergebnisse:

Kampf ☐ _____

Flucht ☐ _____

Unterdrückung ☐ _____

Kompromiss ☐ _____

Integration ☐ _____

Kampf: »Das Ego setzt sich durch«

Haben Sie die meisten Antworten in dieser Rubrik »**Kampf**« angekreuzt? Dann sind Ihnen Aushandlungsprozesse in konflikthaften Situationen in der Regel zu mühsam, weil Sie Ihnen zu langwierig und aufwendig erscheinen. Es geht Ihnen in erster Linie darum, **schnell zum Ziel zu kommen**. Und dies – Hand aufs Herz – bedeutet doch auch: Ihre Vorstellungen zu verwirklichen. Sie gehen dann auch schon einmal »mit dem Kopf durch die Wand«.

Devise: Ich will gewinnen.

Konflikte erleben Sie tendenziell als Herausforderung, alle Möglichkeiten auszuschöpfen, um als Gewinner hervorzugehen. Insofern deuten Sie Konfliktgeschehen gerne als Machtkampf, in dem es nur zwei Positionen gibt: Sieg oder Niederlage. »Der Spatz in der Hand«, nämlich der aktuelle Sieg, ist Ihnen im Zweifel lieber als »die Taube auf dem Dach«, nämlich ein möglicher (und eben nicht schon faktischer) Erfolg, der noch in der Zukunft liegt.

Ihre Stärke liegt gewiss in Ihrer Durchsetzungsfähigkeit, Ihrer Zähigkeit und Ihrer strikten Zielorientierung. Insofern werden Sie gerne eingesetzt, wenn es darum geht, ein Ziel gegen Widerstände durchzusetzen.

Ihre »Dickköpfigkeit« lässt Sie jedoch die Bedürfnisse anderer »überhören«. Ihnen fehlt die Geduld und zuweilen das Interesse, zu erfragen, welche Wünsche, Interessen, welche Weg- und Zielvorstellungen andere haben und verfolgen. Sie bringen diese Geduld eher ausnahmsweise auf, und zwar dann, wenn es Ihnen unumgänglich scheint. Ihre Konfliktpartner erleben Sie daher häufig als rücksichtslos.

Unabhängig vom ethischen Vorzeichen sollten Sie Ihre Kampfstrategie einmal kritisch daraufhin beleuchten, welche Qualität Ihre Siege haben und welchen »Flurschaden« Sie kurz-, mittel- und langfristig anrichten (könnten). Ein augenblicklicher Sieg kann sich im nächsten Moment in eine Niederlage verwandeln. Denn Ihre »Gegner« werden wahrscheinlich überlegen, wie sie Ihnen »eines auswischen« können. Und: Kampf erzeugt häufig Kampf als Antwort! Ein Sieg kann sich als Pyrrhussieg entpuppen. Gewiss haben Sie schon einmal die Erfahrung gemacht, eine Entscheidung gegen das Votum anderer »durchgeboxt« zu haben, etwa in einer Abteilung, in einem Team oder gar bei einem Kunden. Tja, und dann wunderten oder empörten Sie sich vielleicht darüber, wenn die Betroffenen Sie zu unterminieren begannen. Etwa indem sie »Dienst nach Vorschrift« praktizierten, Ihre Entscheidung in kleinen Schritten konterkarierten, bei der Umsetzung Ihrer Entscheidung viel Zeit »verbrieten« oder zahlreiche »Fehler passierten« oder

Ähnliches. Die Zeit und Anstrengung, die Sie im Prozess der Entscheidungsfindung, also im Kampf, einsparten, verloren Sie folglich wieder im Verlauf der weiteren Arbeit. Und Sie trugen dazu bei, dass sich die Anzahl Ihrer »Freunde« reduzierte!

Setzen Sie Ihre Energie, die Sie im Gefecht verpulvern, doch öfter konstruktiv ein. Erfragen Sie die Bedürfnisse der anderen, ihre Sichtweisen und Vorschläge, und kombinieren Sie diese mit den Ihren. Stimmen Sie Ihre Interessen mit denen anderer häufiger ab. Sie werden erleben, dass damit nicht nur die Qualität des Resultats in der Sache steigt, sondern auch, dass Sie Freunde gewinnen und damit einen fruchtbaren Nährboden bereiten, künftige Konflikte ebenfalls konstruktiv zu behandeln.

Das Harvard-Konzept ist diesbezüglich eine gute Schule. Daher empfehle ich Ihnen zur Vertiefung das Buch »Das Harvard-Konzept« von Fisher, Ury und Patton zu lesen.

Flucht: »Das Ego hält sich raus«

Devise: Ich will davonlaufen.

Fällt die Mehrzahl Ihrer Reaktionstendenzen in die Strategie »**Flucht**«, neigen Sie typischerweise dazu, »**das Feld zu verlassen**«. Das heißt, Sie entziehen sich der Auseinandersetzung. Denn Ihnen geht es weder darum, zu gewinnen, noch darum, andere zu Verlierern zu machen.

Ihre Motive sind dabei recht unterschiedlich. Einmal wollen Sie einfach Ihre Ruhe haben. Ein anderes Mal ist Ihnen der Anlass des Konflikts keine (eventuell heftige) Kontroverse wert. Dann wieder mag die Haltung dominieren, »Die Zeit wird's schon richten«, und »Die Gemüter werden sich schon wieder beruhigen«. Es kann auch sein, dass Sie sich scheuen, den offenen Konflikt zu riskieren und ihn dann austragen zu müssen. Bevor Sie von sich aus eine Auseinandersetzung offen eingehen, führen Sie eine Art Güterabwägung durch, deren leitende Frage lautet: Lohnt sich der Einsatz? Ist mein Engagement »not-wendig«, oder fahre ich besser, wenn ich auf die Selbstheilungskräfte der Akteure und der Situation oder einfach auf Zeit setze?

Die Stärke dieser ausgeprägten Tendenz, sich herauszuhalten oder zurückzuziehen, liegt gewiss darin, dass Sie »loslassen« können, nämlich eigene Interessen. Dadurch tragen Sie selten aktiv zu einer Dramatisierung einer Störung bei. Diese Haltung eröffnet den Beteiligten die Chance, selbst initiativ zu werden. Zudem vermindert sie das Risiko, einen Konfliktanlass hochzustilisieren, also »aus der Mücke einen Elefanten« zu machen. Das macht Sie flexibel insofern, als Sie nach Alternativen suchen, Ihr Ziel »trotzdem« zu verfolgen.

Ihr Verhalten kann bei anderen allerdings den Eindruck erwecken, Sie seien desinteressiert oder gar zu bequem, sich selbst einzusetzen. Sie finden sich dann dem Vorwurf ausgesetzt, initiativlos zu sein, sich drücken zu wollen oder gar führungsschwach zu sein. Eine weitere Gefahr liegt außerdem darin, dass Sie möglicherweise zu früh aufgeben. So kann es passieren, dass Sie Ihr eigentliches Ziel nicht erreichen oder dass Sie Optimierungschancen verpassen.

Eine »Güterabwägung« oder Kosten-Nutzen-Rechnung zu machen ist in vielen Fällen gewiss sinnvoll. Gleichzeitig sollten Sie in Konfliktsituationen überlegen, ob Ihr Ausweichen mittel- und langfristig gesehen nicht mehr Schaden anrichtet als Erleichterung bringt, oder Störungen eher verlängert, denn die Anspannung löst. Bedenken Sie, dass ein Gewitter die Luft reinigt. Vertrauen Sie durchaus auch darauf, dass Ihre Konfliktpartner in aller Regel ebenfalls daran interessiert sind, Spannungen aufzubrechen, um dann entspannt ein Ziel zu verfolgen. Konflikte eingehen birgt immer auch die Chance, gemeinsam etwas zu verbessern.

Unterdrückung: »Das Ego gibt sich auf«

Haben Sie die meisten Ihrer Antworten der Rubrik »**Unterdrückung**« zugeordnet, dann neigen Sie typischerweise dazu, die **Zufriedenheit Ihrer Konfliktpartner in den Vordergrund** zu stellen und Ihre **eigenen Bedürfnisse zu vernachlässigen**, ja bisweilen sogar aufzugeben. Es geht Ihnen nicht um Gewinnen oder Verlieren, sondern in erster Linie darum, eine direkte Auseinandersetzung zu vermeiden. Sie möchten »kein böses Blut«. Sie glauben, dass Sie vorzugsweise dadurch etwas erreichen, wenn Sie die Interessen Ihrer Konfliktpartner befriedigen können.

Devise: Ich will vermeiden.

Die Gründe, die Sie bewegen, Ihre eigenen Interessen im Zweifel hintenanzustellen, liegen schwerpunktmässig in Ihrem Bestreben, Harmonie zu erhalten bzw. den freundlichen Umgang miteinander, also die Beziehungsebene nicht zu gefährden. Sie haben folglich auch eine ausgeprägte »Bisshemmung« und wirken konfliktscheu. Ihre Verzichtsleistungen können dazu führen, dass Sie sich wie Sisyphus fühlen: völlig erschöpft, aber doch dem Ziel zugetan, dem Willen anderer nachzugehen, weil dies persönlich Sinn macht. Der Lohn besteht für Sie darin, relativ intakte Beziehungen zu pflegen und beliebt zu sein.

Ihre Stärken liegen vor allem darin, auf die Realisierung eigener Wünsche und Vorstellungen verzichten, geduldig auf »Ihre Stunde warten« und anderen sehr entgegenkommen zu können. Ihre Konzilianz wird »natürlich« von jenen besonders geschätzt, deren Priorität es ist, den eigenen Kopf durchzusetzen. Als je rigoroser Sie die andere Partei (Person, Gruppe) erleben, das heißt, je mehr diese Ihnen verdeutlicht, dass sie sich mit allen Mitteln für ihr Ziel einsetzen wird, desto eher sind Sie zu Konzessionen bis hin zum Aufgeben bereit.

Ihre Bereitschaft, Ihre Bedürfnisse gar vollständig zu unterdrücken, ist für Sie zuweilen sehr schmerzlich. Dies vor allem dann, wenn Sie glauben, dass Sie Ihr Interesse auch zu einem späteren Zeitpunkt nicht mehr realisieren können. Ebenso macht Ihnen die Außenwirkung zuweilen arg zu schaffen. Nach außen wirkt Ihr Verhalten von »weich« über »zu nachgiebig« und »zu gutmütig« bis hin zu »zu schwach«. Dadurch erfüllt sich Ihre Hoffnung, respektiert zu werden, nur bedingt. Ebenso ergeht es Ihrem Wunsch, zumindest in Ihrem engeren Umfeld »Ruhe« (Harmonie) leben zu können. Sie verlieren durch Ihr Verhalten an Akzeptanz und haben es schwer, sich als Interessenvertreter, Führungskraft oder Verhandlungspartner durchzusetzen. So kann es dazu kommen, dass Sie schamlos ausgenutzt werden und andere Sie vor ihren Karren spannen.

Daher sollten Sie lernen, Ihre Fähigkeiten konstruktiv nutzen. Ihre Stärke ist, dass Sie geduldig zuhören können und so die Bedürfnisse anderer aufnehmen. Sie sind stark darin, auf andere einzugehen und zu eigenen Vorstellungen eine kritische Distanz einzunehmen. Und: Ihr Bedürfnis nach Harmonie verhindert, einen Konflikt unnötig zu schüren. Stellen Sie diese Ihre Stärken in den Dienst, mit Ihrem Gegenüber die Interessenlagen darzulegen, Gemeinsamkeiten und Differenzen aufzudecken und Wege und Lösungen auszuhandeln, die beiden entgegenkommen. Beginnen Sie damit in bedeutsamen Situationen. Bereiten Sie sich vor, indem Sie Ihre Minimalziele skizzieren, und streben Sie zumindest den kleinsten gemeinsamen Nenner an.

Kompromiss: Das »Ego gibt nach«

Fallen Ihre Antworten mehrheitlich in diese Strategie »Kompromiss«, dann sind Sie bestrebt, sich mit Ihren Kontrahenten auf einem Niveau zu treffen, das sowohl Ihnen als auch Ihrem Konfliktpartner annehmbar erscheint. **Sie suchen den begehbaren Mittelweg.** Sie begreifen die beidseitige Annäherung als Möglichkeit, einige Ihrer eigenen Interessen ebenso zu verwirklichen wie einige der Vorstellungen Ihres Gegenübers einfließen zu lassen. Das Motto könnte lauten: »Jeder gibt ein bisschen, jeder verliert ein bisschen.«

Devise: Ich will entgegenkommen.

Ihr Bemühen, diesen Aushandlungsprozess einem akzeptablen Schlusspunkt zuzuführen, wurzelt vor allem in pragmatischen Erwägungen und Ihrem Wunsch, möglichst kein »Porzellan zu zerschlagen«. Sie halten es für selbstverständlich, und es ist für Sie »ganz normal«, dass es unterschiedliche Interessenlagen gibt und »man sich entgegenkommen muss«. Damit gehört es für Sie zur Normalität, dass jede Partei sowohl etwas erhält als auch abgibt. Konzessionen müssen in die eine und in die andere Richtung gemacht werden. Sie suchen den »guten Kompromiss«. Keine Partei soll die Entscheidung oder Lösung später bereuen oder gar torpedieren. Alle Beteiligten sollen nachhaltig hinter den Vereinbarungen stehen und von der Qualität überzeugt sein. Folglich verbietet Ihnen Ihre Einstellung, andere »über den Tisch zu ziehen« – und selbstverständlich achten Sie darauf, dass Ihnen dies ebenso wenig passiert.

Diese Beweggründe und Verhaltensweisen machen Sie zu einem fairen und kompetenten Verhandlungspartner, gerade auch in konfliktschwangeren Situationen. Sie werden als zugänglich und konziliant erlebt, und Ihre Gesprächsführung genießt den Ruf, zielorientiert und pragmatisch zu sein. Obwohl Sie auch »hart in der Sache« sein können, achten Sie darauf, die Interessen, mehr noch: die Ziele und Positionen Ihres Gegenübers zu erfragen, anzuhören und zu verstehen. Sie bemühen sich, Ihre Vorstellungen mit denen der anderen möglichst behutsam zusammenzuführen und sinnvoll zu kombinieren.

Da Sie davon ausgehen, dass jede und jeder der Beteiligten bereit sein muss, von den Maximalzielen abzuweichen, überlegen Sie bereits in der Gesprächsvorbereitung, wo Sie bereit sind, zurückzustecken. Ihr Augenmerk ist demzufolge darauf gerichtet, zu überprüfen, wo der gemeinsame Nenner liegen und Sie sich mit den anderen treffen könnten.

Trotzdem kann es Ihnen durchaus passieren, dass Sie mit Ihrem Gegenüber um Positionen feilschen. Die Wahrscheinlichkeit, in diesen Prozess hineinzugeraten, der leider häufig in eine Einbahnstraße mündet, können Sie durchaus vermindern. Wenn Sie bemerken, dass ein Gespräch nicht vorankommt, dann fragen Sie einfach vermehrt nach den Beweggründen, die Ihr Gegenüber veranlassen, eine bestimmte Position einzunehmen und eine bestimmte Lösung zu bevorzugen. Legen Sie dabei auch Ihre eigenen Motive für Ihre Positionen offen. Die Chance, die dieses Vorgehen bietet, liegt darin, dass Sie mit Ihren Konfliktpartnern ganz neue Lösungsmöglichkeiten erarbeiten können. Sie erweitern in diesem Procedere das Spektrum möglicher Einigung, indem Sie nicht nur fragen: »Wo kann ich Konzessionen machen?«, sondern auch: »Welche Motive verbergen sich hinter Positionen?«. Infolgedessen rücken Sie die Frage in den Mittelpunkt, welche Optionen denkbar sind, um den Bedürfnissen aller Beteiligten gerecht zu werden. Wenn Sie in Zukunft auch das bedenken, werden Ihre Gespräche sicher meist erfolgreich sein.

Integration: »Das Ego vernetzt«

Devise: Ich will zusammenbringen.

Fällt die Mehrheit Ihrer Reaktionen in diese **Integrationsstrategie**, dann streben Sie grundsätzlich die »**Win-win**«-**Philosophie** an. Das heißt: Für Sie geht es in der Konfliktsituation darum, dass alle Beteiligten als Gewinner hervorgehen. Konfliktlagen symbolisieren für Sie nicht Machtkämpfe. Vielmehr gelten Sie Ihnen als Chance, etwas zu verändern, zu verbessern, neue Wege zu gehen. Aus diesem Grund glauben Sie auch an die reinigende Wirkung eines Gewitters und scheuen turbulente Konfliktgespräche nicht. Aus dieser konstruktiven Sicht heraus betrachten Sie Konfliktverläufe als einen partnerschaftlichen Kommunikationsprozess, in dem es darum geht, in erster Linie die Bedürfnisse und Beweggründe der Akteure herauszukristallisieren. Primär versuchen Sie also, den Prozess der Konfliktbehandlung als einen Aufklärungs- und Verhandlungsvorgang zu inszenieren. Das Ziel sehen Sie darin, einander zu verstehen, Motive und Positionen nachvollziehen zu können.

Ihre Überzeugung, dass ein Konflikt eine Chance ist, verleiht Ihnen denn auch die Disziplin und Geduld, das Einfühlungsvermögen und die Zielorientierung, die Sie brauchen, um Ihre Partner zu gewinnen. »Gewinnen« möchten Sie sie dafür, über Interessen und Motive (und nicht über Standpunkte) zu verhandeln und gemeinsam nach Wegen und Lösungen zu suchen, die ermöglichen, alle relevanten Bedürfnisse »unter einen Hut zu bringen«. Sie wollen Ihre Partner anregen, auch nach Lösungen Ausschau zu halten, die bisher kaum oder gar nicht beachtet wurden. Sie wollen integrieren. Aus diesem Grund engagieren Sie sich dafür, Phantasie zu entfalten, um alte Fahrwasser zu verlassen, Synergien zu erzeugen, und das bedeutet vor allem, bisher unbeachtete Möglichkeiten zu diskutieren.

Dieses Vorgehen ist zwar in der Regel langwierig. Der Lohn fällt indes reichhaltig aus: äußerst zufriedene Parteien, tragfähige Entscheidungen oder Lösungen und intakte Beziehungen auf einem hohen Loyalitätslevel.

Es kann vorkommen, dass Sie in Ihrem Anspruch, ausschließlich oder zumindest immer zuallererst die Win-win-Strategie zu fahren, »zu viel des Guten« tun. Es kann sein, dass Sie sich verzetteln oder einen Konfliktanlass zu einem fundamentalen Problem hochstilisieren. Diesem Risiko können Sie am ehesten vorbeugen, indem Sie jeden möglichen Konflikt einer strikten Realitäts- und Qualitätsprüfung unterziehen. Das bedeutet: Überprüfen Sie den Stellenwert eines Konflikts. Dies sollten Sie am besten bereits machen, bevor er richtig ausbricht. Geben Sie dem pragmatischen Kalkül eine Chance! Nicht jeder Konflikt benötigt den aufwendigen integrativen Ansatz. Weniger gravierende Konflikte lassen sich oft durch einen »gesunden Kompromiss« oder auch durch Rückzug oder Verzicht beheben. Bedenken Sie, dass die Grenze zwischen einem konstruktiven und integrierenden Einsatz auf der einen und einem missionarischen Bekehren auf der anderen Seite bisweilen fließend ist. Und niemand ist auf der Welt, um in jeder Situation Ihrer Philosophie von einer idealen Konfliktaustragung zu folgen!

Ähnlich ausgeprägte Reaktionen

Falls Sie in verschiedenen Rubriken eine ähnliche Anzahl von Antworten angekreuzt haben, zeigt das zweierlei. Zum einen können Sie dem entnehmen, welche Strategien sie bevorzugen, sei es aus Fragen Ihrer Weltanschauung oder Lebens- oder Konfliktphilosophie, sei es aus pragmatischen Gründen, die Ihnen nahe legen, so oder so zu handeln. Zum anderen erhalten Sie Auskunft darüber, zwischen welchen Umgangsweisen Sie leicht wechseln können.

In der Auswertung dieses Tests in Seminaren fand ich häufig, dass »Integration« und »Kompromiss« oder »Kampf« und »Kompromiss« alternativ eingesetzt werden. Klappt die erstgewählte Strategie nicht, wird die andere mobilisiert.

Empirische Untersuchungen zeigen, dass die integrative Strategie sehr häufig angestrebt wird. Da sie allerdings als anstrengend empfunden wird, da sie Geduld und zeitintensive Verhandlungen erfordert, beginnen die Konfliktparteien zwar oft mit ihr, halten diese Strategie aber nicht bis zum Ende durch. Die Folge ist, dass auf die zweite Präferenz zurückgegriffen wird. Und die lautet entweder Kompromiss oder Kampf.

Breite Streuung der Reaktionen

Sind Ihre Antworten über mehrere Strategien breit gestreut und lassen sich keine Schwerpunkte erkennen, liegen auch hier zwei Vermutungen nahe: Sie haben Ihre bevorzugte Strategie noch nicht gefunden, oder Sie versuchen, sich jedes Mal auf die spezielle Situation einzustellen.

Die Flexibilität, die Sie praktizieren, hat den Vorteil, dass Sie sich bemühen, Konfliktsituationen zu analysieren, um die sinnvollste Art und Weise herauszufinden, die zum Ziel führt. Solange Ihnen das gelingt und Sie durch Erfolge belohnt werden, brauchen Sie anscheinend keine bevorzugte. Ihre Präferenz besteht insofern in der Entscheidung für eine möglichst ausgeprägte Flexibilität.

Empfinden Sie sich jedoch selbst zuweilen als »Fähnchen im Wind« oder in der Situation, dass Sie sich hilflos fühlen und sich fragen, wie Sie jetzt wohl am besten reagieren sollten, liegt der Verdacht nahe, dass Ihre Selektionsfilter tendenziös sind. Überprüfen Sie in diesen Fällen, ob Sie nicht – für Ihr Gefühl – zu häufig auf der Verliererseite sind: ob Sie zum Beispiel zu früh aufgeben, zu weit reichende Konzessionen machen oder sich zu schnell zurückziehen. Reflektieren Sie, ob Sie prinzipiell eher harte Auseinandersetzungen oder konsensorientierte Konfliktbehandlungen erwarten. Nach dieser Diagnose wählen Sie eine Konfliktstrategie, die Sie künftig probieren wollen. Dann üben Sie diese ein!

Kulturmanager

Der Kulturmanager schafft gemeinsame Werte und Normen.

Die vielfach gemachte Erfahrung, dass allein die »harten Faktoren« (Systeme, Strukturen, Strategien) nicht ausreichen, um ein Unternehmen wettbewerbsfähig zu halten, führte dazu, dass die »weichen Faktoren« insbesondere für die Praktiker in den Mittelpunkt der Aufmerksamkeit rückten. Dieser Trend begann in den Achtzigerjahren und hält noch heute an. Mit diesen »soft factors« ist die Einstellung der Mitarbeiter zu sich selbst, Ihren Kollegen gegenüber und zu ihrer Arbeit gemeint. Unternehmer, Praktiker wie auch Theoretiker, suchten die »menschliche Komponente«, die Wirkungen, die aus den Beziehungen zwischen Menschen, also aus den Interaktionen, hervorgehen. Daraus entstand das Konzept der Unternehmenskultur. Dieser Terminus ist aus der heutigen Diskussion um Mitarbeiter- und Unternehmensführung nicht mehr wegzudenken. Es lässt sich mittlerweile feststellen, dass in effektiven Unternehmen die Regeln für die Führung primär von der Firmenkultur bestimmt werden und nicht von der Organisationsstruktur.

Die unterschiedlichen Definitionen und Modelle, Unternehmenskultur zu erfassen und zu prägen, laufen vor allem auf drei Fragen hinaus:

* ❖ Welche Kultur(en) wird (werden) in einem Unternehmen gelebt?
* ❖ Welche Kultur(en) soll(en) gelebt werden?
* ❖ Kann man überhaupt, und wenn ja: Wie kann man eine gewünschte Gesamtkultur ins Leben rufen bzw. eine bestehende verändern?

Fragen an die Unternehmenskultur.

Nicht zuletzt dieses Fragetrio unterstützt die Klärung, was unter Unternehmenskultur eigentlich zu verstehen sei. Der kleinste gemeinsame Nenner lautet: Unternehmenskultur bezeichnet alle bewussten und beabsichtigten sowie unbewussten und unbeabsichtigten Wert- und Glaubensvorstellungen, Grundsätze und Normen sowie Verhaltensweisen, die in einem Unternehmen vorzufinden sind. Es geht um berufliche Wertvorstellungen und menschliche Werte, und folglich geht es auch um Glauben, Überzeugungen, Werte. Diese schlagen sich nieder in:

* ❖ Sprachlichen Äußerungen (also in Redewendungen, Geschichten, Anekdoten, Sprachregelungen, Jargons, Slogans, Witzen etc.);
* ❖ Verhaltensweisen, Handlungen, Interaktionen (Gewohnheiten, Traditionen, Bräuchen, Ritualen, Taktiken, Spielen etc.);
* ❖ Artefakten, Kulturgütern (Gebäuden, Infrastruktur, Statussymbolen, Logos, Auszeichnungen etc.).

Elemente der Unternehmenskultur.

Diesen Kulturelementen ist eines gemeinsam: Sie symbolisieren etwas. Das heißt, sie verweisen auf etwas anderes. Sie »stehen für« etwas anderes. Beispielsweise verweist die immer wieder erzählte Geschichte von einem Außendienstmitarbeiter, der bei einem Hagelsturm noch Kunden aufsucht, darauf, dass dem »Einsatz um jeden Preis« oder der »Kundenorientierung«

ein extrem hoher Wert zukommt. Der Mitarbeiter ist insofern ein »Held«. Oder ein weiteres Beispiel: Die imposante, moderne wie teure, Büroeinrichtung eines Mitglieds der Geschäftsführung »steht für« Erfolg, Macht, Leistungspotenz. Oder: Die montägliche halbstündige Teamsitzung verweist auf den hohen Wert, der dem »Wir-Gefühl« beigemessen wird.

Mit anderen Worten: Symbole vermitteln uns, was Sinn macht, wie wir etwas zu deuten und wie wir uns zu verhalten haben, wenn wir einen ganz bestimmten Eindruck (eine ganz bestimmte Deutung) hervorrufen wollen. Um bei den obigen Beispielen zu bleiben: Wenn eine Führungskraft beispielsweise Potenz und Macht demonstrieren will, kann sie das tun, indem sie ihr Büro exklusiv einrichtet. Jeder, der das Büro betritt, weiß dann, wie er das, was er sieht, zu deuten hat. Oder: Wenn die Geschichte von dem Helden immer wieder erzählt wird, erkennen wir, wie wir das auszulegen haben: als wünschenswertes Engagement. Und wenn wir selbst heroisch auffallen wollen, wissen wir, was wir machen müssen, nämlich außergewöhnliche Dinge tun. Und im Fall der regelmäßigen Teamsitzungen ist uns bekannt, was wir tun können, um Gemeinschaftlichkeit zu symbolisieren.

Was leisten Kulturelemente bzw. Symbole im Unternehmen?

Symbole zeigen was wünschenswert ist.

Kulturelemente bzw. Symbole sagen uns, welche Bedeutung etwas hat. Wir nehmen eine Tatsache und deuten sie, das heißt, wir legen ihr Sinn bei. Diese »Sinn-Bilder« oder »Sinn-Deutungen« liegen nicht in der Willkür von Einzelnen. Eine Kulturgemeinschaft, wie es das Unternehmen ist, einigt sich auf bestimmte Auslegungen. Sinn-Bilder sind folglich kulturspezifische Konventionen und wirken deshalb sozial verbindlich. Da sie uns sagen, was erwünscht und was unerwünscht ist, regulieren sie das Verhalten aller Unternehmensmitglieder. Sie koordinieren das Handeln.

Symbole entlasten.

Alle Vorschriften, Formulare, Regeln der Zusammenarbeit etc. sorgen dafür, dass wir uns nicht jedes Mal neu fragen müssen, wie wir auftreten sollten. Sie erzeugen Routinen, Verhaltensmuster und kalkulierbare Perspektiven. Symbole oder hier: Konventionen ersetzen de facto die unmittelbare Führung. Sie erleichtern das Führungsgeschäft. Das Handeln unterschiedlicher Menschen wird so aufeinander abgestimmt, dass die Führungskraft nicht jedes Mal eingreifen und dirigieren muss. Konventionen lenken Verhalten also personenunabhängig.

Existieren beispielsweise Gehaltssysteme, dann müssen Führungskräfte die Entlohnungsfrage nicht ständig mit jedem Mitarbeiter individuell ausdiskutieren. Standardisierte Abläufe machen zum Beispiel Debatten über konkrete Arbeitsabläufe und Methoden (weitgehend) überflüssig, und Zeiterfassungssysteme oder -regularien steuern Anwesenheitspflichten, ohne dass individuell darüber gesprochen werden muss.

Welche Aufgaben hat damit die Kulturmanagerin oder der Kulturmanager?

Veränderungen in der Unternehmenskultur müssen in der Regel von der Spitze aus initiiert werden. Das bedeutet, der Kulturmanager führt über Symbole, über symbolisches Handeln. Er soll sicherstellen, dass alle Unternehmensmitglieder sich im Sinne der Firmenphilosophie, -politik und -ziele verhalten. Alle sollen an einem Strang ziehen. Der Kulturmanager »führt symbolisch« auf zweierlei Weise: Er pflegt die vorhandene Unternehmenskultur, und/oder er propagiert einen Wertewandel. Denn Wertvorstellungen sind ein wichtiges Strukturelement im Unternehmen. Sie sind moralische Navigationshilfen, die allen Mitarbeitern die Orientierung erleichtern und ihnen Halt geben. Und er muss den Wandel, wenn er stattfinden soll, persönlich vorantreiben: Er muss ihn lehren, umsetzen und mit gutem Beispiel vorangehen.

Aufgaben von Kulturmanagern und was sie dazu benötigen.

Kulturmanager fragen nach Sinn.

Doch bevor er dies tun kann, muss er erst einmal verstehen, was einzelne Fakten bedeuten. Er muss ihren Sinn begreifen. Diese interpretierende Arbeit verlangt von ihm, dass er fragt: »Was ist warum der Fall?« Warum, beispielsweise, müssen die Mitarbeitenden gleichsam uniformiert gekleidet sein? Oder: Warum wird alle sechs Monate eine aufwendige Betriebsfeier inszeniert, zu der auch die Familienmitglieder eingeladen werden? Welchen Sinn machen diese Bräuche oder Rituale? Wofür stehen sie? Was bedeuten sie?

An den Beispielen des aufwendig eingerichteten Büros, des Außendienstmitarbeiters als Helden und der regelmäßigen Teamsitzung sahen wir, dass die Antworten uns Auskunft über kulturelle Eigenheiten eines Unternehmens geben. Die nächste Frage, die sich der Kulturmanager stellt, lautet: »Sollen diese Fakten ihren bisherigen Sinn behalten?« Soll, um ein Beispiel zu nennen, ein außergewöhnlich und exklusiv eingerichtetes Büro weiterhin Erfolg und Macht anzeigen? Soll die Geschichte vom Helden weiterhin für das Motto »Kunden sind zufrieden zu stellen, koste es, was es wolle« und für gewünschtes Engagement stehen? Sollen regelmäßige Teamsitzungen weiterhin Gemeinschaftlichkeit bedeuten?

Kulturmanager pflegen alte und gestalten neue Kultur.

Beantwortet der Kulturmanager diese Frage mit einem Ja, dann bleibt alles beim Alten, und er *pflegt die vorhandene Firmenkultur*. Strebt er jedoch Veränderungen an, so *bildet er neue Wertvorstellungen* oder schafft neue Schwerpunkte. Er sorgt in diesem Fall für neue Bedeutungen, also neuen Sinn.

Beispielsweise nimmt er das »Exklusiv und teuer eingerichtetes Büro« und deutet den Sinn um (das kennen Sie bereits aus Kapitel 22, s. Seite 95ff.): etwa als Zeichen von spätpubertierendem Protzen, als Ausdruck eines Minderwertigkeitskomplexes, als Kompensations- oder Imponiergehabe, als Verschwendungssucht. – Was meinen Sie: Welche Auswirkungen wird die Veröffentlichung dieser Umdeutung haben, wenn eine neue Büroeinrichtung angeschafft werden soll?

Sicher ist auf jeden Fall: Der alte Sinn wird allmählich durch die neue Vorstellung ersetzt. Und diese lenkt das Verhalten in eine andere, ganz bestimmte Richtung. In unserem Fall bedeutet das, Büroeinrichtungen unterliegen nicht mehr der Machtdemonstration, sondern einem ökonomischen Kalkül, asketischen Werten oder gelten als überholter Ausdruck eines (antiquierten) Hierarchieverständnisses. Die neuen Vorstellungen stehen somit für eine bestimmte Unternehmensphilosophie. Um einen anderen Umgang mit Büroeinrichtungen zu bewirken, könnte der Kulturmanager auch propagieren, dass funktionale und preisgünstige Einrichtungen als besonderes Zeichen für kostenbewusstes und sachorientiertes Arbeiten gelten.

Diese Neudeutung wird möglich durch die Mehrdeutigkeit eines Faktums, die sich die Führungskraft zunutze macht. Jede Tatsache, beispielsweise eine Geschichte, ein Ritual oder eine Infrastruktur, bietet eine Vielfalt an Interpretationsmöglichkeiten. Mit dieser Vielfalt arbeitet die Kulturmanagerin bzw. der Kulturmanager. Sie können dies tun, indem sie Gegebenheiten in neue Kontexte setzen, neue oder bis dato übersehene Vernetzungen oder Verweisungen aufzeigen. Damit erhalten die alten Fakten einen neuen Sinn. (Um sich dies alles zu verdeutlichen, können Sie das Thema Kontextumdeutung nochmals in Kapitel 2 nachlesen.)

Die Führungskraft als Kulturmanager kann Kulturveränderungen initiieren, indem sie Werte postuliert, etwa »Kostenbewusstsein«, und damit bestimmte Verhaltensweisen im Unternehmen auslöst. In diesem Fahrwasser werden die Mitarbeitenden selbst zu Umdeuterinnen und Umdeutern. Unter dem Vorzeichen »Kostenbewusstsein« erscheinen vielleicht – um unsere Beispiele wieder aufzugreifen – wöchentliche Teamsitzungen als Zeit- und Kostenverschwendung, weil sie zum sachlichen Output nicht beitragen. Vielleicht hört man dann Redewendungen wie: »Rechnen Sie einmal hoch, was das aufs Jahr an Kosten ergibt!« Wöchentliche Teamsitzungen stehen dann weniger dafür, den Wert hochzuhalten, ein Wir-Gefühl zu entfalten, sondern für überflüssige Plauderei. – Nehmen wir den Helden aus dem Außendienst: Dieser symbolisiert angesichts des Wertes »Kostenbewusstsein« dann nicht mehr, dass kundenorientierter Einsatz sich lohnt und Höchstleistung unter allen Bedingungen erwünscht ist, sondern er symbolisiert leichtsinniges Verhalten und damit das Risiko, ein Fall für die betriebliche Unfallversicherung zu werden, die Sozialkasse zu belasten und damit dem Unternehmen »auf der Tasche zu liegen«.

Umdeutungen ziehen also sowohl mentale Veränderungen als auch einen Wandel im Verhalten nach sich. Auf diese Weise wird Kultur »gemacht«.

Was macht das »Kulturmanagement« zu einem so schwierigen und delikaten Unterfangen? Die Antwort fällt dreiteilig aus. Es geht darum,

❖ vorhandene Symbole zu erkennen;
❖ die vorhandene Unternehmenskultur zu pflegen;
❖ vorhandene Symbole, Konventionen und Wertvorstellungen anders zu deuten bzw. neue zu propagieren.

Kulturmanagement: Symbole erkennen, pflegen, neu schaffen.

Vorhandene Symbole erkennen

Kulturmanagement heißt: führen mit und durch Symbole. Das bedeutet, dass die Führungskraft zunächst die vorhandenen Symbole versteht. Kulturmanagerinnen und Kulturmanager müssen also zunächst lernen, Fakten als Symbole zu erkennen. Sie müssen die »Tat-Sachen« in ihrem Sinnzusammenhang betrachten und ihre Bedeutung aufdecken. Beides verlangt von ihnen, dass sie sich für Deutungsarbeit interessieren, dass sie sich zutrauen, sensibel auf »Zeichen« zu reagieren, und verlangt zudem, dass sie bereit sind, sich für diese Interpretationsarbeit zu qualifizieren.

Außerdem sollten sie erwägen, ob sie nicht vielleicht auch externe Expertinnen und Experten, die es auf dem Gebiet der Unternehmenskultur gibt, hinzuziehen und gegebenenfalls mit ihnen zusammenarbeiten. Kulturmanagerinnen und -manager kommen nicht umhin, sich mit der aktuellen Literatur und der Praxis unternehmenskultureller Veränderungsarbeit zu befassen. Andernfalls verbleiben nur Intuition und Zufall.

Hinzu kommt, dass sie stets das System »Unternehmen« sowie seine Subsysteme (Teams, Abteilungen, Bereiche, Profit Center etc.) im Blick haben müssen. Denn das Ganze wird geprägt von seinen Teilen und umgekehrt: Kulturmanager müssen Symbole, Deutungen und Verhalten stets in Beziehung zu weiteren Einheiten und zur Außenwelt setzen. Damit ist verständlich, dass sie ganzheitlich, systemisch-evolutionär denken können sollten.

Die vorhandene Unternehmenskultur pflegen

Nachdem die Kulturmanager aufgedeckt haben, welche Tatsachen, Rituale, Sprachgewohnheiten usw. welche Bedeutungen transportieren, können sie festlegen, ob diese weiterhin gepflegt werden. Diese Bedeutungen werden dann beibehalten. Der Kulturmanager sorgt in diesem Fall dafür, dass alles so bleibt, wie es ist. Beispielsweise erkennt er, welche Bedeutung Beurteilungsgespräche haben, hält diesen Sinn für beibehaltenswert und setzt sich infolgedessen dafür ein, dass die Beurteilungsgespräche regelmäßig und überall im Unternehmen durchgeführt werden.

Vorhandene Symbole, Konventionen und Wertvorstellungen anders deuten bzw. neu propagieren

Geltende Konventionen neu zu definieren oder umzudeuten ist schwierig und »delikat«, weil dieser Prozess mit Veränderungen einhergeht, den andere durchleben sollen. Insbesondere das Kapitel 2 vergegenwärtigt, was passiert, wenn Menschen einen angestrebten Wandel nicht wollen. Kulturmanager lösen durch die Gestaltung einer neuen Firmenkultur Ängste und folglich Widerstände bis hin zu Boykottierungen aus. Diese entgegenwirkenden Aktivitäten müssen sie abfedern. Das stellt an sie höchste Anforderungen. Sie benötigen ein Geschick, sich mit kulturellen Gepflogenheiten vertraut zu machen, sich der Menschen anzunehmen und diese da »abzuholen, wo sie sich befinden«, wie es in der Psychologie heißt.

Es geht darum, dass Führungskräfte in der Lage sind, Sinnveränderungen transparent und verständlich zu machen. Empfehlenswert ist, sie an vielen Stellen im Unternehmen zugleich zu kommunizieren. Sie müssen alle Möglichkeiten zur Neugestaltung nutzen. Denn wenn die neue Firmenkultur gedeihen soll, muss sie stets auf allen Ebenen gelehrt, eingeführt und in die tägliche Praxis umgesetzt werden. Das können Kulturmanager etwa dadurch, dass sie informelle Leader oder Schlüsselpersonen finden und diese als »Saatträger« oder »Mittler des Wandels« einspannen.

Zusammenfassend können wir folgendes festhalten: Kulturmanagement kreist im Spannungsfeld zwischen Verfestigen und Verflüssigen. Verfestigen bedeutet: Kulturmanager streben danach, den Sinn von Tatsachen zu entziffern und zu verstehen, um Gegebenes beizuhalten, zu konservieren. Verflüssigen bedeutet: Sie schaffen neuen Sinn, indem sie Gegebenes umdeuten oder indem sie neuen Sinn mit neuen Tatsachen schaffen.

Wie wir schon gesagt haben, ist es für Kulturmanager wichtig, dem ganzheitlichen, vernetzten Denken Sympathie entgegenzubringen. Wo liegt der Bezug? Die wichtigsten Charakteristika liegen darin, dass es

❖ ein Denken in Zusammenhängen ist; es betrachtet die Beziehungen von Personen und Gruppen untereinander, von innen und außen;
❖ den Akteuren ein Eigeninteresse und Eigendynamik unterstellt;
❖ die Wirklichkeit als Ergebnis von Deutungen begreift und daher davon ausgeht, dass es weitere Deutungsmöglichkeiten gibt als die angenommenen, sodass wir »Wahrheit« kommunikativ aushandeln müssen;
❖ mit Widersprüchlichkeit, Intransparenz, Unvorhersehbarkeit, Vielfalt rechnet und sie als normal begreift.

Wenn wir diese Charakteristika auf das Kulturmanagement übertragen, heißt das: Der Kulturmanager oder die Kulturmanagerin muss davon ausgehen, dass die Einigkeit über eine Tatsachendeutung nur vorübergehend feststeht und sich zufällig oder ungewollt wandeln kann. Diese Wandlungen können sich dadurch ergeben, dass die Akteure (z.B. eines Teams) wechseln; oder dadurch, dass sich die Lage der Ressourcen verändert (etwa steht weniger Geld zur Verfügung). Oder dadurch, dass Eigeninteressen stärker hervortreten (beispielsweise »Mobbing« als Ausdruck der Angst, den Arbeitsplatz zu verlieren). Oder dadurch, dass neue Informationen Umdeutungen erzeugen. Wie wir bei der Bestimmung einer »Rolle« gesehen haben, unterliegen die Interpretationen von Symbolen, Konventionen und Wertvorstellungen ebenso den aktuellen Bedürfnissen. Wir sahen dies in den Deutungen unserer Beispiele: Büroeinrichtungen, Heldenhaftigkeit und regelmäßige Teambesprechungen.

Fazit: Kulturmanagerinnen und Kulturmanager müssen damit umgehen können,

❖ dass angestrebte Wirkungen nur wahrscheinlich, nicht aber sicher eintreten und
❖ das Bemühen, einen bestimmten Sinn selbstverständlich zu machen, jederzeit durchkreuzt werden kann.

Da Symbole, Konventionen und Wertvorstellungen im Unternehmen ständig produziert werden, müssen Kulturmanager ihr Ohr stets am Puls haben. Das »Kulturmanagen« erfordert also, gegenwärtig und präsent zu sein; auf Menschen zuzugehen, mit ihnen zu reden; hinzuhorchen, was sie beschäftigt; auf den »Tratsch«, die Witze zu achten und dergleichen. Sie können sich folglich nicht in ihrem Büro verschanzen, sondern müssen hierarchie- und abteilungsübergreifend umherwandern.

Beispiele für Wirkungsfelder der Kulturmanager. Um Ihnen Anhaltspunkte zu geben, wo die Führungskraft bei der Umsetzung einer neuen Firmenkultur ansetzen kann, seien einige Beispiele genannt:

Personalauswahl

Nach welchen Kriterien wird entschieden, wer sich für eine Tätigkeit eignet? Werden beispielsweise fachliche, aufgabenbezogene Fertigkeiten in den Vordergrund gestellt oder extrafunktionale, also nicht fachbezogene Kompetenzen und Tugenden wie Fleiß, Pünktlichkeit, Zurückhaltung oder Impulsivität, Kreativität, Selbstständigkeit? Welchen Sinn machen die Auswahlkriterien, und warum hält man an ihnen fest und wählt nicht andere? Dienen diese Kriterien dem Unternehmensinteresse? Sollen sie beibehalten werden?

Personalplatzierung

Welche Bedingungen und Voraussetzungen führen dazu, dass eine Person versetzt, befördert, »abgeschossen«, »weggelobt« wird? Um auch hier ein Beispiel zu nennen: Ich kenne ein Dienstleistungsunternehmen, in dem darauf Wert gelegt wird, dass jene Mitarbeiterinnen und Mitarbeiter, die intensiv mit Kunden zusammenarbeiten, ein ganz bestimmtes Outfit brauchen, und zwar beginnt dies bereits bei der Körpergröße! Die Kulturmanagerin fragt hier nach dem Sinn, nach dem, was diese Tatsache bedeutet. Sie kann zu der Interpretation gelangen: Die Leitenden gehen davon aus, dass eine gewisse körperliche Erscheinung bei Kunden Kompetenz, Steh- und Durchsetzungsvermögen vermittelt und daher Vertrauen schafft.

In anderen Unternehmen habe ich erlebt, dass Führungskräfte »nach oben gelobt« werden, wenn diese mit ihren Mitarbeitern und Mitarbeiterinnen Schwierigkeiten haben. Warum werden sie nach oben gelobt, wäre die Frage. Hier kann es bedeuten, dass Versetzungen nach unten oder horizontal mit einem nicht mehr einholbaren und daher irreversiblen Prestigeverlust der Person und der Führungsequipe überhaupt verbunden ist. Dahinter mag die Annahme stehen, Führungskräfte dürften sich in ihrer Auswahl nicht irren.

Einführung neuer Mitarbeiter

Was wird getan, um Neulinge ins Unternehmen einzuführen? Werden sie allein gelassen, sodass sie alles selbst herausfinden müssen, oder wird ihnen ein Mentor zugeordnet oder Ähnliches? Welcher Sinn verbirgt sich hinter welchen Gepflogenheiten?

Ich kenne ein Unternehmen, in dem Neulinge kurz begrüßt werden, man ihnen ihr Büro oder den Büroplatz zeigt und sie dann mit den Worten »Na, dann machen sie sich mal kundig« verlässt. Nach der Bedeutung dieses Vorgehens gefragt, gab mir der Personalchef zur Antwort: »Wir wollen Leuten sofort signalisieren, dass sie selbst initiativ werden sollen, und ihnen von Beginn an verdeutlichen, dass wir auf Selbstständigkeit und Kontaktfreudigkeit großen Wert legen.«

Wenn dies gewünscht wird, dann sollte man dies auch neuen Mitarbeiter klar mitteilen, denn sonst könnte es durchaus sein, dass sie sich lediglich allein gelassen fühlen und dies nicht als Gepflogenheit erkennen, die einen Sinn macht.

Aus-, Fort-, Weiterbildung

Worein wird primär investiert? In fachliche oder fachungebundene, personenbezogene Bildung? Wenn fachliche Bildung präferiert wird, dann kann der Grund darin liegen, dass das Unternehmen signalisieren will: Wir stellen die Sache in den Vordergrund. Uns ist die Qualität der Leistung das Wichtigste. Wir sind ein sachorientiertes, zielbewusstes und nüchternes Unternehmen. Investiert ein Unternehmen primär in kommunikative und soziale Kompetenz, kann dies die Überzeugung symbolisieren, dass Personen und Beziehungen zwischen Personen maßgeblich über Effektivität entscheiden.

Die wichtigen Aufgaben von Kulturmanagern.

Kulturmanagerinnen und Kulturmanager obliegt im Rahmen ihrer Aufgabe folglich,

❖ Tatsachen zu »sehen«;
❖ sie zu verstehen;
❖ sie in den Teil- und Gesamtzusammenhang einzuordnen;
❖ zu fragen, ob sie verstärkt oder verändert werden sollten;
❖ Wunschvorstellungen zu erheben und sie auf das Unternehmensinteresse zu beziehen;
❖ nach Personen, Gruppen und anderen Möglichkeiten zu suchen, Sinn oder Deutungen von Tatsachen zu transportieren, um für Verbreitung zu sorgen;
❖ bestehende Kulturelemente stets kritisch zu befragen.

Damit Sie das Gelesene auch in die Praxis umsetzen können, folgt nun ein Test, mit dem Sie Ihre eigene Unternehmenskultur einschätzen können.

Test: Welche Unternehmenskultur haben wir?

Bewusstes und damit zielorientiertes Kulturmanagement beginnt, wie erwähnt, damit, eine erlebte Kultur zu erfassen. Diese Diagnose des Ist-Zustandes genügt freilich noch nicht. Wir brauchen daneben eine Vorstellung davon, wie die Unternehmenskultur aussehen sollte. Daher ist auch der Wunsch- oder Soll-Zustand zu ermitteln. Beides, Ist und Soll, bildet die Basis, um herauszufinden, was aus welchen Gründen verstärkt bzw. verändert werden sollte. Erst nach diesen Erkenntnisschritten macht es Sinn zu überlegen, wie die Veränderungen eingeleitet und gelenkt werden können.

Wie sehen Sie die Kultur Ihres Unternehmens?

In diesem Zusammenhang können Sie jetzt in einer ersten groben Annäherung eine Kulturdiagnose für Ihr Unternehmen oder Ihre Abteilung erstellen. Selbstverständlich untersuchen Sie dabei Ihre Sichtweise. Der »Test« hilft Ihnen, sich bewusst zu machen, wie Sie persönlich die angesprochenen Praktiken erleben und deuten.

Zur weiteren Verwendung des »Tests« gebe ich Ihnen im Anschluss noch zusätzliche Anregungen.

Nun zum »Test« selbst: Sie finden vierzig Aussagen vor, die den folgenden Elementen oder Befragungskategorien zugeordnet sind:

- ❖ Unternehmenspolitik, -philosophie und -führung;
- ❖ Informationspolitik, Kommunikationspraxis;
- ❖ Personal- und Bildungspolitik;
- ❖ Philosophie und Praxis von Führungskräften und Mitarbeitenden;
- ❖ Leistungskriterien;
- ❖ Praxis der Teamarbeit;
- ❖ Praxis der Kooperation;
- ❖ Veränderungsoffenheit, Flexibilität, Innovativität.

Bearbeitungshinweis: Kreuzen Sie bitte auf den Skalen 1 bis 5 für »Ist« und »Soll« Ihre Auffassung an. »Ist« bedeutet: Ihre ganz persönliche Wahrnehmung und Deutung von der Kultur in Ihrem Unternehmen. »Soll« meint: Ihre ganz persönliche Vorstellung oder Vision von dem, wie die Unternehmenskultur ausschauen sollte.

Bei »Ist« bedeutet die Zahl 1: trifft vollständig zu; die Zahl 5: trifft überhaupt nicht zu. Bei »Soll« bedeutet die Zahl 1: sollte vollständig zutreffen; die Zahl 5: sollte in keiner Weise zutreffen.

1 Innovative Ideen sind gern gesehen und werden grundsätzlich aufgenommen und geprüft.

Soll	1	2	3	4	5
Ist	1	2	3	4	5

2 Die strategische Ausrichtung des Unternehmens wird klar und deutlich auf allen Ebenen diskutiert.

Soll	1	2	3	4	5
Ist	1	2	3	4	5

3 Als ein Zeichen für motivierte Mitarbeit und Leistungsbereitschaft gilt die Zahl der Überstunden bzw. das Längerbleiben.

Soll	1	2	3	4	5
Ist	1	2	3	4	5

4 Das Unternehmen erwartet von den Mitarbeitenden, dass sie eigenständig dafür sorgen, permanent zu lernen (z.B. Literatur, Tagungen, Austausch zwischen den verschiedenen Abteilungen).

Soll	1	2	3	4	5
Ist	1	2	3	4	5

5 Im Unternehmen werden die unterschiedlichsten Inselkulturen geduldet, solange die Effektivität stimmt.

Soll	1	2	3	4	5
Ist	1	2	3	4	5

6 Die Unternehmensspitze beobachtet Veränderungen in der Umwelt (Markt, Gesetzgebung, Politik etc.) sehr genau und passt sich ihnen zielorientiert an.

Soll	1	2	3	4	5
Ist	1	2	3	4	5

7 Bei Neueinstellungen wird besonders darauf geachtet, ob die Kandidatinnen und Kandidaten zur Unternehmens- und Führungsphilosophie passen.

Soll	1	2	3	4	5
Ist	1	2	3	4	5

8 Führungskräften wird deutlich vermittelt, welches Führungsverhalten erwünscht ist.

Soll	1	2	3	4	5
Ist	1	2	3	4	5

9 Die Sichtweise der »internen Kunden« hat sich weitgehend durchgesetzt und prägt die Zusammenarbeit.

Soll	1	2	3	4	5
Ist	1	2	3	4	5

10 Von der Unternehmensleitung wird eindeutig kommuniziert, welche Unternehmensleistungen als Kernkompetenzen gelten.

Soll	1	2	3	4	5
Ist	1	2	3	4	5

11 Das Arbeiten in interdisziplinären Teams und Projektgruppen wird von der Unternehmensführung gefördert.

Soll	1	2	3	4	5
Ist	1	2	3	4	5

12 Die Entscheidungsmacht wird in hohem Maße von der hierarchischen Stellung bestimmt.

Soll	1	2	3	4	5
Ist	1	2	3	4	5

13 Das Unternehmen zeichnet sich durch die Flexibilität von Strukturen aus. Strukturen werden geändert, sobald es die Wettbewerbsfähigkeit erfordert.

Soll	1	2	3	4	5
Ist	1	2	3	4	5

14 Das Unternehmen begreift sich als »lernende Organisation«. Anregungen, dieses Verständnis für die Mitarbeitenden umzusetzen, werden begrüßt und nach Möglichkeit umgesetzt (z.B. Lerngruppen, Bildungsveranstaltungen).

Soll	1	2	3	4	5
Ist	1	2	3	4	5

15 Es gibt zahlreiche Mitarbeitende im Unternehmen, die »eine ruhige Kugel schieben«.

Soll	1	2	3	4	5
Ist	1	2	3	4	5

16 Das Unternehmen misst einer aktiven Personalpolitik große Bedeutung zu.

Soll	1	2	3	4	5
Ist	1	2	3	4	5

17 Gespräche, in denen die wechselseitigen Erwartungen zwischen Führungskraft und Mitarbeitenden geklärt werden, gelten als selbstverständlich.

Soll	1	2	3	4	5
Ist	1	2	3	4	5

18 Neuen Führungskonzepten steht das Unternehmen offen gegenüber. Sie werden in Führungsforen oder ähnlichen Kreisen diskutiert.

Soll	1	2	3	4	5
Ist	1	2	3	4	5

19 Kompetenzen, Verantwortungsbereiche, Zuständigkeiten stehen eindeutig fest.

Soll	1	2	3	4	5
Ist	1	2	3	4	5

20 Es gibt viele Symbole, die Status, Erfolg, Kompetenz anzeigen.

Soll	1	2	3	4	5
Ist	1	2	3	4	5

21 Informationen werden freizügig weitergegeben. Informieren gilt als Bring- und Holschuld.

Soll	1	2	3	4	5
Ist	1	2	3	4	5

22 Führungsverhalten, das darauf angelegt ist, Mitarbeitende zu eigenständigem und selbstverantwortlichem Arbeiten zu befähigen (Empowerment), wird honoriert und verstärkt.

Soll	1	2	3	4	5
Ist	1	2	3	4	5

23 Von geltenden Standards und Reglements abzuweichen wird toleriert, wenn es der Optimierung eines Prozesses oder Ergebnisses dient.

Soll	1	2	3	4	5
Ist	1	2	3	4	5

24 Machtkämpfe finden kaum statt.

Soll	1	2	3	4	5
Ist	1	2	3	4	5

25 Die Leistungskriterien, an denen die Qualität der Arbeit gemessen wird, sind durchsichtig und nachvollziehbar.

Soll	1	2	3	4	5
Ist	1	2	3	4	5

26 Risikofreudigkeit wird groß geschrieben. Entsprechend gelten Fehler als Chance, zu lernen und etwas besser zu machen. Deshalb praktizieren wir weitgehend Fehlertoleranz.

Soll	1	2	3	4	5
Ist	1	2	3	4	5

27 Von allen Mitgliedern der Firma wird erwartet, dass sie über die eigene Gruppen-, Abteilungs-, Bereichsgrenze hinausblicken.

Soll	1	2	3	4	5
Ist	1	2	3	4	5

28 »Von oben« wird glaubwürdig vermittelt, dass Schwierigkeiten und Konflikte offen und unverblümt angesprochen und behandelt werden sollen.

Soll	1	2	3	4	5
Ist	1	2	3	4	5

29 Es ist günstig, über die »richtigen Beziehungen« zu verfügen, wenn man im Unternehmen vorwärts kommen will.

Soll	1	2	3	4	5
Ist	1	2	3	4	5

30 Eigentlich funktioniert das Unternehmen »trotz« bestehender organisatorischer und anderer Regelungen.

Soll	1	2	3	4	5
Ist	1	2	3	4	5

31 Teams werden nicht nur gebildet, um ein Ziel unter Nutzung der Synergie zu erreichen. Teams sollen zudem dazu dienen, die Fähigkeiten auszubilden, sich selbstständig zu organisieren.

Soll	1	2	3	4	5
Ist	1	2	3	4	5

32 Neben den herkömmlichen Mitarbeiterbeurteilungsgesprächen gehören Feedback-Gespräche zum Führungsalltag. In ihnen wird das Führungsverhalten von der Mitarbeiterseite unter die Lupe genommen. Auf diesen Austausch wird von der Unternehmensleitung großer Wert gelegt. Im Mittelpunkt steht, voneinander zu lernen.

| Soll | 1 | 2 | 3 | 4 | 5 |
| Ist | 1 | 2 | 3 | 4 | 5 |

33 Personalpolitische Entscheidungen sind nicht über den Zweifel der Günstlingswirtschaft erhaben.

| Soll | 1 | 2 | 3 | 4 | 5 |
| Ist | 1 | 2 | 3 | 4 | 5 |

34 Das Betriebsklima wird hauptsächlich als »sehr gut« erlebt.

| Soll | 1 | 2 | 3 | 4 | 5 |
| Ist | 1 | 2 | 3 | 4 | 5 |

35 Formalitäten (z.B. Kleidung, Verhalten bzw. Auftreten in der Firma, Büroeinrichtungen) spielen eine große Rolle und prägen das Verhalten entscheidend mit.

| Soll | 1 | 2 | 3 | 4 | 5 |
| Ist | 1 | 2 | 3 | 4 | 5 |

36 Wenn es darum geht, neue Mitarbeiterinnen und Mitarbeiter einzustellen, gibt das Votum der Gruppe (Abteilung, Bereich, Team) den Ausschlag.

| Soll | 1 | 2 | 3 | 4 | 5 |
| Ist | 1 | 2 | 3 | 4 | 5 |

37 In der Fort- und Weiterbildung wird am meisten Wert auf fachliche Bildung gelegt.

| Soll | 1 | 2 | 3 | 4 | 5 |
| Ist | 1 | 2 | 3 | 4 | 5 |

38 Es gilt durchgängig als bedeutsam, dass jede und jeder weiß, warum ein bestimmtes Ziel verfolgt wird. Jede und jeder soll den Stellenwert der eigenen Tätigkeit herleiten und in größere Zusammenhänge einordnen können.

| Soll | 1 | 2 | 3 | 4 | 5 |
| Ist | 1 | 2 | 3 | 4 | 5 |

39 Zentrale Positionen werden in der Regel von außen besetzt, um »frischen Wind« zu erzeugen.

| Soll | 1 | 2 | 3 | 4 | 5 |
| Ist | 1 | 2 | 3 | 4 | 5 |

40 Jeder Gruppe (Projektteam, Abteilung, Bereich, Profit Center etc.) ist freigestellt, sich individuelle Spielregeln zu erarbeiten. Bedingung ist, dass sie zu Unternehmenspolitik und Führungsphilophie passen.

| Soll | 1 | 2 | 3 | 4 | 5 |
| Ist | 1 | 2 | 3 | 4 | 5 |

Auswertung

Wie Sie Ihre »Kulturdiagnose« nutzen können.

Der »Test« hat Ihnen nun einen Eindruck davon vermittelt, mit welcher Art von Aussagen oder Fragen Sie Kultur erheben und erfassen können. Er gibt Ihnen zudem Gelegenheit, über ausgewählte und zentrale Aspekte in Ruhe nachzudenken. Als Ergebnis können Sie dem Test entnehmen,

❖ wie Sie die Kultur Ihres Unternehmens erleben,
❖ womit Sie voll und weniger einverstanden sind,
❖ was Sie als dringend und weniger dringend veränderungsbedürftig empfinden.

Zusätzlich könnten Sie jetzt tiefer gehende Überlegungen anstellen, um Ihren eigenen Beitrag zum »Kulturmanagen« zu leisten.

Eine weitere Anregung ist diese: Damit Sie sich mit Ihrer Diagnose nicht ganz allein fühlen und sie mehr oder minder als »nette«, aber praxisferne Übung ansehen, arbeiten sie doch mit ihr im Betrieb. Nehmen Sie den »Test« und legen Sie ihn Mitarbeitenden, Teamkollegen, Vorgesetzten vor. Auf diese Weise erhalten Sie ein zweifach wertvolles Feedback. Zum einen erfahren Sie die Sichtweisen anderer. Zum anderen können Sie deren Sichtweise mit der Ihren vergleichen. Mit dieser Diskussion ist bereits ein Stein ins Rollen gebracht!

Je nachdem, wie ausgeprägt Ihre Ambition ist, der Erhebung Taten folgen zu lassen, könnten Sie mit den Eingeweihten Phantasien entwickeln, »was zu tun wäre, wenn«, nämlich: wenn gemeinsam eine Vision erarbeitet und Maßnahmen ersonnen würden, diese auch auf den Weg zu bringen. Zwar erschöpft sich Kulturarbeit in diesen Aktionen nicht. Die Anregungen genügen jedoch, Impulse weiterzugeben, um Bewegung zu erzeugen. Denken Sie nur an den Kieselstein, der unzählige konzentrische Kreise und Wellen hervorruft, sobald er in stilles Wasser fällt.

Vielleicht hilft es in Ihren Überlegungen auch, wenn Sie die folgenden zehn Punkte lesen, die Champy in seinem Buch »Reengineering im Management« anführt, die seiner Ansicht nach wichtig sind für eine umfassende, menschlich zufrieden stellende Unternehmenskultur, in deren Mittelpunkt das persönliche Engagement jedes einzelnen Mitarbeiters steht.

»Dazu gehören im einzelnen die Bereitschaft:

1 Leistungen zu erbringen, die stets höchsten Kompetenzanforderungen genügen,

2 Eigeninitiative und Risikobereitschaft zu zeigen,

3 sich an Veränderungen anzupassen,

4 Entscheidungen zu fällen,

5 mit anderen als Team zusammenzuarbeiten,

6 aufrichtig zu sein, insbesondere in Bezug auf Informationen, Wissen und Nachrichten über bevorstehende oder tatsächliche Probleme,

7 anderen Vertrauen entgegenzubringen und selbst vertrauenswürdig zu bleiben,

8 andere (Kunden, Lieferanten und Kollegen) und auch sich selbst zu respektieren,

9 für seine Handlungen geradezustehen und Verantwortung zu übernehmen,

10 Beurteilungen und Belohnungen bei sich selbst und anderen von der Leistung abhängig machen.«

Change Management – ein geflügeltes Wort

Sie haben auf der Bühne Ihrer Selbsterkenntnis hart gearbeitet!

Was Sie erarbeitet haben.
Sie starteten mit vagen Eindrücken, welche der Abteilungskulturen Ihnen am sympathischsten erschien. Danach erfuhren Sie Näheres über Ihre Grundmotivationen, mit anderen Menschen in Kontakt zu treten. Die Fallsituationen zeigten Ihnen, was passieren kann, wenn unterschiedliche, ja: konträre Grundmotivationen aufeinander stoßen. In der weiteren Etappe wurden Sie sich klar(er) darüber, wie Sie zu Veränderungen stehen und wie Sie ihnen begegnen. Sie lernten »Strategien« kennen, die Sie unterstützen können, auf Veränderungen beweglich und konstruktiv zu reagieren. In den Personenprofilen der acht Führungskräfte vereinigten sich die grundlegenden Motivationen und Bereitschaften, sich mit Wandel zu arrangieren. Sie fanden auch hier Ihre persönliche Präferenz. Sie unterstrichen diese »indirekte Auskunft« über sich selbst, indem Sie sich mit den anschließenden Eigenschaften selbst charakterisierten. Im Rahmen des gewandelten Verständnisses von »Unternehmen« und »Führen« beleuchteten Sie Ihre Art, Mitarbeiterinnen und Mitarbeiter »zu coachen«; mit Konflikten umzugehen und »Leader-Funktionen« zu übernehmen, und Sie gewannen einen Eindruck, inwiefern Sie sich selbst in der Rolle des »Kulturmanagers« sehen.

Vielleicht haben Sie Figuren auf der Bühne spielen gesehen, die bis dahin hinter der Kulisse wirkten. Vielleicht haben Sie Spieler, die Sie kannten, nur in schärferen Konturen wahrgenommen und können sie jetzt ganz deutlich erkennen. Vielleicht sind Sie auch »nur« nachdenklich geworden.

Welcher Art Ihre »Ent-Deckungen« auch sind – gewiss ist, dass Sie Veränderungen in sich selbst ausgelöst haben: sozusagen das Change Management auf der persönlichen Ebene.

Wo bleiben beim »Change Management« die Menschen?
»Change Management« ist ein Begriff, der inzwischen inflationär gebraucht wird. In aller Regel sprechen Literatur und Praxis diesbezüglich von Veränderungen, die die Organisation und die Abläufe in einem Unternehmen betreffen. Wir finden in den Abhandlungen zu diesen Veränderungen zahlreiche Hinweise und Ratschläge, Pläne und Methoden, wie strukturelle

Wandlungen vorbereitet, geplant und durchgeführt werden sollen. Die Betroffenen, Mitarbeiterinnen und Mitarbeiter sowie Führungskräfte, werden nahezu erschlagen mit Forderungen, die ihnen sagen, was sie tun und wie sie sich verhalten sollen. Sie erscheinen als ausführende Organe strategischer Gebote und Ziele. Sie haben sich – bitte den Knopf drücken – den neuen Anforderungen anzupassen. Bitte schnell! Bitte voller Vertrauen in die Richtigkeit der Aufforderungen!

Wie die Personen diese Veränderungen innerlich begleiten könnten; was sie tun könnten, um sich umzustellen; gar: inwiefern sie die Veränderungen mitleben wollen und welche Rolle sie dabei spielen möchten – diese Fragen werden in jenen Abhandlungen und Forderungskatalogen vernachlässigt.

Gleichzeitig ist unbestreitbar, dass jeder Wandel von Strukturen, Organisation und Abläufen von den Menschen gelebt und getragen werden muss, die in dem und für das Unternehmen arbeiten. Aus diesem Grund gilt der trivial scheinende Satz auch hier: »Aller Anfang liegt in jeder und jedem von uns.« Jedes Mitglied eines Unternehmens, insbesondere Führungskräfte und jene, die es werden wollen, sollten sich fragen, wo das Ziel oder die Vision ihrer Reise liegt, und zwar bevor sie die Reise antreten. Erst wenn wir eine Vorstellung von dem haben, was wir wollen, sind wir in der Lage, bewusst und gezielt darauf zuzusteuern. Wir benötigen keinen »Plan«. Aber wir brauchen eine Richtung, um unsere Energien selbstbestimmt und zielorientiert einsetzen zu können.

Deshalb ist es sinnvoll, den Blick zunächst auf sich selbst zu richten. Diese »Selbstdiagnose« wird im weiteren Schritt zu dem Umfeld, in dem jemand lebt, in Beziehung gesetzt. Der dritte Schritt betrifft die Frage, welche Rolle wir in dem Umfeld übernehmen wollen. Unseren Wunsch gilt es – im vierten Schritt – auf die »Selbstdiagnose« zu beziehen und zu fragen: »Welche Funktionen kann ich ausführen?« Unser Wollen, Können und das spezifische Umfeld vernetzen wir im fünften Schritt und fragen: »Was will ich tun, um mein Ziel oder meine Vision zu verwirklichen?«

Ich möchte Ihnen zum Abschluss dieses Buches einen Leitfaden anbieten, der Ihnen helfen kann, Ihr persönliches »Change Management« zielbezogen zu betreiben und damit die Wahrscheinlichkeit zu erhöhen, dass Sie wissen, was Sie anstreben.

»Change Management – ganz persönlich«

1 Was will ich erreichen? Was ist mein Ziel?

Ihr persönlicher »Veränderungsleitfaden«.

Achten Sie genau darauf, dass Sie Ihre Zielvorstellung nach folgenden Kriterien entwickeln:

❖ Formulieren Sie positiv! Sagen Sie, was Sie wollen (und nicht, was Sie nicht wollen)!

❖ Formulieren Sie konkret! Legen Sie genau fest, was Sie anstreben. Vermeiden Sie Vergleiche bzw. Komparative wie »besser«, »schneller«, »effizienter«.

❖ Formulieren Sie überprüfbar! Sagen Sie, woran Sie erkennen können, wann Sie Ihr Ziel erreicht haben: Was tun Sie dann? Was fühlen Sie dann? Was sehen Sie dann? Was hören Sie dann? Vielleicht sogar: Was riechen oder schmecken Sie dann?

❖ Formulieren Sie realistisch! Ihr Ziel muss für Sie erreichbar sein. Ihr Ziel zu verwirklichen muss in Ihrer Kontrolle liegen.

Rufen Sie sich Ihre Zielvorstellung lebendig ins Bewusstsein. Nutzen Sie die Kraft aller Ihrer Sinne. Imaginieren Sie, wie es für Sie ist, wenn Sie Ihr Ziel verwirklicht haben werden!

2 Was wird sich ändern, wenn ich mein Ziel verfolge und es erreicht haben werde?

In dieser Phase geht es darum zu überprüfen, ob Sie bereit sind, die Konsequenzen der Veränderung zu tragen: Was ändert sich für Sie? Was ändert sich für andere, mit denen Sie zu tun haben? Was ändert sich in Ihren Beziehungen zu anderen Menschen?

3 Was ist der Preis, den ich zahle? Was muss ich aufgeben?

Hier geht es darum, dass Sie sich vergegenwärtigen, was Sie verlieren, wenn Sie die Veränderung wollen. Ihnen wird bewusst, worin die Risiken liegen, die Sie eingehen, wenn Sie Ihr Ziel verfolgen. Stellen Sie das, was Sie aufgeben, stets in Beziehung zu dem, was Sie gewinnen!

4 Will ich das Ziel wirklich verfolgen?

Diese Frage dient dazu, noch einmal kritisch zu überprüfen, ob Sie das Ziel, das Sie zu Beginn definiert haben, noch immer verfolgen wollen oder ob Sie eine Zielkorrektur vornehmen müssen. Ist dies der Fall, starten Sie wieder bei der ersten Frage.

5 Was brauche ich, um mein Ziel erreichen zu können?

In dieser Phase haben Sie sich auf ein Ziel festgelegt. Sie wissen, was Sie wollen. Und Sie wissen auch, warum Sie es anstreben. Deshalb gilt es jetzt zu überlegen, welche Mittel oder Ressourcen, welche Fähigkeiten und Bereitschaften, welche Rahmenbedingungen Sie benötigen, um zu starten. (Neben Sachmitteln kann es beispielsweise sein, dass Sie »Mut«, »innere Ruhe« oder »zusätzliches Wissen« benötigen.)

6 Worin besteht mein erster Schritt, und wann genau werde ich ihn tun?

Legen Sie Ihren Starttermin fest! Stellen Sie sich konkret vor, wann Sie was wo tun werden!

7 Wie kann ich den Brückenschlag in die Zukunft sichern?

Hinter dieser Frage verbirgt sich das Risiko, dass Sie »nicht durchhalten«, zu früh aufgeben oder einfach in alte Verhaltensmuster zurückfallen. Zwei Varianten, die Ihnen helfen können, Ihre Veränderungsabsicht auf Dauer zu stellen, Ihnen sozusagen den Rücken stärken, haben sich bewährt:

Die erste Variante: Holen Sie sich immer wieder Ihre Zielvorstellung ins Bewusstsein. Sehen, hören und fühlen Sie, wie es Sie bewegt, wenn Sie Ihrem Ziel nah sind, und überprüfen Sie, inwiefern Sie sich auf dem Weg befinden. Schließen Sie mit sich selbst einen »Vertrag« ab. Belohnen Sie sich für jeden Fortschritt!

Die zweite Variante: Ziehen Sie eine oder mehrere Personen ins Vertrauen. Teilen Sie ihnen mit, was Sie sich vorgenommen haben: wohin Ihre Reise Sie führen soll und wie Sie sich verhalten wollen. Bitten Sie die Person(en), als Korrektiv zu wirken. Das bedeutet: Fordern Sie sie auf, Ihnen sofort Feedback zu geben, wenn Sie von Ihrem Ziel und den Wegen dorthin abweichen. Sie sollten sie ebenso bitten, Ihnen zu sagen, wenn Sie sich im Sinne Ihrer Veränderungsabsicht verhalten. Positives Feedback verstärkt und motiviert!

Bei der ersten Variante gehen Sie mit sich selbst eine Verpflichtung ein. Das verlangt hochgradige Disziplin und eine rigorose Strenge gegenüber sich selbst. Da wir dabei gerne »schummeln« (»Ach, das ist ja eigentlich gar nicht so schlecht …«), um uns zu schonen, empfiehlt es sich, die zweite Variante auf jeden Fall anzuwenden. Sie erhöht die Wahrscheinlichkeit, dass wir »am Ball bleiben«. Ein weiterer Vorteil liegt darin, dass andere (Betroffene) informiert und damit in der Lage sind, uns zu unterstützen. Die Gefahr, dass sie unser Bemühen um Veränderung konterkarieren, sinkt. Die Veränderungsabsicht erhält zudem mehr Gewicht (da sie auch von anderen ernst genommen wird). Und dies wirkt auf uns zurück: Wir gewinnen an Mut und Motivation, unser Ziel zu verfolgen! (Wir erleben hier Rekursivität, einen systemischen Zusammenhang!)

Ich wünsche Ihnen, dass Sie sich Ihrem persönlichen Change Management mit Elan und Ausdauer, mit Phantasie und Humor widmen!

Anhang

Begriffsklärungen

Entwicklung

❖ Entwickeln bedeutet Verändern.
❖ Gelenkte Veränderung setzt die Bereitschaft, Fähigkeit und Möglichkeit, Neues zu lernen, voraus.
❖ Führen heißt daher, dass im Unternehmen Lernprozesse ermöglicht werden.
❖ Da es um komplexe Zusammenhänge geht, muss sich Lernen sowohl auf Inhalte beziehen (z.B. Fachwissen) als auch auf Kompetenz-Kompetenzen, also auf die Fähigkeit, Fertigkeiten zu erlangen, wie zum Beispiel das Lernen zu lernen.
Beispielsweise sollten Angebote bereitstehen, damit die Mitglieder des Unternehmens lernen können, wie Lernprozesse psychologisch ablaufen und organisatorisch implementiert werden könnten, damit sie jeder nutzen kann. Oder damit sie lernen, wie man Veränderungen zielorientiert gestalten und geistige Beweglichkeit fördern kann. (Dieses Buch ist ein Beitrag auf dieser Ebene des Lernens.) Auf diese Weise würde organisationales Lernen institutionalisiert.

Ganzheitlichkeit

Eine Führungskraft praktiziert ganzheitliches Denken, wenn sie davon ausgeht, dass

❖ das Unternehmen als Ganzes mehr ist als die Summe seiner Teile sowie Interessen, Handlungen und Beziehungen seiner Akteure; ferner
❖ das Unternehmen ein dynamisches Gebilde ist;
❖ das Unternehmen sich aus zahlreichen verschiedenartigen Elementen und Einheiten zusammensetzt (beispielsweise materiell: Grundstücke,

Gebäude etc.; juristisch: unterschiedliche juristische Personen; philosophisch: Normen und Ziele; organisatorisch: Abteilungen, Projekte, Tochtergesellschaften, Profit Center);

❖ diese Elemente und Einheiten unterschiedlich aufeinander einwirken können (zum Beispiel beeinflussen die Unternehmensziele persönliche Ziele von Mitarbeitenden und umgekehrt).

Ganzheitliches Denken behält insofern sowohl das Ganze als auch Ausschnitte des Ganzen im Blick. Da die dynamische Ganzheit durch das Zusammenwirken der Elemente und Einheiten sowie durch Ihre Integration auf gemeinsame Ziele hin realisiert wird, lautet eine entscheidende Führungsaufgabe: Gestalten von Beziehungen. (Zum Beispiel: Das Schaffen von Rahmenbedingungen, die abteilungsübergreifendes Kooperieren fördern.)

Komplexität, Komplexes Denken

❖ Ein System nennen wir komplex, wenn seine dynamischen Teile eine unübersehbare und unvorhersehbare Vielfalt von Verhaltensmöglichkeiten aufweisen (Varietät durch Dynamik). Denken wir in der Logik von Komplexität, müssen wir Unberechenbarkeiten einbeziehen. Zum Beispiel: Wenn eine neue Technologie oder ein neues EDV-System eingeführt wird, ist nicht prognostizierbar, wie dies von den Mitarbeitenden aufgenommen wird, welche Veränderungen in internen und externen Beziehungen auftreten, welche möglicherweise aufkeimenden Schwierigkeiten sich ergeben und wie sie sich auswirken werden.

❖ Um das Ausmaß nicht gewollter Wirkungen möglichst gering zu halten, muss Komplexität »bewältigt« werden. Das bedeutet, wir müssen Muster, Regeln, Ordnungen in Bezug auf Ziele erkennen. Darauf müssen die Maßnahmen ausgerichtet werden, das heißt, bestimmte Wirkungen (Verhalten, Systemzustände) müssen wahrscheinlicher als andere »gemacht« werden.

❖ Komplexes Denken und Handeln zielt nicht auf bestimmte Verhaltensweisen und Details, sondern auf Wirkungsverläufe, indem entsprechende Rahmenbedingungen geschaffen werden. Komplexität zu bewältigen bedeutet, Komplexität zielgerichtet zu erhöhen oder zu reduzieren. Wenn beispielsweise ein Unternehmen »Innovationsorientierung« zur Leitidee kürt, muss es sein Regelwerk daraufhin überprüfen, ob es Normen propagiert und lebt, die dieses Verhalten fördern oder nicht. Wenn beispielsweise Mitarbeiter dafür bestraft werden, dass sie Fehler machen, muss die Komplexität erhöht werden, indem Experimentierfelder und sozusagen straffreie Räume geschaffen werden. Oder: Wenn die Autonomie von Mitarbeitenden derartig ausgeprägt ist, dass jede und jeder im persönlichen Elfenbeinturm »vor sich hin wurschteln« kann, sodass eine effektive Kooperation behindert wird, Doppelbearbeitungen entstehen, Kosten explodieren etc., dann müssen wir Strukturen und Regularien einführen, die die Kooperation erleichtern. Hier reduzieren wir die Komplexität dadurch, dass wir die Freiheitsgrade einschränken.

❖ Komplexes Denken oder Problemlösen arrangiert sich folglich damit, nicht über alle relevanten Informationen zu verfügen und diese sukzessive, im Zuge der Bearbeitung, erst aufzudecken oder zu beschaffen.

Lenkung

❖ Lenken ist ein Vorgang, der bestimmte Zustände und Entwicklungen wahrscheinlicher macht als andere.

❖ Lenken kann erstens durch Steuerung realisiert werden. Im Rahmen von Führung heißt das, über genaue Anweisungen bestimmte Wirkungen zu erzielen. Steuern bedeutet, Maßnahmen zu ergreifen, die ein genau definiertes Ziel verwirklichen.

❖ Lenken kann zweitens durch Regulierung realisiert werden. Regeln, Regularien sind Maßnahmen, die einen zukünftigen Zustand oder eine prospektive Entwicklung innerhalb von Toleranzgrenzen wahrscheinlich machen. Regulierung zielt darauf ab, Abweichungen auszubalancieren. Deshalb baut sie Rückkopplungsprozesse ein (z.B. Fuzzy Logic, Thermostat, Autopilot). Regulierung nimmt vorweg, dass der zukünftige Systemzustand nicht exakt voraussagbar ist und es unterschiedliche Wege zum Ziel gibt. Es werden nur die Rahmenbedingungen definiert und folglich Toleranzen auf dem Weg zum Ziel vorgegeben. Aktivitäten der Selbstorganisation und Selbstregulierung der Elemente werden zugelassen. Beispielsweise ist »Dienst nach Vorschrift« in der Regel eine Kampfansage. Die Mechanismen der Selbstorganisation und Eigenlogik der Individuen (etwa der Ehrgeiz, die Arbeit gut zu machen) und der sozialen Einheiten (etwa gute Beziehungsebene; die Nutzung informeller Kanäle) sorgen dafür, dass die Ziele eben über diese informelle Kommunikation und Organisation der Arbeit erreicht werden. Die Regulierung besteht hier in einem Minimum an Vorschriften und der mehr oder minder ausgedrückten Norm, dass Zielerfüllung vor dem Einhalten der Vorschriften rangiert.

❖ Die Lenkung erfolgt nicht durch eine Person, sondern ist über das System verteilt. Lenkung bewirkt – bildhaft gesprochen – eine Bewegung, in der unterschiedliche Akteure trotz individueller Motive in eine Richtung laufen.

❖ In Bezug auf Führung bedeutet Lenken, zielbezogen Rahmen und Toleranzen abzustecken und dafür zu sorgen, dass Rückkopplung, Selbstorganisation und -verantwortung möglich werden. Deshalb wird das »Empowering people« heute groß geschrieben.

Ordnung

❖ Ordnungen sind Muster. Muster, das heißt, Routinen, Gewohnheiten, Regelmäßigkeiten, Standardisierungen reduzieren Freiheitsgrade im Verhalten. Sie koordinieren Handlungen und markieren Handlungsspielräume. Sie gewähren Orientierung und ermöglichen gelenkte Wirkungsverläufe. Mit anderen Worten: Ordnungen entstehen und manifestieren sich dadurch, dass die Elemente in ihren Bewegungen und Beziehungen Regelmäßigkeiten aufweisen. Auf diese Weise vermindern sie Komplexität.

❖ Ordnungen sind flüchtig, also nur momentan stabil. Sie sind dynamisch, indem sie sich mit der Dynamik, den Wandlungen im Zusammenspiel von Interaktionen und Regularien, verändern.

❖ Ordnungen können sich spontan und ungeplant, aus sich selbst heraus oder extern gelenkt umformen. Zum Beispiel: Die patriarchalische Führungsphilosophie wird von der Teamphilosophie abgelöst. Damit einher gehen eine gelenkte Enthierarchisierung und Flexibilisierung in kommunikativen und kooperativen Zusammenhängen. Ungelenkt sind all jene Verhaltensweisen, die diesen Umschwung konterkarieren, wie beispielsweise das »Bunkern« von Informationen.

System oder das Ganze

❖ Ein System setzt sich aus Elementen (Teilen) zusammen.

❖ Ein System definiert sich durch die Funktion, die Eigenschaften und Beziehungen der Elemente untereinander und zum Ganzen – und vice versa: Die Funktion der Elemente und ihrer Beziehungen werden vom System (und seinem Sinn- oder Zielhorizont) definiert.

❖ Ein System ist ein Konstrukt: Was ein System ist, hängt vom Interesse des Beobachters ab, von seiner Fragestellung und Perspektive. Wir schaffen Systeme durch unser Interesse.

❖ Deshalb ist ein System nur ein (ausgewählter) Ausschnitt der Wirklichkeit und ist jedes System ein Subsystem, ein Teil oder Element eines weiteren, größeren Systems. (Als Bild mag die russische Puppe »Matrjoschka« helfen, die aus ineinander gesetzten kleineren Puppen besteht.)

❖ Gleichzeitig gilt: Systemkonstruktionen sind nicht willkürlich. Das ergibt sich zum einen aus der Wechselwirkung zwischen System und Element und zum anderen aus seiner Abgrenzung zur Umwelt: Jedes System hat eine Umwelt, ist eingebettet in einen größeren Zusammenhang.

❖ Die Abgrenzung zur Umwelt resultiert aus dem Sinn. Dieser markiert die Funktion des Systems in Relation zu sich selbst, seinen Teilen und zur Umwelt. Diesen Sinn stellen wir durch unser Interesse, unsere Sichtweise her. Unsere Fragerichtung entscheidet darüber, welche Elemente und deren Beziehungen zusammengehören.

Beispielsweise gehören aus der Sicht von Marketing und Vertrieb dem Unternehmenssystem auch Kunden, Lieferanten, im Fall des Vertriebs auch Verkehrswege und -mittel an. Die Perspektive der Personalabteilung dagegen sieht das Unternehmen als Gemeinschaft von Mitgliedern, die in ihm arbeiten, während externe Kunden, Aktionäre, Geldgeber, Konkurrenten nicht dazugehören.

Vernetzung

❖ Vernetzung bezeichnet den Modus oder die Struktur, in dem bzw. in der die Systemelemente in Verbindung treten: zirkulär, ohne »objektive« oder »eindeutige« Ursache mit einer einzigen bestimmten Wirkung. Vielmehr wird angenommen, dass jede Ursache eine bewirkte Wirkung ist. Es geht um Wirkungskreisläufe.

❖ Vernetzung verabschiedet damit das lineare Denken, das eindeutige, (mono)kausale Beziehungen annimmt, die Kette als Modell hat, sequenziell abläuft und analytisch (in einzelne Komponenten zerlegend) operiert.

❖ Vernetztes Denken geht davon aus, dass die Elemente in Wechselwirkung zueinander stehen. Es handelt sich also um ein relationales Denken. Dieses Denken in Beziehungen und Rückkopplungen kalkuliert ein, dass durch die Beziehungsdynamik neue Systemqualitäten entstehen können (beispielsweise entwickelt sich aus einer zufälligen Kommunikation zweier Personen eine vertrauensvolle Zusammenarbeit).

❖ Vernetztes Denken geht ferner davon aus, dass die Auswirkungen der wechselseitigen Beeinflussung nicht immer (und sofort) sichtbar sind, weil die Grade und Geschwindigkeiten der korrelativen Beeinflussung differieren. Dabei werden in der Regel vier Klassen angenommen:
 – aktive Elemente: Sie beeinflussen stark, sind indes selbst schwach beeinflussbar;
 – reaktive Elemente: Sie beeinflussen schwach, sind aber für Einwirkung stark empfänglich;
 – kritische Elemente: Sie beeinflussen stark und sind stark beeinflussbar;
 – träge Elemente: Sie beeinflussen schwach und sind schwach beeinflussbar.

❖ Dieses Wissen um die Beeinflussungsgrade ist bedeutsam, um Interventionen, die Verhalten im System verändern sollen, zielgerichtet anbringen zu können. Folgende Fragen kommen dabei zum Tragen: An welchem Element oder Beziehungsgefüge muss ich (aus welchen Gründen) den Hebel ansetzen? Mit welcher Geschwindigkeit will ich, dass eine Veränderung eintritt? Welche Bewegungen stellen in Aussicht, dass die von mir gewünschte Wirkung mit hoher Wahrscheinlichkeit in der von mir beabsichtigten Geschwindigkeit ausgelöst wird?

❖ Vernetztes Denken geht ferner davon aus, dass die Zahl der möglichen Interaktionen und Systemzustände nicht mit der Zahl der tatsächlichen übereinstimmt. Es gibt immer mehr Möglichkeiten als »Fakten«. Daraus folgt: Wir können die Gesamtheit der Optionen weder erkennen noch gezielt nutzen. Wir müssen Beziehungs- und Verlaufsmuster identifizieren und mit diesen Ausschnitten arbeiten. Dazu benötigen wir das oben genannte Wissen um die Wirkungen der bedeutsamen Teile (Beziehungen, Beeinflussungsverläufe). Beispielsweise ist es wichtig, folgende Fragen zu untersuchen: Welche Auswirkungen hat es vermutlich, wenn ich den Preis eines Produkts senke? Welche Folgen (Wirkungen) werden die Wirkungen dieser Folgen (Wirkungen) zeitigen (Wirkungen der Folgen der Preissenkung etwa für den Absatz, für die Bedarfsdeckung, für die Umwelt, für die Ressourcen etc.)? Was ergibt sich aus diesen Überlegungen für mein Vorhaben, den Preis zu senken?

❖ Aus der Unmöglichkeit, alle im System möglichen Wirkungsverläufe (Regelkreise) zu kennen, folgt zudem, dass wir überrascht werden können; dass wir mit unbeabsichtigten Wirkungen umgehen müssen. Auch dies unterstreicht den Abschied vom Prognosedenken und ersetzt es durch das Denken in Szenarien. Vernetztes Denken ist ein Denken in Optionen und Wahrscheinlichkeiten.

❖ Vernetztes Denken in der Führung bedeutet daher zu berücksichtigen, dass das gesamte Netzwerk ein Beziehungsgefüge zahlreicher, unterschiedlicher und auf verschiedenen Ebenen wirkender Elemente ist. Deren Interaktionsverläufe und -ergebnisse sind nicht exakt determinierbar und können ungeplant verlaufen, weil das Faktische das Mögliche nicht abdeckt; weil wir »alles Mögliche« nicht vorwegnehmen können; weil Elemente und Beziehungsmuster einer Eigenlogik und einer Eigendynamik gehorchen sowie dazu tendieren, sich selbst zu organisieren. (Beispielsweise entwickelt sich eine informelle Kooperationskultur, die von formalen Vorgaben abweicht, wodurch das Arbeiten allerdings effektiviert wird.) Führung muss in diesem Fall Prozesse der Selbstorganisation ermöglichen.

Literaturverzeichnis

Agor, W.H.: Intuitives Management. Gabal, Berlin [2]1995

Attems, R./Heimel, F.: Typologie des Managers. Wie Manager Wirklichkeit wahrnehmen und Entscheidungen treffen. Ueberreuter, Wien 1991

Champy, J.: Reengineering im Management. Die Radikalkur für die Unternehmensführung. Campus, Frankfurt a.M./New York 1995

Doppler, K./Lauterburg, C.: Change Management. Den Unternehmenswandel gestalten. Campus, Frankfurt a.M./New York [5]1996

Drucker Foundation: Die Manager von morgen. Was in Zukunft wirklich zählt. Econ, Düsseldorf 1996

Fisher, R./Ury, W./ Patton, B.: Das Harvard-Konzept. Sachgerecht verhandeln – erfolgreich verhandeln. Campus, Frankfurt a.M./New York [14]1995

Gomez, P./Probst, G.J.B.: Vernetztes Denken im Management. Die Orientierung Nr. 89. Bern 1987

Höfner, E./Schachtner, H.-U.: Das wäre doch gelacht! Humor und Provokation in der Therapie. Rowohlt, Reinbek 1995

Hoffmann, H.: Kreativitätstechniken für Manager. Zürich 1980 (vergriffen)

Jaques, E./Clement, S.D.: Executive Leadership. A Practical Guide to Managing Complexity. Cambridge 1994

Knyphausen, D. zu: Selbstorganisation und Führung. Systemtheoretische Beiträge zu einer evolutionären Führungskonzeption. In: Die Unternehmung Jg. 45, 1991, Nr. 1, S. 47–63

Königswieser, R./Lutz, Ch. (Hrsg.): Das systemisch evolutionäre Management. Der neue Horizont für Unternehmer. Wien 1990

Kopmeyer, M.R.: Persönlichkeitsbildung. Droemer-Knaur, München 1992

Kotter, J.P.: A Force for a Change. How Leadership Differs from Management. New York 1990. Deutsch: Erfolgsfaktor Führung. Führungskräfte gewinnen, halten und motiveren – Strategien aus der Harvard Business School. Campus, Frankfurt a.M./New York 1989

Kruschke, H.: NLP. Die Grundlagen des Neuro-Linguistischen Programmierens. Düsseldorf und Wien 1994

Leysieffer, J.: Gewinnen mit Witz. Rhetorische Eselsbrücken. Langen-Müller, München 1991

Locke, E.A.: The Essence of Leadership. The Four Keys to Leading Success-
fully. New York 1991

Neuberger, O./Kompa, A.: Wir, die Firma. Der Kult um die Unternehmenskultur. Beltz, Weinheim und Basel 1987 (vergriffen)

Neuberger, O.: Führen und geführt werden. Ferdinand Enke, Stuttgart, [5]1995

Pinchot, G.: Intrapreneuring. Mitarbeiter als Unternehmer. Gabler, Wiesba-
den 1988

Psychologie Heute: Thema: Persönlichkeit. Wir Selbst-Darsteller. Beltz,
Weinheim und Basel 1988 (vergriffen)

Riemann, F.: Grundformen der Angst. Eine tiefenpsychologische Studie.
Ernst Reinhardt, München und Basel 1995

Schein, E.: Unternehmenskultur. Ein Handbuch für Führungskräfte. Campus, Frankfurt a.M./New York 1995

Senge, P./Ross, R./Smith, B./Roberts, C./Kleiner, A.: The Fifth Discipline.
Fieldbook. New York 1994. Deutsch: Das Fieldbook zur Fünften Disziplin. Klett-Cotta, Stuttgart 1996

Servatius, H.-G.: Vom Strategischen Management zur Evolutionären Führung. Auf dem Weg zu einem ganzheitlichen Denken und Handeln. Schä-
fer-Pöschel, Bern 1991

Titze, M.: Die heilende Kraft des Lachens. Kösel, München [2]1996

Ulsamer, B.: Exzellente Kommunikation mit NLP. Als Führungskraft den
Draht zum anderen finden. Gabal, Speyer [4]1995

Wonder, J./Donovan, P.: Mehr Erfolg durch Flexibilität. Die Lust an der Veränderung. Landsberg am Lech 1989 (vergriffen)

Bildnachweis

W BELTZ WEITERBILDUNG

Edith Stork
Logistik im Büro
Unordnung kostet Geld.
117 Seiten. Zahlr. Abb. Pappband.
ISBN 3-407-36333-8

Wie häufig suchen Sie eigentlich
nach wichtigen Unterlagen?
Wie oft vergeuden Sie Ihre Zeit
mit Aufräumen, Umräumen, Neu-
ordnen, Suchen und Sortieren?
Wollen Sie dies ändern? Dann sollten Sie keine Zeit mehr verlieren,
System in Ihr Büro zu bringen.
Edith Stork zeigt in diesem Buch,
wie Sie perfekte Ordnung in Ihr
Chaos bringen. Das Ablagesystem
wird so optimiert, dass keine Zeit
mehr verloren wird mit unnötigem
Suchen nach wichtigen Schrift-
stücken. Akten, Hängemappen
und Ordner werden einheitlich beschriftet. Auch andere Mitarbeiter
finden sofort gesuchte Dokumente.
Denn bei allen herrscht die gleiche
Ordnung.
Das andere Chaos, das kreative,
das produktive, bleibt Ihnen dort
erhalten, wo Sie es für Ihre Interessen und Ihre Visionen brauchen.
Und dafür haben Sie dann mehr
Zeit.

Aus dem Inhalt:
Teamfähigkeit der Ablage; Kosten-
minimierung; Verantwortung für
Büroräume; Zeit erwirtschaften.

Wolfgang Hovestädt
Sich selbst organisieren
Weg vom Zeitdruck: Wie man sich
die Arbeit erleichtern kann.
128 Seiten. Zahlr. Abb. Pappband.
ISBN 3-407-36331-1

Wie kommt es, dass manche Leute
in den 168 Stunden einer Woche
so viel schaffen? Warum erscheinen
andere dagegen stets gestresst und
abgehetzt?
Dauerstress, Arbeitsüberlastung,
Hektik und überladene Schreib-
tische sind Symptome, die Zeit und
Energie fressen. Sie kosten Nerven,
belasten das Arbeitsklima und die
Ergebnisse. Was fehlt, sind Techniken, mit denen man die eigene
Zeit und die Aufgaben besser in den
Griff bekommt. Denn eines hat man
nirgends gelernt: *Wie plant und
organisiert man seine Arbeit?*
Mit diesem Buch können Sie Ihren
persönlichen Leistungshemmnissen
auf die Spur kommen. Anhand
praktischer Beispiele hilft es Ihnen,
die Möglichkeiten zur Verbesserung
der eigenen Arbeitsorganisation zu
erkennen und anzuwenden.

Aus dem Inhalt:
Ziele setzen und einhalten; Arbeitsabläufe verbessern; Grundregeln
und Techniken zur Zeitplanung.

Michael Reddy
Mitarbeiter beraten
Kollegiale Hilfe zur Selbsthilfe.
197 Seiten. 20 Abb. Pappband.
ISBN 3-407-36328-1

Der Mensch ist der wichtigste Aktiv-
posten eines Unternehmens. Erfolg
und Misserfolg hängen davon ab,
ob ein effektives und relativ zufrieden stellendes Arbeiten möglich ist.
Unter diesen Gesichtspunkten kann
Beratung als ein besonders kostengünstiges Mittel zur Verbesserung
der Arbeitsleistung angesehen
werden. Doch eine gute Beratung
will gelernt sein.
Michael Reddy versteht darunter in
erster Linie die Hilfe zur Selbsthilfe.
Die Betroffenen sollen in die Lage
versetzt werden, selbst die Lösung
ihres Problems herbeizuführen.
Er beschreibt ausführlich die drei
wichtigsten Phasen des Beratungs-
prozesses mit den dazugehörigen
Fähigkeiten, Techniken und Einstellungen, die ein guter Berater haben
sollte. Zahlreiche Beispiele aus der
Praxis verdeutlichen die Ausführungen.

Aus dem Inhalt:
Was ist Beratung und wie wirkt sie?
Die drei Phasen der Beratung; Die
Beratungstechniken; Eigenschaften
eines Beraters; Karriereberatung;
Beratung und das Unternehmen.

Friedrich Graf-Götz / Hans Glatz
Organisation gestalten
Neue Wege und Konzepte
für Organisationsentwicklung
und Selbstmanagement
273 Seiten. Zahlr. Abb. Pappband.
ISBN 3-407-36337-0

Organisationen stehen vor der
Herausforderung, sich in einer
dynamischen Umwelt behaupten
zu müssen. Nachdem das traditionelle, hierarchisch und funktional
gegliederte Organisationsmodell
zunehmend versagt, wird immer
mehr auf einen neuen, Ansatz
gesetzt: *die Selbstorganisation.*
Die Sicherheit gewohnter Strukturen wird dabei verlassen und jeder
Mitarbeiter muss sich im eigenen
Aufgabenbereich bewusst mit Fragen zweckmäßiger Organisationsgestaltung auseinandersetzen.
In diesem Buch werden knapp und
verständlich verschiedene Wege
und Konzepte für die Gestaltung
von Geschäftsprozessen in Organisationen vorgestellt. Mit Hilfe von
Übungen und Checklisten kann der
Leser seine eigene Organisations-
realität aus den verschiedensten
Perspektiven überprüfen.

Aus dem Inhalt:
Veränderungen in Organisationen
herbeiführen und gestalten;
Organisationsgestaltung und Selbstmanagement.

Beltz Verlag · Postfach 100154 · 69441 Weinheim

B0261

W BELTZ WEITERBILDUNG

Franz Schanda
Computer-Lernprogramme
Wie damit gelernt wird.
Wie sie entwickelt werden.
Was sie im Unternehmen leisten.
204 Seiten. Broschiert.
ISBN 3-407-36317-6

Ein praxisnaher Ratgeber für
Entwicklung und Einsatz von
Computer-Lernprogrammen in
der betrieblichen Aus- und Weiterbildung.

»Dem Einsteiger gibt das gut lesbare
Buch einen ersten Einblick in die
Materie, dem erfahrenen Nutzer
bietet es Arbeitshilfen an. Die
schöne Gestaltung und viele Muster-
lösungen runden das Buch ab.«
Wilfred Linde, Screen Muldimedia

»Sehr wertvoll sind die Checklisten,
mit denen sich feststellen läßt, ob
alle Arbeiten auf dem Weg zum fer-
tigen Lernprogramm erledigt sind.«
R. Ellmer, CLB

Aus dem Inhalt:
Lernprogramme: Möglichkeiten
und Grenzen; Computer-Lern-
programme: Die Technik; Die
Gestaltung; Integration von
Computer-Lernprogrammen in
Lehrsysteme; Projektmanagement;
Checklisten.

Gabriele Stöger
Besser im Team
Stärken erkennen und nutzen.
142 Seiten. 27 Abb. Pappband.
ISBN 3-407-36327-3

Lernen Sie sich und Ihr Team besser
kennen. In diesem Buch wird eine
Persönlichkeitstypologie entwickelt,
die es erlaubt, Ihre eigenen Stärken
und Schwächen sowie die Ihres
Teams zu erkennen. Zahlreiche Fallbeispiele erleichtern die Umsetzung
in die Praxis.
Damit Teams wirklich effektiv zusammenarbeiten, müssen sich die
Teammitglieder optimal aufeinander einstellen können. Die unterschiedlichen Persönlichkeiten müssen mit ihren spezifischen Stärken
voll zur Entfaltung kommen.

»Für Macher, Pragmatiker und
Anhänger des täglich gelebten
Lernenden Unternehmens ist das
Buch Evangelium. (...) Das Buch ist
das Zen der Teamentwicklung.«
PERSONAL POTENTIAL

Aus dem Inhalt:
Woher kommt Ihr Ärger; Lernen
Sie sich kennen; Fragebogen zur
Analyse Ihres Persönlichkeitstyps;
Die Persönlichkeitstypen; Lernen
Sie Ihr Team kennen; Fallbeispiele.

Paul Gamber
Ideen finden, Probleme lösen
Methoden, Tips und Übungen
für einzelne und Gruppen.
172 Seiten. 35 Abb. Broschiert.
ISBN 3-407-36323-0

Die Veränderungen in der Arbeits-
welt und die zunehmende Verbreitung von Teamarbeit bringen es mit
sich, daß immer mehr Menschen an
der Lösung von komplexen Problemen in ihrem Arbeitsbereich aktiv
mitwirken müssen.
In diesem Buch wird gezeigt, wie
Probleme gezielt erkannt und
Schritt für Schritt gelöst werden
können.

»Fazit: Ein Buch, das für den Praktiker viele gute Anregungen
und umsetzbare Ideen bereithält.«
TRAINING aktuell

Aus dem Inhalt:
Was ist kreatives Problemlösen?
»Denkblockaden« überwinden;
Kreatives Arbeiten in der Gruppe;
D.I.A.N.A. – fünf Schritte des
Problemlösens: Definieren, Ideen
finden, Auswählen, Neudefinieren,
Anwenden; Lösungen präsentieren;
Gruppenarbeit konfliktfrei gestalten.

Regula Schräder-Naef
Lerntraining für Erwachsene
»Es lernt der Mensch,
so lang er lebt«
204 Seiten. Broschiert.
ISBN 3-407-36300-1

»Das vorliegende Buch richtet sich
an alle, die im Erwachsenenalter
wieder oder weiter lernen wollen
und nach verwertbaren Ratschlägen
suchen, wie sie dies möglichst
kräftesparend und mit gutem Erfolg
tun können.«
Jahrbuch Weiterbildung

»Ein Buch für Referenten, die mit
beruflichen Wiedereinsteigern, Um-
steigern und fachlichen Anfängern
zu tun haben.«
Weiterbildung

Aus dem Inhalt:
Die sieben Lernetappen: Ziel-
setzung; Auswahl des Lernweges;
Äußere und innere Vorbereitung;
Aufnahme – Verschiedene Lern-
arten; Verarbeiten, vergleichen,
kritisch prüfen; Speichern und
Ordnen; Anwenden, Beurteilen,
Wiedergeben.

*kaufen für Dozententrain...
habe ich?*

habe ich?

Beltz Verlag · Postfach 100154 · 69441 Weinheim

B0262

W BELTZ WEITERBILDUNG

Theo Gehm
Kommunikation im Beruf
Hintergründe, Hilfen, Strategien.
228 Seiten. Zahlr. Abb. Pappband.
ISBN 3-407-36329-X

»Theo Gehms Publikation ist gleichzeitig Ratgeber und Lehrbuch. (...)
Der Band ist klar strukturiert und in
kurze, auch einzeln konsultierbare
Abschnitte unterteilt, die zusätzlich
vertiefende Übungen anbieten. Das
stark auf die Praxis ausgerichtete
Buch kann allen Berufsleuten helfen, ihr kommunikatives Verhalten
zu verbessern und ihre Gespräche
bewußter zu führen.«
Der kleine Bund

»Theo Gehm versteht es, psychologische Theorien einfach und
spannend darzustellen. Der Leser
erhält auf diese Weise viel Hintergrundwissen und eine Reihe praktischer Anleitungen zur Gestaltung
seiner eigenen Kommunikation im
Beruf.«
Personalwirtschaft

Aus dem Inhalt:
Dissonanz und ihre Folgen; Zielorientierte Gesprächsvorbereitung;
Kommunikationstechniken; Frage-
formen und ihr gezielter Einsatz;
Öffnende Gesprächsführung und
aktives Zuhören.

Bodo G. Toelstede
Das Verhandlungskonzept
Hart in der Sache – menschlich
im Dialog.
276 Seiten. 36 Abb. Pappband.
ISBN 3-407-36330-3

Neben den klassischen Kommu-
nikationsfertigkeiten geht es in diesem Buch vor allem um eine persönliche Strategie und den Einsatz
der richtigen Verhandlungsmetho-
de. Es geht um das Fair-Handeln
beim Verhandeln.
Bodo G. Toelstede hat ein Verhandlungskonzept entwickelt, kurz
»K.E.R.Z.E.« genannt, das als Wegweiser dient, um in Zukunft klüger
und geschickter verhandeln zu
können. Es ist verblüffend leicht
anzuwenden und bringt mit Sicherheit Erfolg.

»Ein klassisches Buch ›aus der
Praxis für die Praxis‹. Alle Beispiele
liegen auf der realen Verhandlungs-
ebene; zu jedem ›schlechten‹
Beispiel gibt es ›gute‹ Beispiele.«
Windmühle

Aus dem Inhalt:
K.E.R.Z.E. – das Erfolgskonzept
für Verhandlungen; Schwierige
Verhandlungssituationen und
-partner.

Martin Hartmann / Michael Rieger /
Brigitte Pajonk
Zielgerichtet moderieren
Ein Handbuch für Führungskräfte,
Berater und Trainer.
156 Seiten. Zahlr. Abb. Pappband.
ISBN 3-407-36334-6

In vielen Unternehmen und Organisationen spricht es sich herum:
gut moderierte Gruppen sind einfach effizienter. Die Zusammenarbeit verläuft zufriedenstellender,
die Ergebnisse erfüllen höchste
Ansprüche und werden von allen
Gruppenmitgliedern getragen.
Und die Chance, dass derartige
Ergebnisse in der Praxis auch wirklich zur Anwendung gelangen,
steigt enorm.

»Dieses Buch ist ein idealer Leitfaden für Moderationen.«
conferencing

»Fazit: Ein überzeugendes Buch,
das Schritt für Schritt den Weg in
moderierte Besprechungen zeigt.«
TRAINING aktuell

Aus dem Inhalt:
Was bedeutet Moderation? Die
Stärken der Methode; Wie wird
eine zielgerichtete Moderation
vorbereitet? Wie sieht der Ablauf
einer moderierten Sitzung aus?
Umfangreiche Checklisten für die
Praxis.

Martin Hartmann
Rüdiger Funk
Horst Nietmann
Präsentieren
Präsentationen: Zielgerichtet
und adressatenorientiert.
189 Seiten. Pappband.
ISBN 3-407-36319-2

»Wer eine ›Dramaturgie der
Präsentation‹ sucht, wird hier
fündig! In der Verschränkung von
Ziel, Inhalt und Methode ist dieses
Buch Spitzenklasse, immer wieder
mit Gewinn zu Rate zu ziehen.«
Wolfgang Beywl, Contraste

»Ein empfehlenswertes Buch
für alle, die ihre Präsentation verbessern wollen.«
Betriebliches Vorschlagswesen

»Das Buch ist erfreulich verständlich und systematisch aufbereitet.«
Themenzentrierte Interaktion

Aus dem Inhalt:
Vorbereitung der Präsentation;
Aufbau und Durchführung der
Präsentation; Fragen und Diskus-
sion; Visualisierung und Einsatz
von Medien; Lampenfieber;
Rhetorik, Mimik, Gestik und Üben;
Gestaltung optimaler Rahmen-
bedingungen für eine Präsentation;
Checkliste.

Beltz Verlag · Postfach 100154 · 69441 Weinheim

W BELTZ WEITERBILDUNG

Ulrich Lipp / Hermann Will
Das große Workshop-Buch
Konzeption, Inszenierung und
Moderation von Klausuren,
Besprechungen und Seminaren.
299 Seiten. 170 Abb. Pappband.
ISBN 3-407-36321-4

»Wenn jemals das gern zitierte
Schlagwort ›Aus der Praxis für die
Praxis‹ zutraf, dann bei diesem
Buch (...). Auf knapp 300 Seiten
haben die Autoren alles Wissens-
werte zum Thema ›Workshop‹
zusammengetragen. Und es bleibt
zu hoffen, daß Moderatoren,
Trainer und Dozenten dieses Buch
zu ihrer Pflichtlektüre machen«
Dr. M. Madel, Seminarführer

»Fazit: Ein Buch für den Praktiker!
Leseleicht, sehr gut gegliedert und
illustriert. Mit zahlreichen Tips
und Tricks für den erfolgreichen
Ablauf eines Workshops.«
TRAINING aktuell

Aus dem Inhalt:
Workshop-»Philosophie«; Ablauf-
pläne von Workshops; Diskussions-
formen in Workshops; Karten-
abfrage, Zuruflisten, Blitzlicht,
Mind-Mapping; Bewerten und Entscheiden; Arbeit in Kleingruppen;
Visualisieren und Dokumentieren;
Umsetzung anschieben; Krisen-
management; Workshop-Exoten.

Hermann Will
**Mini-Handbuch
Vortrag und Präsentation**
Für Ihren nächsten Auftritt
vor Publikum.
68 Seiten. Broschiert.
ISBN 3-407-36332-X

»An einen guten Vortrag erinnert
man sich nicht immer, einen
schlechten aber vergißt man nie!«
Darum lohnt sich das Vorbereiten
auf den Auftritt vor Publikum.

»Die Texte sind knapp und präg-
nant formuliert. Damit eignet
es sich ganz besonders als Nach-
schlagewerk für Teilnehmer von
Präsentationstechnik-Seminaren
oder Rhetorikkursen. Es ist aber
auch ideal als schnelle Auffrischung
für alle diejenigen, die nicht ständig
Vorträge halten müssen.«
Windmühle

Aus dem Inhalt:
Zuhören und Situationsanalyse:
Wer hört zu? Begrenzung: Themen-
wahl und »Tränen des Abschieds«;
Der rote Faden: Vortragsgliederung;
Aktivierung: Wie halte ich meine
Zuhörer aufmerksam und aktiv?

Kris Cole
Kommunikation klipp und klar
Besser verstehen und verstanden
werden.
212 Seiten. 50 Abb. Pappband.
ISBN 3-407-36324-9

Kommunikative Fähigkeiten sind
ein wichtiger Erfolgsfaktor. Ob
mündlich oder schriftlich, symbolisch, nonverbal, absichtlich oder
unabsichtlich, aktiv oder passiv:
Kommunikation ist eine notwendige Voraussetzung für jede
Aktivität.

»Ein schönes Buch für Führungskräfte, die wissen, daß 70 Prozent
aller Fehler im Unternehmen auf
mangelhafte Kommunikation
zurückgehen. (...) Die Grundlagen
der Kommunikation werden so
unprätentiös dargestellt, wie Praktiker sich das wünschen.«

PERSONAL POTENTIAL
»... sehr überzeugend, optisch und
sprachlich einladend dargeboten,
ein Füllhorn an Anregungen für
erfolgreicheres Kommunizieren
von morgen.«
Rainer Molitor, ManagerSeminare

Aus dem Inhalt:
Grundlagen der Kommunikation;
Körpersprache; Professioneller
Schriftverkehr.

Sigmar Saul
Führen durch Kommunikation
Gespräche mit Mitarbeiterinnen
und Mitarbeitern.
126 Seiten. Broschiert.
ISBN 3-407-36307-9

»Dieses Buch liefert die Grundlage
für eine optimale Gesprächsführung.«
VDBUM-Information

»Das Buch ist zudem leicht lesbar,
anregend und problemorientiert.«
Prof. Ulrich Gonschorrek,

»Ein interessantes und informatives
Buch ..., das keineswegs nur
Führungskräften, sondern auch
deren Gesprächspartnern dringend
zu empfehlen ist.«
Bonner Generalanzeiger

»Am Ende steht auf jeden Fall der
Gewinn. An Erkenntnis, Meinung
und Wissen.«
Texten und Schreiben

Aus dem Inhalt:
Die zwei Hauptfunktionen des
Mitarbeitergesprächs; Grundlagen
mitarbeiterorientierter Gesprächsführung; Lenken des Mitarbeitergesprächs; Spezielle Techniken der
Gesprächsführung; Empfehlungen
für das Selbststudium.

Beltz Verlag · Postfach 100154 · 69441 Weinheim